绩效预算：模式与路径

苟燕楠　著

中国财政经济出版社

图书在版编目（CIP）数据

绩效预算：模式与路径/苟燕楠著．—北京：中国财政经济出版社，2011.3

ISBN 978－7－5095－2758－0

Ⅰ．①绩… Ⅱ．①苟… Ⅲ．①国家预算－研究 Ⅳ．①F810.3

中国版本图书馆CIP数据核字（2011）第025015号

责任编辑：张晓彪　　责任核对：李　丽

封面设计：陈　瑶　　版式设计：兰　波

中国财政经济出版社出版

URL：http：//www.cfeph.cn

E－mail：cfeph＠cfeph.cn

社址：北京市海淀区阜成路甲28号　邮政编码：100142

发行处电话：88190406　财经书店电话：64033436

北京财经印刷厂印刷　各地新华书店经销

787×960毫米　16开　15.5印张　250 000字

2011年3月第1版　2011年3月北京第1次印刷

定价：30.00元

ISBN 978－7－5095－2758－0/F·2348

（图书出现印装问题，本社负责调换）

本社质量投诉电话：010－88190744

目　录

第一章

公共预算：基本问题与发展变迁

第一节 公共预算的基本问题[①]

1940年，美国学者凯伊在《预算理论的缺乏》一文中将预算的元问题概括为："将X元分配给活动A而不是活动B的决策基础是什么？"这个反问绝妙地揭示了作为资源配置政治问题的预算的基本属性——就本质而言，

① 本节主要内容发表于"传统命题的现代思考：地方政府预算基本问题研究"，《财政研究》，2007年第7期。

是一个公共选择的政治过程；就形式而言，是一个配置资源的经济过程。这个元问题可进一步展开为四个基本问题：预算规模问题、预算配置问题、预算使用问题、预算责任问题。其中，预算责任问题居于核心地位，从某种意义上讲，其余三个问题是预算责任问题的不同实现形式（见图1－1）。

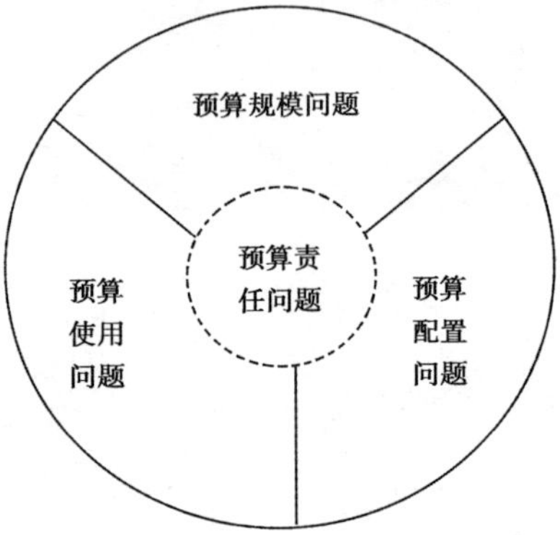

图1－1 展开的预算元问题

一、预算规模问题

艾伦·希克将预算规模问题进一步明确表述为总额控制问题，即如何将政府收支控制在适当的规模，以最大限度地优化社会资源配置，并体现社会公正。此问题对中国各级地方政府而言，首先，是一个现行税制下地区经济的发展水平问题，即如何通过营造良好的投资环境，促进经济快速健康可持续发展，以涵养税源。其次，是上下级政府之间的财政体制特别是转移支付体制问题，在各地区财力水平差距较大的现实面前，体制财力已成为欠发达地区地方政府可安排财力中举足轻重的组成部分。第三，是综合利用和开发土地、矿产等资源，形成地方政府预算外可用财力的问题。对于相当一部分欠发达的中西部地方政府而言，这已成为建设性财力中不可或缺的组成部分。第四，虽然预算法明确规定地方政府不得负债，但在各地区经济社会事业加速发展与地区间综合竞争加剧的压力面前，可能还意味着地方政府各种形式的债务问题。与传统上预算规模仅考虑预算内可安排财力不同，上述诸方面加总形成的地方政府实际可用财力均应体现在地方政府的综合预算之中。有多少钱办多少事，预算规模代表了一种可能性，即地方政府贯彻施政方略、优化和完善投资环境、为公众提供基本的公共产品与服务、提升本地区综合福利水平与自我发展可能性的能力。特别在经济社会快速转轨的进程中，收入差距拉大，社会矛盾逐步显现，广大公众对政府的期望也在不断提高，财力水平必须保持一定的增长速度，才能较好地履行广大公众赋予的使命，这是现阶段我国政府预算面临的现实问题，也是各级地方政府领导对财政收入问题高度关注的重要原因所在。考虑到地方政府可能在财力水平较低的情况下发挥出色，较好地满足公众最基本的公共需要，也可能在财力相对充裕的状况下表现平平，在提供最基本的公共产品与服务方面出现缺位，因此，从理论上讲，政府规模与政府效能的高低密切相关，负责、高效的政府是强大财政合法性的来源。预算规模问题是最高层面的社会契约与责任问题，即政府希望用多大规模的预算来实现它对公众的承诺，或者换句话讲，公众愿意委托给政府多大规模的预算来提供一定的公共产品和服务，回答这个问题必须考虑多方面因素：公共需求、政府能力、市场承受能力、公众自由等等。要充分发挥政府的作用，同时也必须谨慎地对待政府与市场边界，发挥市场在资源配置中的基础性作用，防止“看得见的手”挤占本应由“看不见的手”发挥作用的空间。

二、预算配置问题

预算配置的过程是一个公共资源战略性安排的过程，同时也是一个公共决策和选择的形成过程；是一个经济行为，同时更是一个政治过程；是一个理性主义展开的过程，同时也是一个渐进主义建构的过程。在预算“两上两下”的编制过程中，在行政和立法部门的交互作用中，预算承载着公众的期望、地方政府首脑的施政理念和抱负、各级政府领导和工作人员的事业发展规划、不同利益团体相互协调或矛盾的愿望。在表面上简单的规范程序和制度背后，是纷繁复杂的预算现实，文化或历史的因素也会对这个过程产生直接或间接的影响。原财政部部长金人庆在论及预算配置问题时指出：“必须坚持以人为本，推进公共服务均等化，把更多财政资金投向公共服务领域，不断加大对重点支出项目的保障力度，向农村倾斜，向社会事业发展的薄弱环节倾斜，向困难基层、困难群众倾斜……”[①] 这是预算配置问题的

① 金人庆：“完善公共财政制度　逐步实现基本公共服务均等化”，《求是》，2006年第22期。

基本指向和方略，也是当前我国预算的基本责任（见图1-2）。

图1-2　预算配置的基础

时下流行的公共产品理论虽然能够从效率层面对解答这个问题提供一些依据，但即使抛开理论实施中的困难不谈，效率也不代表一切。有时候，社会公平公正方面的考虑显得更为重要。那么，如何才能使“好”的预算配置成为可能呢？必须从“好”的标准的形成入手。在一个民主、法治的国家，公共利益无疑是“好”的预算配置标准的来源。但若要使之成为可能，则必须从两方面入手。一是逐步培育和完善共建共享的预算决策制度，使公共利益在预算资源配置中真正成为核心价值目标和标准，并通过公共预算决策过程的广泛参与使核心价值目标和标准运用成为可能。目前，国内在浙江温岭市、上海徐汇区等地开展的参与式预算试点已初见成效，即将部分公众关注的公共服务项目拿出来，广泛听取公众意见后决策或干脆由公众表决决定，促进了公众预算参与意识的觉醒，并在一定程度上优化了公共资源的配置。当然，行政主导式预算配置传统的根本转变任重道远，需要不断总结和优化实践中形成的共建共享模式，即要坚定不移地推进预算信息的公开化，提高政府透明度，又要面向公众实施大量的预算知识培训和传播。这是一个理性建构的过程，同时也是一个不断摸索、实践、调整、完善的渐进过程。二是扎扎实实地做好基础性工作，使预算配置更具科学精神和理性色彩。1999年以来相继推出的“收支两条线”改革、部门预算改革、国库管理制度改革等举措对预算控制、管理能力强调的目的即在于此，也取得了阶段性的成果。但进一步的改革异常艰难，因为当财政部门的引导、促进作用在

"利益外围"发挥到极致，各种预算配置的体制机制逐步建立并走上正轨后，改革也将进入到触及利益格局调整的攻坚阶段。这是一个艰苦而漫长的过程。说艰苦，是因为面向科学与理性的预算配置改革是现代政府建设的必由之路，政府职能转变中所有的矛盾和冲突最终都将集中体现在预算配置模式的变革中；说漫长，是因为预算配置改革本身绝非朝夕之功，需要一系列与国家、民族的转型、经济社会的发展息息相关的突破、裂变、整合、调整和发展过程。实际上，现代预算从1921年美国《预算与会计法案》出台后数十年所经历的分项预算、绩效预算、计划项目预算、目标管理预算、零基预算、从上到下预算、结果导向的绩效预算等预算配置模式的发展变迁历程，正说明了这一问题的复杂性与艰巨性。

三、预算使用问题

预算使用问题的核心是建立约束与激励并存的机制，使预算资金的高效使用成为可能。目前困扰我国地方政府的预算资金使用效率低下现象如不能从实质上得到扭转，就会使预算支出的合法性受到质疑，政府形象也将受损。但这个问题若仅从预算收支管理本身找原因，便舍本逐末了。预算资金使用效率的主要决定因素是政府综合行政效率的高低，即公共部门将预算资源转变成为广大公众需要的公共产品和公共服务的能力，这既是一个科学管理的问题，又是一个充分调动各方面积极性，创造性地实施预算的问题（见图1－3）。

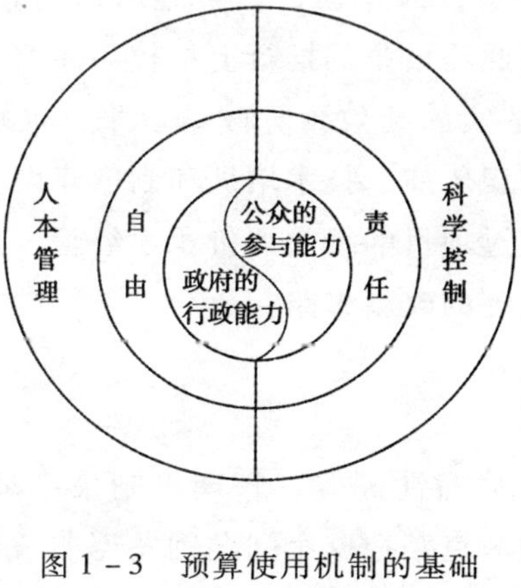

图1－3　预算使用机制的基础

近年来，我国各地经济社会发展变迁速度明显加快，新情况、新问题层出不穷，同时，地方政府财力增长的速度也比较快，特别是部分地方政府通过土地批租、变相举债等方式筹措了大量的预算外资金和政府信贷资金，政府行政能力往往难以适应形势发展的需要，预算实施的人力和技术保障跟不上，预算资金特别是新增财力在使用过程中计划性、科学性普遍较差，往往在没有像样的项目论证的情况下，便草草投入使用，其实施效果可想而知。不仅如此，预算管理制度改革实施七年来，在细化预算编制、规范财政资金使用等方面取得了一定的成绩，但也造成一些地方财政管得过细过死、“打酱油的钱不能买醋”、各专业部门当家理财的自主性和创造性受挫的问题。因此，如何在预算资金的具体使用过程中从实际出发，将约束性与灵活性相结合，在确保预算控制作用的基础上，充分发挥各部门在提升预算资金管理效能方面的作用，是一个亟需探讨的问题。各地政府从本地区实际出发，围绕“提升预算资金的使用效率和效果”问题作了多种方式的探索，其中最受关注的便是绩效预算改革，即各部门在预算编制过程中首先明确自身使命，围绕使命的履行确定基本任务，围绕任务的完成安排必要的项目，配以相应的预算，并通过一套以专业部门为主体确定的评价标准来评价使命的履行和完成情况，进而将绩效信息用于相关预算决策。绩效预算秉承新公共管理的基本理念，强调以责任换自由，强调人本主义管理对科学管理的补充和完善，强调在总量控制、目标导向的前提下，充分发挥专业部门预算资金使用上的自主性和创造性。作为现代政府治理变革的核心手段之一，绩效预算是牵一发而动全身的改革，涉及面广，实施所需的技术和基础准备要求较高，因此，各国政府在此项改革的推行上都较为谨慎。美国就是一个典型的例子，自1993年起酝酿实施绩效预算改革以来，仅引导和准备期就用去5年，期间涉及大量的知识传播、技术培训和制度建设。目前，我国各级地方政府似乎更倾向于先通过项目的绩效评价积累经验，完善体制机制，待条件成熟后再逐步推开的稳健的改革思路。

四、预算责任问题

预算的总额控制、战略性配置、管理机制最终都会归结为预算责任问题。美国著名学者亨利·克莱把这个问题阐发得非常清晰：“政府是一个信托机构，而政府官员则是受托人；信托机构和受托人都是为了人民的利益而设立的。”公共利益是预算的逻辑起点和最终归宿。预算周期的各个阶段：编制、决策、执行、审计都必须承担并履行这一根本责任。从预算编制阶段来看，政府施政方略（预算编制的基本指向）的确定必须自下而上，来自人民，服务于人民。预算编制对施政方略的贯彻落实也必须充分尊重民意，反映民意，实际上，预算“作为贴着价格标签的政府计划”，是政府服务于公众的最具体的表现。从预算决策阶段来看，预算决策过程应当是人民当家做主权力的实现过程，预算权是人民掌握政府、约束政府最有力的手段。近几年，我国各级地方立法部门对预算的审查监督力度在逐年加强，但无论是立法部门自身预算决策能力的建设，还是对预算决策过程参与的广度和深度，都远远不够。相当一部分地方政府的预算决策权“前移”，行政部门包打天下，单边决定几乎所有预算资金的安排。对预算决策权审查监督的缺乏往往造成预算配置与使用的随意性较大，问题层出不穷。从预算执行阶段来看，当预算经人大批复后，便具有法律效力，预算执行实质上是一个依法行政、履行政府责任的过程。但从我国大多数地方政府预算执行的实际来看，常常是“一年预算，预算一年”，严肃性往往仅停留在口头上，追加、调整频繁，年初确定的预算在执行过程中变得面目全非。这当中固然有政策性、突发性事件较多的因素，但各部门特别是地方主要领导预算责任意识差、法制意识淡薄则是更为根本性的原因。不仅如此，由于近几年部分地方政府财政形势好，超收财力规模较大，而《预算法》规定超收财力向人大常委会备案即可，客观上造成预算执行过程中相当一部分新增财力（包括部分预备费）的安排使用实际上游离在人大审查监督的视野之外，成为地方政府主要领导自由支配的“活钱”，缺少必要的问责机制。从预算审计来看，以往重视程度不够的地方预算审计近几年逐渐成为公众关注的焦点（在这一进程中，中央政府对所属委办不断加大的审计力度起到了推波助澜的作用，例如，2005 年被审单位的公开面从上年的 32 家扩大到 42 家），特别是在预算管理基础较为薄弱的基层政府层面，审计对预算责任的促进作用非常明显。但总体而言，地方政府预算审计仍有很大的改进余地，其中最为突出的制度性障碍就是审计部门仍保留在行政序列之中，部门运作所需经费由同级财政部门安排，且根据政府内部惯例，预算审计结果往往要经财政部门、审计部门反复磋商，基本达成一致意见，并报政府主要领导批准后，才对外公告。不难看出，由于现行体制下预算执行问责的参与主体较多，审计部门、财政部门、政府主要领导等从各自利益出发，或多或少地参与审计意见的形成，预算审计的独立性难以充分保障。另外，我国地方政府现行的基本预算管理模式仍旧是以投入为核心的控制型预算，1999 年以来的预算管理制度改革亦未对此作大的调整，产出和效果方面的考虑相对较少，预算按计划支出后，即视为管理责任的终结，这就使得预算问责缺失了最为关键的产出和效果度量（而这恰恰是公众的利益所在），没有对结果的问责，公共产品和服务的有效提供就没有机制上的保障。

公共预算位于经济与政治的交叉点上，而我国当前的公共预算改革又同时位于整个社会特别是政府向现代化转轨的历史性转折点上，没有成熟的经验可循，也没有稳妥的退路可走。套用法国思想家萨特在《存在主义是一种人道主义》中的一句话："选择是一种选择，不选择也是一种选择，因为你选择了不选择。"公共预算天生就背负着优化资源配置、提升财政资金使用效率、进而证明政府合法性的责任。地方政府必须通过预算规模的控制、预算资源的战略性配置、预算资金的高效使用来运用和整合社会资源，公正高效地兑现对公众的承诺（预算责任），我们现在可以回答凯伊的预算元问题了，"将 X 元分配给活动 A 而不是活动 B 的决策基础"是是否能够最大限度地促进预算责任的实现。

第二节 公共预算的传统与变迁[①]

预算是政府收支的全面反映，是附有价格标签的政府工作计划，是在不同政府支出之间进行选择的机制，是一系列重要的利益协调机制，同时也是执行者的工作计划和保证效率的工具（鲁宾，2001：1－37）。因此，预算改革牵一发而动全身，是现代政府治理变革的重要手段之一。中国政府自 20 世纪 90 年代以来也启动了内容广泛的预算改革，十年后的今天，中国的

① 本节主要内容发表于"公共预算的传统与变迁——美国预算改革对中国的启示"，《财政研究》，2009 年第 6 期。

预算改革向何处去？预言未来是危险的，因为实践往往会与学者开玩笑：实践可能会令学者失望，千呼万唤不出来；实践也可能会使学者大跌眼镜，远远超出他们的想象。他山之石可以攻玉，虽然美国预算改革的实践与我们的改革面临不同的经济条件、政治制度、文化传统，但却无疑会对我们认识预算、探寻预算改革的方向提供有益的启示。

一、美国的预算改革实践：从投入控制到结果导向

Schick（1966）认为，预算的功能有三个基本维度：控制、管理、计划。美国现代预算的发展变迁生动地诠释了这一三位一体的功能体系的可能与局限。

表 1－1　　美国公共预算变革历程表

特征	分项排列预算（1921—1939 年）	绩效预算（1940—1964 年）	计划项目预算（1965—1971 年）	目标管理预算（1972—1976 年）	零基预算（1977—1980 年）	从上到下预算（1981—1992 年）	结果预算（1993 年至今）
主要倾向	控制	管理	计划	管理	决策	控制和实现单一体制目标	管理
范围	输入	输入和输出	输入、输出、效果和备选方案	输入、输出和效果	备选方案	任务明确的输入和效果	输入和输出：与可选择方案相联系的备选方案
个人能力	会计	管理	经济学和计划	管理“常识”	管理和计划	与体制任务相关的政治、协调与知识	管理、计划和交流
重要内容	开支对象	部门活动	部门宗旨	方案效力	方案或机构的宗旨	方案或机构是否促进了体制目标	部门活动
决策方式	增量	增量	系统	分权	增量和参与	系统和进取性	增量、参与和分权
计划责任	责任不大	分散	集权	全面但各负其责	分权	集权	与预算总署共同承担
预算部门的角色	财务会计	效率	决策	方案的效力和效率	政策的优先权	实现单一体制目标	保证可信赖度

资料来源：尼古拉斯·亨利著，项龙译：《公共行政与公共事务（第 7 版）》，华夏出版社 2002 年版，第 208 页。

（一）美国公共预算的发展变迁（见表1-1）

1. 严格控制投入：分项排列预算

现代预算体系初步建立的标志是1921年《预算与会计法》的颁布，该法案引入了分项排列预算。分项排列预算是最基本的预算组织形式，主要功能是控制政府的预算开支。作为投入导向的预算，分项排列预算是合规性预算，预算准备和拨款须遵守严格的事前控制（王雍军，2002：51）。但是，如果说分项排列预算只关注资源的控制，不关注政府目标和资源使用的结果，却是不恰当的。在一个小政府的时代，控制包含两重含义，一是控制政府的规模，二是控制资金的使用，二者既是外界施加的约束，又是政府自身的目标。在功能财政尚未出现之前，守夜人职能的政府没有太多抱负，没有也不需要中长期的预算规划，年度预算即是计划，过分强调预算的计划维度徒增烦恼。

2. 从投入到产出：绩效预算

一般认为，绩效预算始于1949年美国胡佛政府的预算改革（刘继东，2004：60-62）。但早在1907年，纽约市政研究局就提出了“改进管理控制计划”报告，旨在强调“通过对已批准项目的管理，提高资源使用效率”，协助管理和调控（Schultze，1968：10）。1912年，美国经济与效率委员会提出，政府支出应与其成果联系起来，可以说是绩效预算的雏形（吴金华，2003：62-63）。1949年，胡佛委员会对在联邦政府范围内实施绩效预算改革的前景进行了系统评价与展望（Schick，2003：71-103），绩效预算在美国全面推开。虽然计划项目预算、零基预算等预算模式随后相继走上舞台，但绩效预算并未退场，它与这些改革并行不悖，渐进发展。

绩效预算的核心是绩效指标的质量和立法—行政结果的真正协调一致。尽管绩效指标一般都不是政府的“最终产品”，但从理想的情况来看，应当将这些活动与受益结果或者产出联系起来（米克赛尔，2005：204）。绩效预算关注财政资金的使用效率，力求用最小的投入获得最大的产出。绩效预算将预算的关注点从投入转向产出是个进步，但这一步的步幅有限，“人民福利就是政府的目标。一国的物质进步和繁荣，只要能给全体公民带来精神和物质福利，就是好事”（罗森，2006：29），产出不等于结果，不能作为预算安排的逻辑起点，要通过预算最大限度地满足公众需要，还需另觅新路。

3. 计划导向的理性决策：计划项目预算

计划项目预算发端于美国企业界，20 世纪 60 年代由麦克纳马拉引入政府。计划项目预算是根据国家的经济现状与发展趋势，以及国家当前所要达到的总体目标，利用系统分析以及成本效益考察等分析工具，评价公共计划的成本效益，协助政府拟定最有效的预算决策，以实现公共经济资源合理配置的一种预算管理制度（陈纪瑜，2003：28）。

计划项目预算实际上是一种以项目为重点（而非以组织为重点）来评价短期与长期需求的预算管理模式。采用计划项目预算模式的首要意图是使行政部门的预算摆脱渐进主义决策体系，转向合理化的综合决策方法。计划项目预算的主要缺陷在于从上到下的预算目标与从下到上的预算需求之间难以对接，功能性的项目划分与公共部门组织架构之间无法协调。不仅如此，大部分采用这一管理模式的政府机构都过于注重技术分析的作用，忽视政治、社会因素对于预算决策的影响（卢洪友，2005：47 - 48）。从某种意义上讲，计划项目预算改革同历史上许多目标宏大的改革一样，注定要失败，因为改革本身超越了政府的能力。但计划项目预算仍旧为现代预算的发展留下了宝贵的遗产，例如，重视中长期计划与年度预算之间的整合，强调项目绩效的评价等，对新绩效预算的发展产生了深远的影响。

4. 决策支持系统：零基预算

零基预算始于 20 世纪 60 年代，由美国德州仪器公司开发，它要求管理者重新全面论证他们的预算申请，而不管以前是否有过拨款。零基预算专门用来克服增量预算的缺点，即活动一旦开始就永远进行下去（马蔡琛，2005：64）。零基预算是对渐进主义基数预算的理性反思，70 年代初异军突起，但这项改革来去匆匆，随着倡导者卡特总统离开白宫，它也悄然淡出。

理论上讲，零基预算每年都需要所有的机构就其整个预算进行辩解，那种政府机构当年取得的拨款数额至少相当于上年数额的前提，在零基预算中不再成立（米克赛尔，2005：204），一些不必要或过时的预算活动可能被终止。不仅如此，零基预算还是一个高级管理信息系统，会形成工作量、绩效水平等许多管理所需信息，如果一个零基预算系统工作正常，行政长官很快就能了解某决策单位将做些什么，或者如果增加或减少拨款资金，结果又会怎样（瑞宾，林奇，1990：129）。零基预算并不像看上去那样有革命性，它关注预算过程中的细节，反而可能忽视计划目标等重大问题。更为致命的是，零基预算造成工作量大幅度增加，在零基预算实施的第一年里，美国联邦政府的文书工作平均增加了229%（亨利，2002：372）。

5. 政府再造：新绩效预算

1993年美国联邦政府《绩效和成果法案》的颁布实施以及那一年稍后出版的《国家绩效评论》结束了绩效预算的“流放”生涯，使其再次冲上了预算改革的前沿阵地（戴璐，2007：40-42）。目前改革大致经历了三个阶段：一是1993年《绩效成果法案》的出台，提出了新绩效预算改革的基本理念与思路；二是2001年的总统行动议程，形成了新绩效预算改革的战略实施框架；三是2002年绩效评级工具（PART）在联邦层面的实施，建构了新绩效预算改革的微观基础。

新绩效预算汲取了以往预算改革中一些有价值的成分，它包含了早期绩效预算的绩效测量，计划项目预算的功能分类，目标管理预算的目标协商，零基预算的目标排序等。它的总体思路是，与政府绩效相关的是社会目标与结果，而不是机构的直接产出或活动，并根据其结果对机构进行考核，应关注这些结果到底是如何实现的（沈春丽，2008）。新绩效预算有三个主要特征，即目标和总额上的集中控制，手段分权和对结果负责（Cothan，1993：445-454）。但是，在实践过程中，绩效信息的采集、使用始终存在较大问题，完全以过去的绩效表现来决定未来政策的优先级也不一定恰当，例如，决策可能需要权衡利益相关者的偏好、或者有无适当的替代方案等（Perrin，2003）。也就是说，如果没有相应的技术支持和配套措施，绩效与预算的整合将比较困难（Pollitt，1999）。

（二）简评

美国的预算改革是美国政府改革的缩影。从某种意义上讲，有什么样的预算就会有什么样的政府。美国现代预算近百年的发展经历了从投入控制、过程管理向结果导向的变迁（见图1-4），这不是一个理性建构的结果，而是一个不断试错的过程。经济社会的发展、政治利益的博弈、信息技术的进步等都会对预算模式的演进产生直接或间接的影响，以至于我们往往很难辨清何者在这一进程中居于主导地位。但无论如何，预算作为责任政府建设最重要途径的实质未变，不同的预算模式只是政府以不同时代人们认为最为恰当的方式实现其责任的选择。美国的新绩效预算已经历十余年不衰，而且焕发出越来越强大的生命力。这是不是意味着我们已经找到了放之四海而皆准的金科玉律，新绩效预算是不是意味着预算模式的终结？对这些问题的回答，可能还有待实践和时间的考验。

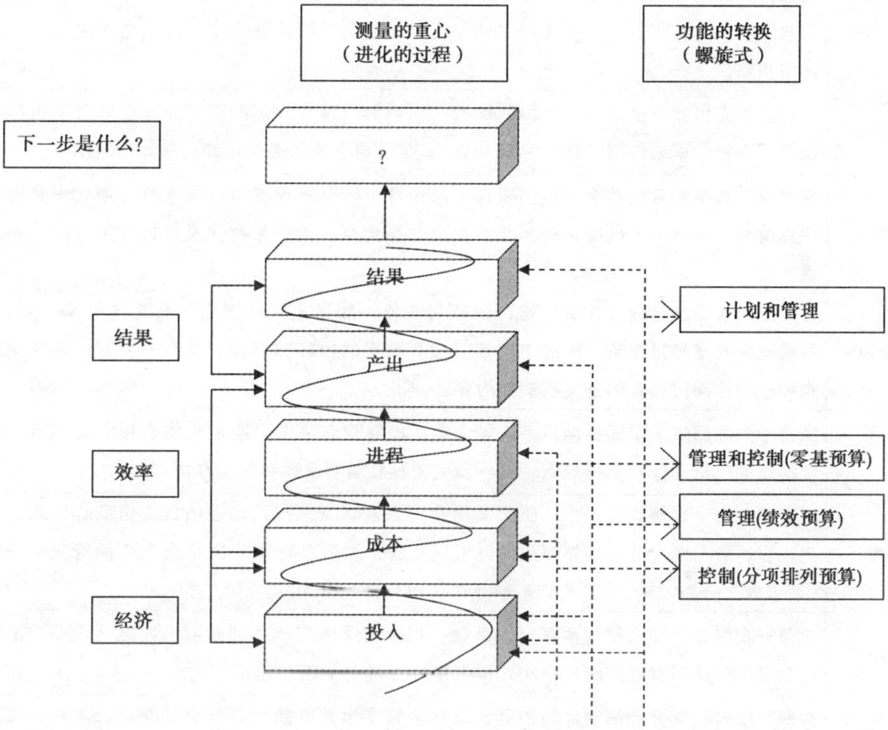

图 1－4　美国预算模式变迁图

资料来源：牛美丽："美国公共预算改革：在实践中追求预算理性"，《武汉大学学报》，2003 年第 11 期。

二、美国预算改革实践对中国的借鉴

中国预算管理制度改革历经十年的发展变迁，有些方面顺利推进，有些方面举步维艰。改革向何处去？美国现代预算近百年的实践为我们提供了可资借鉴的宝贵经验。

（一）预算改革是一个长期渐进的过程

美国的基本预算模式从分项排列预算演进到新绩效预算经历了约 80 年时间，期间计划项目预算、零基预算、从上到下预算等改革失败者多，成功

表1-2　　　　中央政府部门预算改革进展表

年份	主　要　内　容
2000	延长预算编制时间，按法定时间批复预算；预算编制方式从自上而下转变为自下而上；采取综合预算编制方法；实现“一个部门一本预算”的统筹安排；开始向全国人大报送部门预算。
2001	进行基本支出和项目支出预算编制试点；根据部门预算改革的需要，调整财政部内部机构及其职能；试编部门“政府采购预算”；扩大向立法机关提供部门预算的范围。
2002	按照新方法编制部门基本支出和项目支出预算；按照新政府预算收支科目细化中央部门预算编制；编制中央政府采购预算；细化预算批复；提高年初预算的到位率，增强预算透明度。
2003	尝试按照滚动预算的方式编制部门的项目预算；加强预算外资金“收支两条线”管理；推进政府收支科目改革；改进中央部门预算编报的内容和形式；规范中央部门预算编制规程；完善部门预算的批复格式和内容。
2004	完善中央部门定员定额标准体系，扩大定员定额管理范围，推行实物费用定额试点；调整提高部门机动经费安排比例；进一步完善预算编制规程和管理办法。
2005	完善基本支出定额管理工作，扩大实物费用定额试点范围；加强项目支出预算管理的基础工作；研究制定部门预算绩效考评管理办法；加强对财政拨款结余资金的管理；制定《政府收支分类改革方案》；创新事业单位预算管理模式。
2006	规范财政资金管理机制和预算分配机制；积极推进国库改革和政府采购制度改革；出台行政事业单位国有资产管理办法；深入推进“金财工程”建设。
2007	按照新政府收支分类编制部门预算，做好项目支出预算按经济分类编制试点工作；规范预算绩效考评管理制度，稳步推进中央部门预算支出绩效考评试点工作；编制政府采购预算，推进政府采购制度改革。

资料来源：作者根据财政部预算司：《中央部门预算编制指南（2007）》，中国财政经济出版社2006年版的相关资料整理而成。

者少。即使是备受赞誉的新绩效预算，历十余年改革，在其核心目标“整合绩效与预算”上的成效也并不明显。这足以说明预算改革的艰难，绝非旦夕之功。与美国相比，我国的预算管理制度改革在时间跨度和深入程度上都刚刚起步（见表1-2）。部门预算改革、国库管理制度改革、政府采购改革、政府收支分类改革等措施初步奠定了现代预算管理体系的基础：“预算”理念逐步深入人心，预算控制与统筹功能不断提高。但是，对于作为现代政府治理“中枢”的预算而言，这还远远不够。预算与计划整合、预算与绩效整合、预算与责任整合等重大问题尚未触及。从某种意义上讲，预算能力是政府治理能力最综合的反映，有什么样的治理基础，就可能有什么样的预算模式。因此，预算改革绝非一项简单的管理技术革新，必须跳出预算看预算，从政府职能转变的高度思考和推进。一方面，需要理性建构，不断突破既有范式，大胆尝试各种新理念、新制度、新技术；另一方面，也需要适应现实，整合新模式与既有的管理基础、制度规范、文化传统。这无疑是一个长期且艰巨的过程。

（二）预算改革是一个协同推进的过程

美国的预算改革从一开始就不是个局部问题，而是个系统工程，是政府再造的重要手段和载体。分项排列预算明确了总统、财政部门和其他政府部门的预算责任，建立了体系较为完备的现代预算过程；绩效预算使政府责任从投入转向产出，预算成为政府各部门管理活动的中心；计划项目预算建立了一个从上到下的预算目标系统，强调从项目对政府目标的贡献出发来思考公共资源的优化配置问题；零基预算建立了以部门为主体的决策支持系统，力求通过各部门更充分的项目论证提升预算决策的有效性和针对性；新绩效预算从建设责任政府的基本要求出发，以结果为导向建构现代政府治理的微观预算基础。同时，预算一直是美国政治生活和行政活动的中心，参与各方有强大、健全的组织和制度保障。国会有预算委员会、授权委员会、拨款委员会、国会预算局等预算审议和决策的支持系统；行政部门有直属总统办公室功能强大的管理和预算局、总统经济顾问委员会；各部门有专设的预算管理机构；公众可以随时通过管理和预算局的网站及其他相关网站了解联邦预算的编制、执行情况，近年来还特别开通了 expectmore. gov 网站，供公众了解纳入 PART 评价体系的项目的详细情况。不难看出，强行政、强立法、强市民社会三者之间相互竞争、相互促进的良性循环机制已成为预算改革重要的动力源泉。反观中国十年来的预算改革，基本上是行政主导单边推动。立法部门预算能力有限，决策权与监督权的行使缺乏制度保障，很难对改革产生实质性影响；公众对预算了解有限，加之预算透明度低，参与改革的意愿不强。各行政部门缺乏主体意识，往往视预算改革为财政部门的要求，财政部门以一己之力推动政府面上改革，一方面难以避免部门视野的局限，另一方面也的确力不从心。所以，要突破当前预算改革的困境，就必须从政府治理变革的整体上定位预算改革，从部门引领转向系统推进，从行政主导转向共同治理。

（三）预算改革必须回应经济社会发展的需要

预算必须回应时代的呼声。超支和腐败是美国进步时代的两大痼疾，控制导向的分项排列预算用明确责任、逐项列示、充分细化等严格控制举措进行回应。约翰逊的伟大社会计划要全面建设福利国家，政府规模迅速扩大，计划的重要性不言而喻，计划项目预算应运而生。在石油危机和供给学派经济学共同创造了美国历史上前所未有的巨额赤字后，存在严重缺陷的格拉霍法案在美国两院顺利通过，开启了一个从上到下控制赤字的预算时代。克林顿总统之所以推行新绩效预算改革，一方面是要厉行节约，控制庞大的赤字，另一方面也是要回应建设有效政府的时代呼声，将企业精神注入政府治理过程。20 世纪 90 年代末，我国预算管理制度改革的核心问题是财政资金管理中的混乱、无序现象，以及积极财政政策实施后的支出控制问题。所以，控制导向的部门预算改革是这一时期的主要预算模式，主要内容是统筹预算内外资金，细化预算编制，向立法部门详细报送预算收支等。归根结底，就是要加强对预算收支的控制，同时提升预算对内（财政部门、立法部门）的透明度。十年来的预算管理制度改革使预算的控制力显著提高，但也带来不少困惑。预算越编越细，控制越来越严，财政与各主管部门日常工作负荷越来越大，对中长期规划、资源配置、流程再造等重大问题反而无暇顾及。预算不是政府内部独善其身的自娱自乐，而是回应时代命题的重要手段，如果忽视了这一根本诉求，无异于舍本逐末。因而，在确保预算控制功能的同时，面向公众需求、聚焦经济社会发展、结果导向的绩效预算已成为突破改革困境的重大选择，目前我国上海闵行、广东南海等地的实践已取得阶段性成果。

（四）预算必须推动责任政府的建设

责任政府建设面临最复杂的委托—代理问题。这不仅因为公共支出数额庞大、内容庞杂，还因为公共产品和服务的收益难以衡量。进步时代美国政府预算的主要问题是立法部门对支出失去控制，所以，这一时期责任政府建设主要从建立行政预算体系、加强控制入手。各部门预算必须逐项列示支出需求，提交财政部门汇总、平衡，经总统通过后方可上报立法部门。同时，在立法部门内部成立审计总署，强化对预算的问责。但政府的责任不是用钱而是为公众提供福利，改革找准了对象（预算）却弄错了要点（投入）。当纽约市政管理局提出应当将责任的重心从投入转向支出时，人们才意识到在常识问题上犯了错误，绩效预算的实践探索随即浮出水面。但小政府时代的预算与大政府时代的预算毕竟不同，伟大社会计划的出台使局限于管理效率层面的责任变得不那么重要，决策的前瞻性、针对性、有效性才是关注的焦点。所以，这段时期的预算责任多体现为中长期计划的制定与实施。同样是变革时代，里根总统面临的是衰退的经济、巨额的赤字和回归市场经济的社会思潮，责任首先体现为严格的赤字限额。然而，格拉霍法案的过高目标却几乎从未实现过，过于严格的限制反而造成责任流于形式，量入为出法是对这一困境的灵活处理。克林顿总统继承了布什政府的巨额赤字和人们对政府效率低下的批评，产出不等于结果，公众不需要的产出越多，结果可能越糟。20 世纪 90 年代以来，当部门按照绩效与成果法案的要求制定战略目标和绩效指标，按照总统行动议程整合绩效与预算，按照 PART 的规定回答问题并实施预算时，责任政府建设的要求已经在不知不觉间内化于部门预算定位、计划、管理和结果的整个周期之中。2009 年奥巴马总统上台后，更是提出："我们当中那些管理公众资金的人必须负责——合理使用，革除弊端，并且透明运作——因为唯有如此，我们才能重建公众与他们的政府之间至关重要的信任。"但期望不等于现实，预算结果就像一条滑溜溜的大鲶鱼，看得见，却很难抓住。中国的预算责任问题似乎更为复杂，部门预算改革重在投入控制，在一定程度上夯实了行政责任和立法问责、公众问责的基础，财政收支领域内的混乱现象得到了较为有效的遏制。但预算的可理解性差、透明度低，外行看不懂，内行看不清，责任常常难以落到实处。同时，由于经济社会处于快速发展的转轨时期，不规则的预算调整、追加层出不穷，加之有待完善的财政转移支付体系，一年预算、预算一年的现象仍普遍存在，预算难以预期、没有定型，责任也就无从谈起。近年来，部分地方政府的绩效预算试点将关注的焦点从投入转向产出和效果。力图在责任政府建设上走出一条新路，例如，上海闵行区借鉴美国经验，将结果导向的绩效预算与 PART 工具的使用相结合；广东南海充分发挥外部专家作用，在项目预算编制中推行预评价机制；广东省在产业转移资金安排上引入竞争机制，六个市争取三个重点项目。这些实践在一定程度上从多个角度强化了对政府在财政资金使用上的责任，但目标定位、指标设置、结果衡量、绩效信息运用等方面的探索才刚刚起步。不仅如此，部门预算与绩效预算之间的整合也是个问题，严格的控制在一定程度上影响了管理效率，而过多的管理自由又可能使问责出现问题。毫无疑问，变革时代的预算改革别无选择，必须在支出控制与结果问责之间进行艰苦而微妙的平衡。

参考文献

陈纪瑜编著：《政府预算管理》，湖南大学出版社 2003 年版。

财政部预算司编著：《中央部门预算编制指南（2002）》，中国财政经济出版社 2001 年版。

财政部预算司编著：《中央部门预算编制指南（2007）》，中国财政经济出版社 2006 年版。

戴璐："美国绩效预算管理及其启示"，《财会月刊》，2007 年第 1 期。

《关于 1998 年中央预算执行情况和其他财政收支的审计工作报告》。http：//www. law - lib. com/fzdt/newshtml/22/20050817162049. htm。

《关于加强中央预算审查监督的决定》（1998），http：//www. gov. cn/gongbao/content/2000/content_ 60429. htm。

苟燕楠："传统命题的现代思考：地方政府预算基本问题研究"，《财政研究》，2007 年第 7 期。

贾康等著：《部门预算编制问题研究》，经济科学出版社 2004 年版。

刘继东："美国联邦政府推行绩效预算的历程及启示"，《管理现代化》，2004 年第 5 期。

卢洪友主编：《政府预算学》，武汉大学出版社 2005 年版。

马蔡琛编著：《政府预算》，东北财经大学出版社 2007 年版。

马蔡琛："中国公共预算改革的制度演化与路径选择"，《中央财经大学学报》，2007 年第 7 期。

马骏："中国公共预算改革的目标选择：近期目标和长远目标"，《中央财经大学学报》，2005 年第 10 期。

马骏："公共预算原则挑战与重构"，《经济学家》，2003 年第 3 期。

牛美丽："美国公共预算改革：在实践中追求预算理性"，《武汉大学学报》，2003 年第 6 期。

王加林编著：《发达国家预算管理与我国预算管理改革的实践》，中国财政经济出版社 2006 年版。

王雍军："中国的预算改革：评述与展望"，《经济社会体制比较》，2008 年第 1 期。

王雍军编著：《公共预算管理》，经济科学出版社 2003 年版。

爱伦·鲁宾著，叶娟丽等译：《公共预算中的政治：收入与支出，借贷与平衡》，中国人民大学出版社 2001 年版。

哈维·S. 罗森著，郭庆旺、赵志耘译：《财政学（第七版）》，中国人民大学出版社 2006 年版。

黄佩华，迪帕克等著，吴素平、王桂娟等译：《中国：国家发展与地方财政》，中信出版社 2003 年版。

尼古拉斯·亨利著，项龙译：《公共行政与公共事务（第 7 版）》，华夏出版社 2002 年版。

约翰·L. 米克塞尔著，白彦锋、马蔡琛译：《公共财政管理：分析与应用》，中国人民大学出版社 2005 年版。

Caiden, Naomi (1993). Process, Policies, and Power: Budget Reform. *The Public Manger*, (1): 13 - 17.

Caiden, Nomai (1978). Patterns of budgeting. *Public Administration Review*, (38): 539 - 543.

Caiden, Nomai (1988). Shaping things to come: Super - budgeters as heroes in the late - twentieth century. in Irene Rubin. Eds. *New Directions in Budget History*. New York: State University of New York Press.

Caiden, Naomi (1989). A Perspective on budgetary reform. *Australia Journal of Public Administration*, 48 (1): 51 - 58.

Cothan, D. (1993). Entrepreneurial budgeting: An emerging reform? . *Public Administration Review*, 53 (5).

第二章 公共预算决策：理念与策略

预算纠缠在无数的决策准备和决策过程之中。治理理念体现了对预算的基本诉求，决定了预算立场的基本面，从某种意义上讲，有什么样的治理理念就有什么样的预算。但另一方面，作为一个政治过程，预算中充斥着各式各样的策略行为，恰当的策略运用能够趋利避害，在预算博弈中争得先机，所以，策略对预算而言同样至关重要。实际上，预算正是在理念与策略的不断演进和生成中逐渐形成的。

第一节 公共预算决策的理念[①]

一、政府治理理念

公共预算管理和决策中的问题如果仅仅从自身找原因，则会进入一个永远解不开的死结。公共预算管理和决策是它所置身其中的经济和政治体制的一环，它的变迁也必须放在这一大背景中去理解。公共预算管理和决策的现代化、合理化、民主化有待于经济和政治体制的现代化、合理化和民主化，我们也应当利用预算管理和决策上的变革去推动这一伟大的历史进程。这就是为什么公共预算决策模式重塑必须建立在政府治理理念重塑基础上的原因所在。笔者认为，从我国政府治理实践出发，结合发达的国家成功经验，我国新时期政府治理理念和模式的构建应当围绕“以公众为中心，以结果为导向，以市场为基础”三方面内容进行。

（一）建立以公众为中心的政府

以公众为中心理念的基础是机械论的政府观，即视政府为一信托机构，政府管理人员是受托人，信托机构和受托人都是为人民的利益而设（亨利·克莱，1829），公共预算决策首先应该考虑的是决策在社会中的影响和如何为公众提供更直接、更全面的服务，而不是考虑在正式结构中的个人所得和个人权力。这一模式强调“公民社会的复兴”，寻求合作和个人参与来强化政府效能，官僚体制的作用是工具性的，公众可以通过一定的途径在决策中发挥更重要的作用。如果公共预算决策中不允许公众表达其多样化的偏好，那么公共产品和服务的生产者就会在没有他们服务对象个人偏好信息的情况下采取行动，支出与消费者效用没有什么关系，在消费者效用缺失的情况下，支出与消费者效益没有什么关系。在这一预设前提下，当政府倾听企

① 本节主要内容发表于“政府治理理念重塑基础上的‘新公共预算决策’”，《上海行政学院学报》，2005 年第 2 期。

业和人民的呼声，并在制定和实施政策时与他们保持合作关系时，政府预算决策的有效性就可以提高。如果政府缺乏倾听民众呼声的机制，那么它们就不会对公众的利益，尤其是弱势群体的利益做出有利的反应，这些阶层的公众往往很难使他们的意见传达到权力通道。如果政府不知道公众需要什么，那么即使是怀着最好意图的政府也不可能有效地满足他们的需求，做出合理的预算决策。哈贝马斯围绕这一理念提出"理想对话共同体"和"沟通理性"等概念，在他所设想的理想决策环境下，没有个人或理念上的层级限制，公开场合下所有意见都具有同样的价值，而且为了彻底实现社会公正和理性，各种观点都应当充分表达出来。显然，这种模式的决策效率会受到一定影响，但参与对决策民主化的促进以及这种决策方式可能带来的创新理念，会使额外的付出得到补偿。正如詹姆斯·布坎南和戈登·图洛克在《同意的计算》一书中所述，公众的参与程度在一定程度上取决于两种成本之间的比较：一是外部成本，即当决策偏离公众偏好但依然有义务支付成本时，个人预期要支付的成本；二是为决策付出的资源、时间、努力和机会。从理论上讲，通过二者的比较，会得出相对合理的结论。

以公众为中心意味着在公共预算决策方面为公众提供更全面的信息，更大的透明度，更多的参与渠道。不论是在讨论公共资源的总体配置方式，支出优先项目的确定，设计社会援助计划，确定征地动拆迁标准，还是制定经济和社会中长期规划时都应如此。因为仅凭公共部门内部的专家无法获得制定政策所需的全部信息，甚至得不到正确的信息。因此，如果排除公众对公共预算决策的参与，必然会造成决策上的失误。如果坚持公众对预算决策的最终评判权，那么知情权和偏好表达机制便非常重要。越来越多的证据表明，当政府寻求了潜在使用者的参与，当政府预算汲取了社区的社会资源潜能而不是试图与之作对时，这些预算可以取得更好的效果。其效益显示在预算的实施更平稳，可持续性更强，政府机构得到的反馈更好。

从决策过程来看，以公众为中心意味着决策更倾向于由下而上做出。也就是说，这种模式偏向于多中心分权化决策更甚于集权化的科层制，在政府部门间引入竞争机制某种程度上可以说是对市场化模式的模仿。正如布坎南和马斯格雷夫（2002）所言，大量的政府赋予人们更多的退出某政府辖区的权力，因此有利于限制规模庞大的政府，也促进了政府间的竞争。因此，与计划经济时代的情况不同，基层管理人员对预算决策会有相当的（但不是决定性的）影响力，而决策本身也更具针对性和代表性。技术手段的发展也为建立以公众为中心的治理模式创造了条件，互联网的发展正在转变公众与政府之间的沟通方式，构筑电子政府便是其中的革命性的一步。在这种信息不受时空限制的快捷方式下，政府机构将通过安全的互联网处理业务，电子民意调查、电子投票、电子选举、电子邮件等多种方式被用于连接公众的申请并保护隐私。“这一双向性的运动重塑了民族——国家的权威，因为这一条道路可以使国家得以回应各种各样的冲击……使国家重获（对公众的）影响力。”（安东尼·吉登斯，2000）这将大大加强公众与政府的互动，推动公民与政府官员的直接对话，提高民意在政府决策中的分量，培养现代公民意识，增进民主政治的发展，同时也从根本上重塑政府回应公众需求的能力。

（二）建立以结果为导向的政府

建立以结果为导向的政府，意味着不仅要重视公共资源的配置，还要重视公共项目的实施效率，即如何以最小的成本满足公众的需求。这一追求的动力既源于现代民主政治发展过程中公众的强大压力，又是财政条件日趋紧张的客观要求，与此同时，全球化的压力也促使政府不断创新以提高效率（为提升国际竞争力，国家经济不能承受高昂政府运作成本的负担）。过去，这方面的焦点主要是腐败问题，但当人们逐渐转变观念，将浪费、滥用和欺诈也视为一种腐败之后，绩效变得同清廉同样重要，部分国家还通过出台法律法规使绩效和结果导向制度化（例如，1993 年美国政府出台《政府绩效与结果法案》，要求每个联邦机构提供五年期战略规划和每年的绩效情况）。在结果导向的政府治理模式下，人们围绕政策结果，为提高公共预算决策的效率作了多方面的努力。一是将预算决策与绩效联系起来。具体包括对指定计划提交以绩效为基础的预算，使指定计划的具体绩效目标与资金水平相一致，计划负责人对目标的实现情况直接承担责任；通过立法使计划负责人对支持服务、固定资产和雇员福利承担责任；在预算和绩效衡量标准之间建立更紧密和广泛的联系等。二是取消重复和无效的计划。政府往往花费大量资金于那些过时的、无效的计划上面，通过行政审批制度改革和“日落法则”，定期不定期重新审视现有开支项目，取消那些已完成使命的计划、无效过时的计划，重新安排资源，使必不可少的重点计划拥有更多的资金和选择余地。三是扩大以绩效为基础的合同的应用。在公共事务日趋复杂，而同时政府机构编制和人员相对有限的前提下，各机构不得不更多地依赖于外部合同单位。随着资金数额和合同种类的不断增加，建立以绩效为基础的合同体系的必要性增加，合同的重点应放在要得到的结果，而不是工作的态度或付出多少“努力”和成本。四是将尽可能多的政府机构转变为以绩效为基础的组织。赋予计划负责人更大、更广泛的重建工作团队的权力和手段，充分利用信息手段使组织扁平化，减少管理中间层，增加直接与公众打交道的服务提供人员，使公共部门反应更灵敏、工作更有效率。

绩效衡量是以结果为导向治理模式的核心，人们普遍希望通过项目测量（如产出量、单位成本、有效性测量、服务质量测量、公民满意度测量）和综合测量（如副作用测量、分配测量、无形测量）建立一个根据客观结果对政府机构进行评估的系统，摒弃以往按所创立的项目或所花费的资金来证实自身合法性的传统途径。虽然在绩效衡量的标准上存在诸多争议，过分强调技术性指标也易使人误入歧途，简化公共事务的复杂性，但在一个决策民主化不断推进和科学主义盛行的时代，结果导向和绩效衡量已深入人心，具有持久的生命力。拥有不同观点的人都把绩效衡量和结果导向作为自身观点合理性的基础，市场主义者视其为增加透明度、把公共责任带给政府的有效途径，而政府主导论者则视其为说明政府花费是否值得或值得花费更多的方法。

（三）建立植根在市场基础上的政府

建立植根在市场基础上的政府，意味着对市场方式配置公共资源和对自由竞争优越性的肯定。这一转变对于我国这样一个长期处于高度集中计划体制下、目前正在不断探索市场可能性的政府而言，意义尤其重大。这一理念的理论基础包括三个方面，首先，相信市场作为分配社会资源机制的效率，公共提供越接近于市场模式，便越有效。更多以市场为基础的机制如合同、激励、税收支出等应被引入公共领域，甚至一些存在外部性的领域如污染、科技创新等亦可通过对市场机制的补充来加以解决。其次，相信官僚组织会出于利己行为，异化公共目标，倾向于自身无限制的膨胀。与私人部门相比，公共部门的委托代理行为要严重得多，损害要大得多，也难以治理得多。这一问题在尼斯卡宁、图洛克、奥斯特罗姆、布坎南等学者的著作中已作了充分阐述。再者，相信基本的管理理念和管理方法在公共领域和在私人领域中同样适用。不管管理在哪里发生，管理就是管理。只要优秀的管理者被充分授权管理，并不再过多受到代表公务员制度特征的规章、条例和其他管理措施的限制，他便能够利用私人部门的管理技术和激励手段，以较少的施政成本缔造一个运作良好的政府。转变治理模式，使政府脱离僵化的官僚制模式，更多地引入企业化运作方式，公众得到的好处主要体现在以下方面：一是通过在公共部门内引入基于个人才干而不是领导好恶的聘用制度和晋升制度，辅以相对合理的工薪制度，建立起高效的文官体系，共同承担对集体目标的责任，降低推行内部制约的交易成本，并建立合作关系和忠诚感，使办事效率提高，降低提供公共服务和公共产品的成本。例如，中新合作的苏州高新技术开发区通过引入先进的管理理念和管理方式，仅通过200人便能优质高效地管理园区内大大小小的各项事务。二是在政府长期垄断的领域内引入竞争机制。通过拍卖和竞争性招标等方式，保证市场定价和鼓励创新，降低公共提供的成本，提高效率。这方面最突出的例子发生在电信领域，当竞争引入后，单位成本大大下降，而服务的范围却迅速扩大，服务质量也不断提高。据测算，进行竞争性招标时，当私营单位赢得了合同，平均可以节约费用30%，当公共部门赢得合同，平均可以节约费用20%。三是使政府更有效地对市场信号做出反应。传统政府仅对公众和立法部门的规定和要求负责，易于通过形式化了的机制和规章逃避责任，引入市场化标准构成的责任体系后，对政府的约束和要求相对明确，考核体系将更加科学。四是提供多样化的公共产品和公共服务，增加公众自由选择的范围。如在基础教育领域中通过发行教育代币券的方法来建立竞争机制，增加学校之间围绕教学质量展开的竞争，不仅能够加大公众就学的选择面，使公众享受更好的教育服务，还能吸引民间资本投入教育事业，拓展教育经费的来源。市场模式无疑已成为最受政府欢迎的革新理念，如果能够突破思想上教条主义的禁区，在市场机制可以承担基础性配置作用的场合给市场以机会，降低建立在规章制度基础之上、与官僚体制结构有关的权力结构的重要性，公共部门的组织和创新潜能将得到更大的发挥。

二、公共预算决策理念

（一）公共预算决策分析的框架

作为政府实施管理的主要途径之一，公共预算是政府对公众的公共偏好进行有目标选择的结果，是民主的载体，是连接立法部门和行政部门的纽带，是确保公共管理效率和效益的工具。公共预算决策符合一般决策的规律，即：在寻找和分析备选方案的基础上，按照一定标准进行方案选择。这一简单的决策过程描述暗含着那些将显著影响预算决策的关键要素，它们是：决策参与者、决策权力的分配、决策的目标或方案选择的标准、决策信息。上述四要素内涵不同的组合又体现为决策模式的不同。

1. 公共预算决策要素

(1) 决策参与者。公共预算决策参与者包括：立法机构；预算部门；各主管部门（如各委办局），通常认为主管部门具有寻求预算规模最大化的倾向；利益集团，是指有某种共同的目标并试图对公共政策施加影响的个人的有组织的实体，有时也涉及一般公众和媒体等。

(2) 目标与价值。任何一项预算决策都包含价值要素与事实要素（西蒙，1988）。前者主要反映决策者的价值取向与价值判断；后者主要反映那些试图实现已确立的价值目标的活动本身的效率问题。

(3) 决策权力。预算决策过程同时也是预算权力的分配与运用过程：有人提出预算申请，有人审议申请，有人批准或削减或不同意申请。在有的场合下，预算决策自上而下展开，主要反映行政首脑的意图；而在另一些场合，预算决策自下而上形成，相关部门和个人共同参与。在某些情况下，行政机构主导着决策；而在其他情况下，立法机构具有与行政机构同等甚至更大的权力。

(4) 决策信息。决策过程实质上是对相关信息的收集、整理、分析和运用的过程。为此，爱伦·鲁宾把预算决策称为“实时预算决策”，认为现实中的预算决策要根据不断变化的信息动态予以调整。

2. 公共预算决策模式：渐进主义与理性主义

公共预算决策模式是指决策得以达成的运作机制，是上述四个要素相互作用并形成最终决策的过程。可以从渐进主义和理性主义两个基本视角来理解公共预算决策模式。

(1) 渐进主义决策模式。从渐进主义视角来看，公共预算决策是一个政治过程。强调结合事实来考虑价值和标准，把分析限制在若干项选择之上，集中精力于亟待解决的问题，认为从现状中为一系列增量变化取得支持更为可取。渐进主义模式的代表人物威尔达夫斯基（1979）指出，预算是渐进的，而不是全面的。预算的一项基本真理是，它几乎从来没有被作为一个整体而每年进行彻底审查，没有根据所有可能的选择方案重新分析现有项目的价值。相反，这些预算建立在上年预算的基础之上，只是特别关注有限范围内的增长或削减。

（2）理性主义决策模式。从理性主义视角来看，公共预算决策是一个分析过程，强调以最有效率、最经济、最具效能的方式做出决策，认为政府活动的目标是从任何一项投资中获取最大回报。作为一种在智力上的努力，理性主义致力于理解现存于社会中所有被接受的价值，并赋予每种价值一个权重，然后寻找所有可选择的方案及其结果，最后选择一个在社会价值和成本收益考量下最具效能的方案。当然，完全理性的决策是不现实的，或者说会给决策者施加无法承受的压力。因此，公共预算决策的理性主义模式并不要求达到完全理性的结果，它实质上反映的是人们在决策中的一种目标定位和方法，一种试图达到的程度。理性主义下的决策机制也可称作“择优机制”。

从某种意义上说，渐进主义与理性主义主要反映了理论与实践的差别。首先，渐进主义模式倾向于强调事实究竟如何，而理性主义模式强调事情应当如何。其次，两种预算决策模式隐含了人们在政治哲学上的不同立场。在政府的基本形式上，渐进主义反映的主要是多元主义观点，而理性主义则更倾向于精英主义论。

（二）公共预算决策理念

1. 理性主义和渐进主义的综合

大部分现代预算改革在于改变“游戏规则”，从而降低系统产生不良财政信息结果的可能性（亚洲开发银行，2002）。我国新时期公共预算决策模式的选择必须围绕决策为之服务的对象（经济与社会现实与长远发展目标）展开。从现实性上来讲，要考虑对象的实质性、过程性、描述性以及客观性的一面，兼顾现实可能和参与者利益，从实际出发，循序渐进，完善和修补现有范式。从规范性的要求来讲，要考虑对象的可能性、理论性、指示性以及结果性的一面，从理性化和长远发展的视角出发，锐意创新，突破成规，实现质的飞跃和范式的转换。就宏观层面而言，我国是一个正在向现代化转型的发展中国家，一方面历史包袱沉重，既要尊重历史和传统，又要逐步解构不符合经济和社会发展趋势的制度和生产方式，另一方面现实任务艰巨，且面临巨大的国际竞争压力，要突破既有发展模式，建构与市场经济体制和社会民主发展相适应的制度框架和生产力水平。在相对较短的时期内完成跨越式发展，实现经济增长方式的根本变革、民主政治和社会生活领域的重大转型，完全依靠渐进式的决策方式是难以想象的，必须站在历史的高度，用理性主义的勇气锐意创新，大胆尝试，与此同时，用渐进主义的方法化解前进道路中遇到的现实困难，一步一个脚印扎实推进。从微观层面来看，我国的经济和社会现象极端复杂，不同领域、不同行业、不同所有制类型、不同民族、不同收入层次等方面的差异相当大，简单地用一种模式去框定，势必削足适履、画地为牢，也不利于充分利用多样性带来的好处和可能性，必须实事求是，尊重历史，尊重现实，具体现象具体对待。从我国预算改革现实来看，一方面预算管理基础相对薄弱，理性主义的决策方法无用武之地，只能采用简单分析和经验判断相结合的次优选择；另一方面，在基础管理不断规范成熟，而公共事务又日趋复杂的情况下，理性色彩较浓的决策范式又具有很大的现实性和必要性，同样要通过某种中间道路对理想和现实之间进行调和。所以说，对于我国的公共预算决策而言，最佳选择必然是综合了渐进主义和理性主义主要特点的战略规划范式，在决策中既体现现存的、基层的和短期的需要，致力于化解现实中存在的矛盾和问题，又兼顾全面的、长期的和面向未来的需要，推动公共预算决策科学化、理性化和民主化终极目标的实现。

2. 基于现实基础上的发展与公共性

一个国家应使其政策目标和管理能力保持总体平衡。它的目标通常应力所能及；它的资源和承诺应与其政策目标相一致（普雷姆詹德，1995）。新时期公共预算目标的重塑必须从我国经济和社会发展现实出发，站在整个国家发展战略定位和政府治理模式转变的高度加以理解。从功能性目标来看，首先，要确保经济的持续稳定快速发展。对中国这样一个历史包袱沉重的发展中大国，许多困难和矛盾必须用发展的办法加以解决，所以，促进经济发展是事关全局成败的关键，是公共预算的核心目标之一。要实现这一目标，从宏观层面上讲，就是要综合运用稳健财政政策等预算手段创造并引导有效需求，优化经济结构，解决制约经济发展的瓶颈问题，从微观层面上讲，就是要通过对符合国家产业发展导向的高新技术企业进行扶持，推动产业结构的优化升级，促进经济增长方式的根本性转变。其次，要体现社会公平，确保社会稳定。社会的公平和稳定是社会总体福利水平的重要标志，也是可持续发展的重要保证。要实现这一目标，就是要从经济和社会均衡发展的高度出发，进一步完善社会保障体系和就业网络，关注弱势群体，为公众提供公平的基础教育和基本的医疗卫生条件，与此同时，确保社会稳定和国家安全。再者，要推进民主政治建设。公共预算决策从根本上讲是一个政治过程，民意的表达和决策方式的选择直接决定了决策的效果。公共预算要以公众的需求为核心，要通过公共预算决策方式上的转变扩大公众的参与程度，公共预算决策要体现民意，推动民主进程。从管理性目标来看，控制、管理、计划三者之间是相互制约、相互促进的统一体，在我国预算管理基础薄弱，管理体系不健全的现实条件下，三方面不可偏废，必须同时给予重视。首先，强调计划导向。在公共预算决策过程中注入更多的理性，强调分析、数据、合理分类对于预算决策的重要性，把预算决策建立在针对公共需求和收支趋势的大量分析基础之上，实现中长期规划与年度预算之间的合理衔接。其次，强调管理导向。积极推进和深化先进管理理念和管理方式在预算决策中的运用，密切关注决策产生的结果，使之成为预算决策的出发点和评判预算决策的标准，引入零基预算、绩效预算等先进的预算管理和决策方式，注重决策过程的优化再造，努力提升预算决策的效率和质量。再者，强调控制导向。要通过预算内外资金统筹平衡和预算编制的进一步细化将公共资源的配置全面纳入预算决策系统的视野，要科学制定综合定额和开支标准，逐步提高保障标准并严格控制开支的不合理增长，要通过严格执行预算决策的法定程序和规则，确保预算的严肃性，要通过预算诚信体系的构建，推动预算决策参与各方在预算决策中自我约束，发挥制度效应，降低控制成本。

3. 权力分配重塑——法治与公共选择

新时期公共预算决策权分配的核心问题是矫正立法部门和行政部门在预算决策权上的“缺位”和“越位”并存现象，实质是如何进一步发扬民主，健全法制，确保预算的合法性。公共预算管理制度改革以来，立法部门通过要求行政部门报送部门预算，定期不定期地举办预算问题听证会，开展调查研究等举措，在公共预算决策中发挥着日益重要的作用。但这些改革往往停留在规范预算报送程序，重申预算知情权，发挥预算监督权等方面，虽然名义上预算最终决策权保留在立法部门手中，但因立法部门未参与预算草案的制定过程，其自身亦无强大的专业化预算研究和审查机构全程关注预算草案的准备，在信息严重不对称、决策期间较短的情况下，仅在最终审批环节参与决策，很难提出具有建设性的决策意见，客观上造成预算立法决策往往流于形式和走过场，预算决策中的立法部门“缺位”现象相当严重。相反，行政部门根据行政首脑的施政纲领准备预算，在收支预计和经济社会发展趋势全面分析的基础上形成部门预算建议草案上报立法部门。在现有预算立法决策条件和模式下，往往不做任何修改便成为最终定稿（部分地方政府一面上报部门预算草案，一面下达预算，完全视立法决策为走过场），预算准备者和预算决策者实际上合二为一，行政部门超出职能定位，几乎完全控制了预算决策权，预算决策中的行政部门“越位”现象亦相当严重。如果立法部门和行政部门在公共预算决策权这一核心问题上（实际上政府的大部分决策在本质上都是预算决策）不能理顺关系，建设效能化、民主化、法制化的现代政府便只能是一句空话。对此，从健全民主政治，提高预算决策的制度化、规范化、程序化的角度出发，必须通过改革转变现有预算决策权的分配格局，变“缺位”、“越位”为“到位”。立法部门应当围绕公共预算决策重塑内设机构，完善立法程序和制度建设。首先，要加强预算专委会的决策信息收集和综合分析能力，准确把握预算收支的基本趋势和预算中的热点难点问题，为科学决策提供依据。其次，要全程参与预算草案的前期准备过程，全面了解预算决策所需信息，实际参与（但不是过多干涉）决策建议的形成。在预算草案形成并提交立法部门审议之前，各行政部门的预算必须与立法部门下属各专委会充分沟通，并尽可能达成一致意见。期间立法部门各专委会应安排听证会相应听取各部门专项支出的安排情况，行政部门应充分尊重立法部门的专项建议并在支出安排中尽可能体现。再者，要拓宽公众直接参与公共预算决策的渠道，特别是一些涉及国计民生的重大决策，要广泛听取民意，集中民智。行政部门在这一转变过程中亦应发挥积极的作用，除提高透明度、接受立法监督、主动向立法部门提供信息、加强在公共预算决策中的良性互动外，还应确保严格按照《预算法》要求履行预算的报送和审批程序，提高预算的严肃性。

4. 信息重塑——信息时代的科学决策系统

信息化、网络化是我们时代的特征，当整个社会都主动或被动地卷入这场变革的洪流时，政府亦别无选择。新时期我国预算决策信息体系重塑必须建立在信息化和网络化的基础之上。一是将行政部门内部预算编制和执行体系建立在信息化和网络化基础之上。这意味着将业务主管部门的基础信息数据库与预算管理部门的预算管理信息系统通过内部局域网实现链接，并在系统内部导入基本的预算定额和开支标准以及预算评价指标体系。预算管理部门可以通过网络准确、迅速、及时地获取经济和社会发展主要指标与各部门详细情况的资料，为宏观分析和收支预测提供依据。行政首脑的施政纲领和预算管理部门对预算年度收支基本情况与预算编制的建议可以通过网络直达业务主管部门，当主管部门导入基础预算信息后，系统将自动生成大部分预算草案所需信息（经常性收支部分），期间预算管理部门与业务主管部门之间、业务部门与业务部门之间（某些项目可能会涉及多个部门）可以通过网络便捷地就有关预算问题进行互动式交流，从而提高预算决策信息的科学性和合理性，并全面提升预算决策的效率。二是实现立法部门信息系统与行政部门信息系统的链接。首先，立法部门要建立自己的预算信息收集和分析系统以及评价指标体系，并与业务主管部门的基础信息库实现链接，在此基础之上，得出预算收支预计指标和其他有关预算分析指标，在与预算管理部门的相应信息进行比较分析后，做出总体性判断。其次，通过内部网络将行政部门的预算信息实时呈现在立法部门面前，立法部门全程跟踪预算草案的形成过程并随时对有关预算项目提出建议、补充、修改或否定性意见。再者，在预算审批环节，为提高决策的科学性，立法部门可通过内部网络即时调用主管业务部门有关项目的详细资料，预算决策的质量和预算监督的有效性将得到提高。三是拓宽沟通渠道，建立政府与公众之间的互动机制。借助现代信息和通信技术建立政府与公众之间广泛的信息沟通网络，将政府的施政意图和预算决策有关信息传递给公众，提高公共预算决策的透明度，并及时反馈公众的需求和呼声，提高公共预算决策的民主性、代表性和可接受程度。在我们这个时代，信息化和网络化已彻底改变了公共预算决策的信息基础，许多传统决策范式中难以跨越的信息障碍，随着新技术的运用都已得到解决。而与此同时，整个社会的逐步信息化和网络化，也使现有公共预算决策范式面临前所未有的机遇和挑战，对此，政府必须趁势而上，充分利用和发挥新技术的潜能，实现决策理念和决策质量上的跨越式发展。

上述关于我国“新公共预算决策”理念的建构在很大程度上建立在理性主义而非渐进主义的基础之上，其规范性意义可能要超过实践意义。我们可能会从中得到启发，但马上实施却绝非易事。这也从另一个侧面说明我国公共预算决策的现代化还有很长的一段路要走，将会遇到许多问题和困难，需要付出艰辛的努力。但也正因如此，公共预算决策优化方面的探索才更显得意义重大，因为针对预算决策模式、预算目标、预算权力分配、预算信息体系的构建等方面所进行的研究和实践探索蕴含着巨大的可能性，与其他方面的努力相比，同样的投入可能会得到更大的收获。

第二节 预算决策中的策略①

公共预算支出决策是一个选择的过程。可用资源有限，而参与者的需求各不相同，有的人得偿所愿，有的人打了折扣，而另一些人则一无所获，甚至入不敷出。在这个公共选择的过程中，面临的形势如何，究竟采取何种方式，运用哪种规则，依据什么价值，才能做到和而不同，平衡各方利益，在拔鹅毛时不让鹅叫出声来，是艺术，更是政治。选择有时发生在同一领域当中，在满足法定增长的基础教育支出盘子中，义务教育和非义务教育之间如何配置资源？不同的学校之间如何配置资源？选择更多时候发生在不同领域之间，在教育和国防之间如何配置资源？在农业和工业之间如何配置资源？这一切就像是一系列关于经济社会问题的庞大的联立方程组，关键在于申请者是否能够在决策中赢得足够的支持。但有的时候，一些突发的环境因素起了压倒性的决定因素，例如，2003 年的“非典”事件就使公共卫生问题的重要性凸现出来，大多数地区的公共卫生支出实现了跨越式的增长。财政状况的好坏也是重要的决定因素之一，在一个困难的年景，为度过难关，所有项目的预算可能会遭受同一比例的削减。当然，即使某个项目预算的规模和构成与往年相比未发生变化，这也是一种主动选择，即选择了不发生变化。

一、自由竞争条件下的策略行为

预算支出决策过程是存在主义思想的绝佳体现，每一个环节都必须做出

① 本节主要内容发表于《公共预算决策：现代观点》，中国财政经济出版社 2004 年版。

选择。由于参与者的动机和偏好各不相同，竞争相当激烈。行政首脑从施政纲领出发，力图在支出决策中贯彻发展规划，出形象，出政绩；主管部门充分挖掘和展示所辖业务的内涵和重要性，努力使自己控制的资金和资源最大化；预算部门“恩威并施”，协调各方，争取最大的权威性和主动性；利益集团多方奔走，为群体利益全力以赴；立法部门严格把关，控制和引导政府方向，发挥制衡作用，最大限度地体现民意。由于资源稀缺的绝对性，预算申请者为争取支出优先权的策略运用相当复杂。

策略一是突出某个项目的特殊性，特别是提高那些代表紧急情况的工程和项目的优先地位。例如，人大、政协会议每年召开一次，没有其他类似会议可以比较，资金申请人会以此为借口在会场租金、投票、设备、资料、交通、礼品发放、纪念册制作、安全、保密等多角度凸显特殊性，并将一些平时想做而无法做的项目作为“搭车”内容包括在支出申请中。由于政府与立法部门长期以来形成的默契，此类项目往往在较少争议的情况下顺利通过，预算部门长官和政府首脑会因此换来立法部门在预算报告与政府工作报告审查中更多的谅解，而立法部门首脑也以此回报本部门和广大代表辛苦的工作。紧急开支往往不是迫在眉睫，在很多情况下，都是储备性的和想象出来的。地震部门高级仪器的申请是以现有设备陈旧不堪、难以跟上世界发展潮流开始的，审查者会听到关于所需仪器优越性的技术性解释（审查者往往不具备这方面的知识），申请人会将历史上未能预测地震所造成的危害一一展示出来，当然，还有当事人所承担的责任。在这一切以后，项目通过的可能性将大大提高。

在扶持经济发展问题上，随处可见那种如果税式支出和各类补贴削减就会产生严重后果的论证方式。经济管理部门的申请人会力陈地区间激烈的竞争局面，强调本地区政策和资源优势的淡出，如果对企业扶持力度降低，会造成优势主导产业增长乏力、高新技术企业发展缓慢，户管大量流出、产业空心化、经济衰退、失业率上升等一系列问题。显然，在以经济建设为中心，发展是压倒一切的硬道理，地方政府考核的关键在于 GDP 和财政收入等指标的前提下，这种陈述最能打动人心，各种形式列收列支规模不断膨胀、愈演愈烈，财政收入大量流失的局面难以避免。

策略二是使项目开支表现出较低的水平。一是利用“免费”资金，或者成本不是很明显的资金。如市经济管理部门利用省政府用于调整产业结构、调动地方积极性的财政补贴促进经济发展，市教育、文化部门利用省条线管理部门的专项资金推动本地区基础教育文化设施建设，这些资金通常需要基层部门相关的配套资金，但由于整个项目资金的相当一部分由上级部门负担，基层政府支出预算中表现为“花小钱办大事”。二是利用信贷资金。在我国现阶段预算监督审查机制相对薄弱、支出预算审查主要集中于预算内的现实下，这种情况尤为多见，地方政府通常通过国有企业融资平台向银行融资，除上报融资规模外，相关项目收支体外循环，不进入预算审查环节。三是采用BOT等灵活的投融资方式实施公共工程，在收付实现制的会计制度下，项目成本分摊到以后多个年份，在当年预算中仅有相当有限的体现。四是使用免税计划而非直接支出，使开支变得不引人注目。在这种情况下，财政收入没有实现，财政支出也没有在预算中体现，但税式支出的确是发生了，虽然没有相关的统计，预算支出计划中也未包括这部分内容，但在我国这样一个各级政府减免税情况较为普遍的国家里，这类“隐形”支出在实际预算支出中所占比重是相当大的。五是通过技术上的操作，人为将某些项目的预算支出“做小”。也即利用技术和信息优势，在项目上报时留出硬缺口，待项目资金消耗殆尽时再另行追加，或者使跨期项目第一年的支出较小，主要费用在以后年份发生（预算管理部门形象地将这类项目称为“小头大身子”）。

策略三是通过收费“体外循环”。对预算单位而言，全额拨款意味着“旱涝保收”，但同样意味着每年严格的预算审查和监督，对一些并不是那么重要的部门而言，还意味着“吃不饱，也饿不死”。所以，在彻底的收支两条线和事业单位改革尚未来临之前，对于在政府序列中地位不是那么重要，但能够取得优质资源的单位而言，最佳选择可能并非争什么“全额拨款”的名分，而是落“自收自支”的实惠，在企业与事业单位之间游刃有余。因为自收自支，预算上不体现任何支出记录，因为自收自支，在预算管理相对薄弱的地方支出管理和审查部门甚至不来“打扰”，顶多在事后简单报账。另一类典型的例子是相当一部分地方政府在“干实事，不争论”理念下的土地开发项目，即政府无偿将一片待开发土地划拨国有开发公司，开发公司利用土地向银行抵押贷款，利用土地开发成熟拍卖后所得溢价收益进一步对其他土地实施滚动开发的“空转”机制。投资以及投资回收的整个过程可能都会脱离预算“体外循环”，审查预算案的人可能对此一无所知。

策略四是将项目与难以衡量的目标或国家战略挂钩。一旦某项目与此类目标和利益结合，与其他项目相比，便具有难以比拟的优先性。具体而言，此类策略包括：一是将项目与生命、社会安全等无法衡量的价值相联系。公共卫生和社会护理关涉到生命的安全和尊严，项目决策者不愿衡量也很难拒绝这类符合民意的项目；公共安全项目牵扯国家机密，除了令人提心吊胆的“是”或“非”的回答外，不可能也不应当对其详细内容进行审查。二是将项目的结果描述为具有象征意义。良好的招商引资环境就是一个象征性的目标，用于改善投资环境的项目支出以多少为宜？什么样的支出结构最有效？会对经济增长和就业带来多少积极意义？难以衡量也无从解答，也许用于改善投资环境支出的资金量本身就具有价值，代表着政府支持经济发展的决心，对企业落户发展具有强大的引导作用。神舟五号载人飞船的成功也是具有象征意义项目的一个典范，虽然有人曾对航天工业崛起的经济意义做过成本效益的分析，但它的价值绝不仅仅在此，它在树立中国在世界上的大国形象、振奋民族精神方面的价值没有人估量过，也无法估量。三是将难以通过成本效益考量的项目与价值更高的目标挂钩。建造磁悬浮列车即属此类项目，虽然成本高昂，在可见的将来入不敷出，且享受这一服务的范围相当有限，表面上的成本受益比在政治上和预算上都非明智，但世界上最快列车在集聚世人眼光、展示改革开放成果、推动区域互动、促进经济发展上的作用可能不容忽视。高等教育方面的高额投入是另一个例子，尽管来自世界银行和其他研究机构的研究表明基础教育的外部性和总体收益远高于高等教育，但政府教育投入的更大比重还是投入高等教育，这主要是因为在我国这样一个转轨经济中，高等教育还承担着追赶世界高新技术和文化潮流、引领国家综合竞争力全面提升的重任。当然，并非所有政府项目都能够运用这种提高目标价值的策略，对大多数项目而言，成本效益分析还是最基础的评价指标，如果某项目的成本高出可以承受的范围，就有被替代的危险。四是将项目与国家安全和战略挂钩。农业补贴的支持者采用的就是这种策略，十几亿人的温饱问题始终是悬在我们头上的一柄利剑，中国人只能自己养活自己。尽管大量调查表明补贴的效率未必高，补贴的分配未必公平，世界市场的比较利益没有充分利用，但任何反对的声音会马上淹没在义正词严的指责当中，因为这牵扯到立国的根本和悠久的文化传统。五是使项目目标与行政首脑的政策目标相一致。实践表明，凡是能够从行政首脑的施政纲领和一年一度的预算编审通知中敏锐地把握"领导意图"，并在预算中浓墨重彩地予以反映的项目，得到支持的几率会大大增加。

总体而言，由于参与者多种多样，项目五花八门，各种财政支出目标和项目之间的选择取舍不可避免。对于那些优先性并不靠前的部门和项目而言，如何通过一系列的策略运用，寻找机会"包装上市"，争取生存和发展的空间，显得尤为重要。

二、有限竞争条件下的策略行为

孙子曰："是故百战百胜，非善之善者也；不战而屈人之兵，善之善者也。"（孙子谋攻篇）预算过程中项目之间的竞争相当激烈，有时候项目上的成功可能是政治上的失败。因此，参与者更倾向于避免与其他竞争者发生正面冲突，寻求制度上差别化的安排创造竞争优势，从大量混乱的政策交易中抽身，为项目自动提供资金（当然，这会使其他竞争者围绕剩余资源的竞争更加激烈）。

（一）特别拨款

特别拨款是指在特定的财政收入中，应当为某一特别用途支付的开支水平。特别拨款形成的重要原因是这类项目的认同度可能并不高（在政治市场上的自由竞争中会遭到失败），但却能够得到政治上关键人物如行政首脑或分管领导强有力的支持。各地方政府为发展经济在每年预算中列出的招商引资专项资金便是这类拨款的典型代表，拨款额度往往一定数年，具体项目内容每年由主管部门报预算审查部门备案，且在项目实施过程中有相当大的自由裁量权，内容可能会一变再变。预算管理部门常常对特别拨款持反对态度，因为这破坏了预算的完整性，使部分预算完全基数化，限制了他们的管理范围和能力。这类拨款的存在增加了使用者的自主性，有利于提高某些工作的创造性和管理效率，但它们也往往同时成为"政治分肥"的载体，一些摆不上台面的支出会以各种形式从这里列支（主要是一些政府奖励、外出访问、接待和活动经费）。虽然公众和立法部门普遍对这类拨款持批评态度，但也有专家认为小规模的分肥项目是促进政治体制运行的润滑剂，小的问题和矛盾通过这种方式解决后，主要问题的解决便会更加顺畅。

（二）强制性预算

强制性支出不与任何其他工程或项目竞争，不管优先性如何，必须提供和支付。一类强制性支出是政府为实施中长期发展战略的保障举措，《教育法》（实施科教兴国战略的保障措施之一）关于教育支出的规定便是其中一例：教育支出的增长必须高于经常性财政收入的增长，生均经费、生均公用经费每年都必须有所增长，《农业法》、《卫生法》、《计划生育法》中也包括类似条款。强制性支出已经成为各级政府每年预算安排中必须着重考虑的因素之一，因为它们在预算中占据相当比重（由于它们与收入挂钩，所以收支预测也至关重要），地方政府预算部门常常从平衡预算的需要出发，在财政收入的口径方面与立法部门和条线管理部门做猫捉老鼠的游戏。强制性支出有利于确保重点必须项目的投入，但由于规定较死，往往给预算平衡带来较大困难。以教育投入为例，对于财政收入状况良好、教育负担较轻的地方政府，教育支出连年的高幅增长已经造成教育上的过度投入和浪费现象。同时，由于每年教育支出的增长有保障，且不存在绩效考评下与其他类型支出之间的优胜劣汰，客观上造成主管部门预算申报和管理上的粗疏草率，资金使用效率较低。农业支出上也存在同样问题，城市化水平较高地区机械地执行农业支出增幅高于经常性财政支出增幅的规定，使得最不具比较利益的领域投入过多资金，并在客观上阻碍了产业转型升级的步伐。另一类强制性支出是各种综合和专业鉴定模式，即存于专业管理部门、律师协会、会计师协会、计划委员会、科学协会等专业团体的一系列专业和学术标准，这些标准构成了强制性支出的最低标准线，只有通过这些标准的机构才有权利获得相应的资助。进入“211”序列的大学、大学中被认定为重点学科的专业即是这类项目，可以获得教育部额外的重点建设拨款。通过高新技术企业认证的各类企业也可以是这类项目的受益者，可以接受政府对高新技术企业的无偿资助、贷款担保或贷款贴息。

权利项目是强制性支出的一个重要方面，主要是指为符合特定要求的个人、公司或者政府部门的特定项目提供公共资金，所有提出申请且符合要求的人都能够得到支付，权利项目支出每年都不相同，因为它的具体数额要根据符合要求的人来定。权利项目先于预算，必须支付。当其他支出与权利项目发生冲突时，要么削减其他支出，要么承受赤字。由于地方政府没有赤字权，道路维护、公共设施建设等项目资金的削减不可避免。在一个现代民主社会中，权利项目是基本人权的体现，国家在可能的范围内有义务为其公民提供生存尊严的基本保障，罗尔斯在《正义论》的无知之幕理论中对其逻辑结构作了发人深省的阐述。基本的生活保障、医疗条件、教育等都可归属这一范畴。从现实情况来看，经济发达国家权利项目开支在财政支出中所占比重比经济欠发达国家大。当然，基本权利概念本身也有一个发展变迁的过程，有的项目逐步巩固地位，例如随着经济发展和土地开发利用步伐的加快，下岗职工和失地农民的基本保障问题在尖锐的矛盾冲突中提出来，并在社会上逐步赢得共识，三条保障线、农保、镇保等政策措施在部分地区试点成功后相继推开；有的项目经济社会发展潮流，渐渐萎缩淡出，例如改革开放前的医药费报销制度等。不仅如此，文化背景不同，人们对基本权利的理解也会有所差异，文化的发展变迁也会对权利项目支出的变迁产生一定的影响。

强制性支出的要求可以从中央政府下达到地方政府，也可以是地方政府的自发要求。例如，上海市浦东新区政府就曾在教育支出“三个增长”的基础上，要求教育支出的增长要高于经常性财政收入增幅 2 个百分点以上。上级政府对下级政府强制性支出的要求如果没有配套资金支持或财政体制上相应的调整，实际上是增加了下级政府在支出上的压力，造成“上级请客，下级买单”的局面。而强制性支出项目在缓解自身竞争压力的同时，客观上也使得非强制性支出对有限资金的争夺更加激烈。

（三）国有企事业

国有企事业与政府之间在方方面面都有着千丝万缕的联系，其实质是运用公共资源提供公共产品和公共服务，或者开展营利性活动。它们由政府所有或经营，收入源于产品或服务的销售，如果经营得当，就不需要政府财政开支，它们在决策上有很大的独立性，现行预算体系中往往不包括这部分项目的收支活动。如果国有企事业单位在经济中所占份额较小，问题还不是很突出，但对于我们这样一个国有经济在整个经济体中占据举足轻重地位的国家，其收支不在预算中以某种方式全面体现，就会造成预算的严重不完整和很大的漏洞。如果国有企业效益良好，而利润主要在企业内部循环，用于特定的公共产品和服务的提供，部分优先级别更高的公共需求可能会在政府能力许可的情况下难以实施；而当国有企业出现严重亏损、濒临倒闭时，又可能使政府面临巨额债务，影响预算内正常项目开支。国有企业同时还可以成为操纵政府预算的有效手段，在财政较为困难的时候，政府可以通过指令性计划要求所属国有开发公司以挂账的方式承担大量的市政建设任务，而这些项目完全可以避开其他项目的竞争以及相关部门和立法机构的预算审查，这可能意味着规避公众监督和貌似平衡的赤字预算；政府也可以仅通过简单的手续就划拨资金归还国有开发公司历史挂账或支持其发展，使本可以用于其他竞争性项目的经费退出竞争领域。不仅如此，由于相当一部分国有开发公司的经理来自政府要害部门，他们往往可以组织起强大的院外支持集团开展寻租活动，为自己谋求有利可图的项目和价格，侵蚀预算资金。由于国有经济关系国计民生和国家性质，简单的进退都非良策，建立相对完善的国资运营预算，补上目前预算体系中缺失的部分，全面反映预算信息，可能是提升预算的公正和效率、发扬民主的重要途径之一。

（四）基金

基金是为专门用途划拨的收入和支出的预算实体，拨入某个基金的资金只能用于设立基金时所确立的用途，这意味着一旦列入，就避免了与其他项目的竞争。最常见的基金是社会保障基金，其收入主要由一般税收筹措，支出根据开支标准和符合条件的受益人数量决定，每年根据需要列入，滚动使用。理想的状况当然是每年的基金列入能够应付所需支出，年度基金余额除非是受到突发事件的影响或经济社会形势的重大变化，不出现大起大落，但实际情况往往并非如此，目前相当一部分国家的社会保障基金都已经出现入不敷出的现象，收入筹措方式和支出安排都需要重大调整。其他基金如各地政府根据发展需要设立的文化基金、教育基金、科技发展基金、小城镇发展专项基金等，往往和地方政府的总体发展战略密切相关，例如小城镇发展专项基金就是为了加速城乡一体化进程，确保相关投入而专门设立的。正因如此，其设立和取消、资金来源和支出结构、范围，都会随着经济社会发展形势的变迁和公众偏好的变化相应变化。没有永恒的基金，只有永恒的公共利益。

（五）对预算过程施加限制条件

我们也可以通过对预算过程施加限制条件来减少竞争。最常见的办法是在财政困难时期规定所有项目同比例削减，不增加新的项目，这就使延续项目之间的竞争减到最低，新增项目则无法参与竞争；又如规定预算年度人员经费不增加，从而减少人员经费对事业发展项目的挤占；再如对一个快速发展中的城市，规定经常性财政支出中的专项经费一律削减一个比例或不发生变化，集中财力用于新增的建设性项目。限制竞争的第二种方法是对项目之间可以相互竞争的那部分预算加以限制。如果大部分预算维持基数或基数的一定比例，仅在其余部分放开竞争，围绕资金争夺的激烈程度就会减少很多。限制竞争的第三种方法是制定一份财政收入低于预期时待削减项目的顺序表。若实际收入果真差强人意，就按照事先议定的顺序操作，排序靠后的项目面临的竞争度就会比较低（当然，事先围绕排序的竞争可能会较为激烈）。

三、开放环境中的策略行为

财政支出决策并非封闭系统内高度可控的平衡体系，在政治经济开放性、全球化进程加速的现代社会，环境因素的影响意义深远。环境的重大变化将会压倒性地优先于所有策略性行为，“到什么山唱什么歌”，原定的计划会发生根本性的改变，一些项目退出舞台，而原本无人过问的项目却成为关注的焦点。

环境的改变形式多样。可以是东南亚海啸、伊朗地震、兴安岭火灾等自然灾害；可以是冷战、军备竞赛、政府人员的重大调整等军事政治问题；可以是金融危机、房地产泡沫、进出口逆差、区域间经济发展结构失调等经济问题；可以是交通、能源、原材料等资源问题；也可以是公众对基本权利认识的变化（这意味着权利项目内涵的变化）。这些变化可以是一次性突发事件，也可能是经济政治文化的重大变迁。环境在很大程度上决定着人们思考预算的基本模式和视角，影响财政收入的筹措，改变人们对需求的偏好和内容，并进而对人们在财政资源配置、收入分配、经济稳定等基本职能和策略的选择问题产生决定性影响。

经济从繁荣走向萧条无疑是最重要的环境变化因素之一。在经济持续增长时期，百业兴旺，失业率下降，许多权利项目的支出减少，市场机制的优势充分发挥，政府在矫正市场失灵压力减轻的同时，财政收入却增长较快，快速增长的收入相应带来许多新计划和新项目，许多新的外部参与者、利益集团和受益者会浮现出来，预算决策权倾向于更加分散，充分调动各部门当家理财、发展事业的积极性，预算竞争虽然激烈，前景却一片光明。而在经济衰退时期，百业萧条，失业率大幅上升，权利项目的支出大大增加，市场失灵问题亟需矫正，而此时财政收入徘徊不前，可供使用的手段相当有限。预算决策权会更加集中，个体之间的竞争会让位给集体利益。每个部门的预算都会受到威胁，围绕有限资金的竞争相当激烈，部门此时往往采取保守的预算策略，通过与更高的目标挂钩等办法，确保既得利益不受损失。

世界经济全球化一体化进程的加速使任何一个国家和地区经济的发展都难以单方面决定，我国中长期将处于转轨进程中、体制机制和政策变化较多的客观实际更加剧了这一不确定性，这些都会对预算的安排产生实际的影响。在各级政府，如果财政收入高估，或年中经济不可预测性地衰退，预算就会变得非常被动。2004 年推出的出口退税政策调整就是典型一例，由于计算口径和方法上的偏差，部分地方政府对政策的收入影响估计严重不足，造成不得不大幅度调整预算、重新安排支出的被动局面。税收体制的重大变化、转移支付因素的调整也会产生类似的影响，加大预算的系统性不稳定。

正常情况下的预算建立在收支长期稳定的前提下，收入的持续变化和支出项目间的重新调整和配置，都会使原定预算失去意义。从收入方面来看，开放经济使一切都变得不可预测，虽然谨慎性原则的运用可能会导致经济景气时期预算以外的大量收入，造成年近终了还忙于调整预算的局面，但收入超过原定计划毕竟是一件皆大欢喜的好事，而倘若因过度乐观高估收入，则会带来年中项目削减的被动局面，政府的总体安排和信任度都会遭到严重损害。从支出方面来看，留硬缺口是支出部门的重要策略之一，同时也是行政首脑和预算管理部门最头痛和最痛恨的事情，一旦出现这种情况，没有退路，要么借债，要么削减其他项目的预算。为预防并应对这种局面的出现，除了在支出预算中留有预备费之外，预算管理部门一般会在加强审核管理的同时对留硬缺口的预算项目给予严厉的处罚。在收入水平非常不稳定的时候，预算支出行为会发生较大的变化。人们更倾向于确保既得利益，争夺看得见的项目，较少有人会为了“宏大的事业”长远规划，在现有项目序列中名列前茅才是唯一有意义的事情。

四、公共预算支出的合法性

公共预算的一个特征就是纳税人和支出决策者的分离，确保合法性至关重要。简单而言，合法性包含两重含义：一是责任性，即预算决策要向大众保持透明度；二是可接受性，即预算决策要满足现有决策规则的要求，不能引起太多公众反对。在有的情况下，责任性和可接受性相辅相成，在另一些情况下，它们又相互抵触。例如，当预算决策符合绝大多数公众的意愿，能够实现帕雷托改进，责任性和可接受性就可以相互协调；相反，当预算决策仅有利于一部分人，大多数公众受损，这时候责任性和可接受性就相互抵触，要通过这类决策，就必须采取有选择地公开信息、降低透明度、或者实施互投赞成票等策略性行为。

（一）普惠型公共服务

公共预算中相当一部分支出用于众皆所需的项目。这些项目的特征是覆盖面广，直接关乎群众疾苦，因而也广受关注。在是否提供这类项目上往往异议不大，争论时常存于提供的规模和质量方面。申请者不需要隐藏这类“叫得响”项目的信息，相反，问题在于如何用足用好“优质题材”，争取最大的财力支持。因此，在支出决策过程中有关这类项目的信息通常是最充分的，其现实和长远意义往往得到深入阐发。

在财政困难时期，此类项目的申请者和利益相关方会尽一切可能向预算审查部门、立法部门以及公众解释清楚否决或对项目实施削减可能会带来的危害，在极端的情况下甚至会危言耸听。例如，卫生部门的领导会强调虽然财政收入徘徊不前，但非典以后卫生特别是公共卫生方面的投入关乎大局，如果得不到必要的资金，用于公共卫生体系达标建设方面的设备就不能按有关要求到位，广大公众会对此做出强烈反映，服务和责任政府的形象将会受损，上级政府也会予以严厉惩罚。如果收入形势严峻，必须削减部分普惠型项目支出，为保有既得利益，尽可能减少损失，申请者的策略可能会是将最急需、公众反响最大的项目提交削减（这种策略在通常被称为留“硬缺口”）。这通常会使预算申请部门和预算审核部门、立法部门之间僵持不下，以至于影响到预算的正常执行。需要指出的是，预算支出决策的特征与预算决策的集中程度密切相关，在集权程度高的预算中，围绕预算的争端由核心预算审查部门仲裁，理性决策的成分较为浓厚，深受公众欢迎的项目保留下来，可有可无的项目被削减掉。

（二）部分人受益的项目

普惠型项目因广泛的政治基础享有较高的优先权，常常不需要太多的解释和策略就能够获得通过。部分人受益的项目就没有那么好的运气了，要想脱颖而出，就必须寻找理由或建构至少表面上充足的理由。实践当中通常有以下几种办法：

1. 扩大受益范围

中国有句俗话："不患寡而患不均。"将某个项目的受益范围扩大可能会带来效率上的损失，但却会在政治上赢得更大的支持。例如，一个政府大楼的修建项目分拆给多家公司可能更难管理，但却为项目带来更多的支持者。转移支付资金完全用于支持最贫困的几个省会最大限度地减少贫困，但适当照顾相关省份却更有利于方案的通过和面上的平衡。

2. 充分说明外部性

充分揭示项目的外部性能够赢得必要的支持。国家在科技创新方面的资助在表面上可能更多地使发达地区受益，但若考虑到发达地区科技成果传播推动欠发达地区的发展，发达地区经济繁荣吸收的欠发达地区的劳动力、降低的商品成本、提高的财政收入（其中的一部分将用于欠发达地区）等，这方面选择可能就会变得相当合理。对炼油厂环保项目财政支持的直接受益人是周边居民，但若能够充分揭示增加环保投入对改善整个地区水源、空气、食用蔬菜等方面的影响，支持率必然大大增加，因为显而易见，健康已成为现代人的主要诉求之一。

3. 平衡群体间利益

当预算项目的受益人群有限，且没有明显的外部性时，极有可能形成囚徒困境：利益集团之间相互攻击、僵持不下，每个人的利益都没有得到满足。这个时候统筹各方的能力显得尤为重要，破解之道在于调整支出项目群结构，使每个人看上去都能从不同项目中得到利益。例如，同时为困难弱势群体提供最低保障和再就业培训，为小康家庭提供基础教育补贴，为富裕家庭提供更加便利的生活条件；也可以同时开发大西北，振兴东北老工业基地，促进中部地区迅速崛起，鼓励东部地区加速发展。这有点类似于大杂烩式的好莱坞电影，每个人都能够从中找到自己感兴趣的东西。当然，要使这种方法发挥作用，各主要利益方所得到的利益必须平衡，否则受益少的一方会出面反抗。

4. "降低"项目成本

按照帕累托原理：当一个人的效用改进并未损及其他人的利益时，便实现了帕累托改进。如果某项目支出真能如此（如从上级政府争取的项目全额拨款支持），在决策过程中便不会遇到太多的障碍，而且这部分受益人效用的满足会在一定程度上减缓他们与其他部门在项目资金上的争夺，预算审查部门也往往愿意在这类无碍大局的项目上表现自己的大度（如果部门不去争取，就根本不会有上级拨款，而且这类项目不影响原定预算盘子）。但我国预算现实中更多的是所谓“配套项目”，即上级政府希望在贯彻某项国家政策或自己想要实施的项目中，下级政府也能承担一部分开支。这便设置了双重的两难处境。一是下级政府是否要争取这部分资金，项目归属本地，造福一方，当然应当争取，项目不一定完全符合地方政府的需要（也就是资金如果完全由下级政府支配，他们可能会提出更适合自己的方案），这又使他们为难。二是项目受益人的所得是以对部分原参加一般性竞争的项目资金的使用为前提，这必然引起其他竞争者的反对。解决之道可能在于政治市场上的交易，即通过放弃在其他项目上的要求或支持其他利益群体来换取所需的支持。

提供担保也是使项目显得成本较低的办法，如农业贷款担保、高等教育贷款担保、中小企业发展担保、对较低收入人群的住房贷款担保等。对大多数通过较严格审核的贷款担保而言，担保是一种责任，而不是一项财政支出，事先对开支难以估计。由于绝大多数成本只是在坏账发生时才体现出来，所以表现在预算中的成本相当有限的，可能发生的成本被转嫁到来年或以后的时期，其他竞争者往往不会对此过多关注，在一定程度上竞争压力缓解了。

政府提供的保险是另一类使项目成本显得较小的方法。因为保险建立在投保人的保险金总和基础之上，所以保险一般不会花费一般税筹措的财政收入。在国家利益需要或私人保险业认为风险太大、市场空白时，国家可能会出面提供保险。由于政府项目的非营利性所决定，政府保险所需保金往往比市场价低。政府会用农业保险减少农民生产中的不确定因素，用失业保险缓和失业给个人或家庭带来的打击。由于政府保险价格低于市场价格，所以，从中长期看，政府追加投入似乎不可避免，而当追加发生时，原先被认为无成本发生因而没有非议的项目会迎来真正的挑战。

5. 掩盖项目成本

使项目成本显得较小的做法往往以其他竞争者的“财政幻觉”为前提，即因无法全面深入了解项目的完全成本而做出错误判断，一旦这类项目的成本内涵被充分揭示，竞争的烽火将再次燃起。所以，部分项目申请和利益相关方会在有的项目上选择隐瞒信息便不足为怪了。难以通过审核的开支在预算中被掩盖起来；财政补贴可以不留痕迹；财政支出的去处因特殊理由讳莫如深、难以追查。

当项目开支明令禁止，或有明确的开支标准时（姑且不论标准是否合理），为突破限制，部门领导可能会将该项目的成本转移到其他项目中去，或有意模糊某类开支的具体内容。在我国现行的支出管理机制下，部门正常运作开支中的差旅费、车辆燃修费、会务费、接待费均属此类。特别是接待费，虽然各地政府在名义上反复强调控制标准，但现实中由于传统影响和政府间的相互攀比，当然还有开支标准本身偏低等因素，超支不可避免。为维护预算表面的严肃性，以业务费的形式或在其他项目中特地安排部分此类支出司空见惯，对此，预算申报和审查部门往往心照不宣，含混通过。

进出口方面的管制和对部分产品的限产掩盖了补贴的实质。我国虽然没有在预算支出中明确安排项目支持汽车行业的发展，但却在长期以来通过高额关税或限制进口等措施对国内汽车产业进行保护，表面上看，这当中没有直接的补贴，但保护限制了来自国外企业强有力的竞争，而居高不下的价格又使消费者在实质上补贴了汽车行业（这种现象随着中国加入 WTO 已有所缓和）。从这个例子上我们不难看出，部分管制政策包含着丰富的支出内涵。为保护本国农业的发展对外国农产品进口量进行限制也是如此，国内种植相关品种的农民来自外国竞争者的压力将会减轻，但消费者却不得不为高价的农产品买单。由于政策和消费者支出之间的联系并不是非常明确，政府亦未有意识去提供评价政策成本收益的信息，故信息不对称情况下的争议相对较少。

国家安全和国防方面的支出往往涉及国家机密，相关信息的公开可能会危及国家安全，所以这部分支出的审查有其内部独特的工作方式。对预算审查部门和公众而言，除总量数据外，我们不知道可能也不应该知道太多此类项目的具体内容。它们往往代表了国家在安全和军事方面的重大战略举措，政治要求高，技术性强，决策面小，影响却相当广泛，自上而下的决策模式是恰当的。我们往往在事后通过总量数据和模糊的描述揣测项目的具体内容。

综上所述，人们已经在长期的公共预算支出决策实践和理论研究中发展出许多减少预算竞争的方法，以便形成核心竞争能力，在公共资源的争夺战中脱颖而出，同时避免恶性竞争或令人痛苦不堪的僵持局面。但避免竞争的方法并不能有效地运用于所有处境，预算支出竞争各方广泛运用策略可能会造成“囚徒困境”，大大减弱任何一方策略性行为的作用，当形势发生变化时，“百宝囊”也可能会失灵。而且，限制竞争真的符合公众利益和民主要求吗？对这个问题没有简单的答案，也许，对决策过程的管制和充分发挥竞争作用的努力之间将会永远处于斗争当中，因时而定，因事制宜。

参考文献

大卫·海曼著，章彤译：《公共财政：现代理论在政策中的应用》，中国财政经济出版社 2001 年版。

戴维·奥斯本、特德·盖布勒著，上海市政协编译组编译：《改革政府》，上海译文出版社 1996 年版。

戴维·罗森布鲁姆、罗伯特·克拉夫丘克著，张成福等译：《公共行政学：管理、政治和法律的途径》，中国人民大学出版社 2002 年版。

丹尼斯·缪勒著，杨春学等译：《公共选择理论》，中国社会科学出版社 1999 年版。

国际货币基金组织：《财政透明度》（财政部财政科学研究所编译），人民出版社 2001 年版。

罗伯特·登哈特著，扶松茂、丁力译：《公共组织理论》，华夏出版社 2002 年版。

罗伯特·李、罗纳德·约翰逊著，曹峰等译：《公共预算系统》，清华大学出版社 2002 年版。

尼古拉斯·亨利著，张昕等译：《公共行政与公共事务》，华夏出版社 2002 年版。

普雷姆詹德著，周慈铭等译：《预算经济学》，中国财政经济出版社 1989 年版。

世界银行：《1997 年世界发展报告：变革世界中的政府》，中国财政经济出版社 1997 年版。

Robert T. Golembiewski and Jack Rabin (ed.). Public Budgeting and Finance: Readings in Theory and Practice [M]. New York: F. E. Peacock Publishers, 1979.

Allen Schick. The Federal Budget: Politics, Policy, Process. Washington: the Brookings Institution, 1995.

第三章

绩效预算改革：国际经验

现代绩效预算的探索发端于20世纪上半叶，历经项目预算、计划项目预算、目标管理预算、零基预算、从上到下预算、结果导向的绩效预算等多个发展阶段，在不同的历史时期，不同的社会背景和经济条件下探索了预算的诸多可能性。从某种意义上讲，这既是一条探索预算自身的道路，更是一条探索政府治理模式的道路。世界各国的探索不断直面对预算基本问题（将X元分配给活动A而不是活动B的基础是什么）的回答，同时也在以不同的预算管理模式一次又一次地诠释计划、管理、控制职能的实现形式。

第一节 美国的绩效预算改革

一、绩效预算改革的目标

（一）背景

1. 赤字引发预算危机

自20世纪30年代美国推行凯恩斯主义以来，政府在社会经济事务中的作用大大扩张，也正是从此时开始，美国政府逐步陷入了财政赤字问题的困扰。70年代，由于能源危机等因素影响，美国经济出现了前所未有的“滞涨”局面，联邦政府被迫再次大规模干预经济，导致赤字急剧攀升。80年代里根政府实施供给学派的政策建议，在扩大国防开支的同时实行大规模减税，进一步造成联邦财政赤字激增，高峰时期财政赤字超过2000亿美元。布什总统上台后，虽然采取了一系列控制措施，但也未能阻止赤字规模的继续膨胀，到1992年已经达到2904亿元。为了弥补赤字，历届政府不得不大规模发行国债，而预算赤字与国债的交互作用最终引发预算困境。

2. 强制性支出刚性增长

政府的支出可分为两种形式：强制性支出和可选择性支出。强制性支出包括根据责任界定、受益标准或支出规则形成的支出，可选择支出是指那些不受政策规定约束的支出。可选择性支出在总支出中的比重从20世纪60年代的近70%下降到了21世纪初的30%左右。而随着“伟大社会”计划下社会保障项目的不断增加，受益者范围不断扩大，人们享受的福利待遇不断提高，到20世纪70年代中期，享受社会保障的美国人从二战后初期的40%左右，上升至90%以上，强制性支出相应的快速上升。2005年，美国总审计署（GAO）发表了题为《展望我们的未来：当婴儿潮一代退休之后》的报告，重申老龄化社会对当前和未来财政支出的持续的压力。典型的对老龄人口的支出形式是社会保障、老年医疗保健等等。随着老龄化的持续，这部分支出会持续增加，同时，若出现经济增长疲软、通货膨胀与失业率的居高不下、社会福利、社会保障津贴与物价指数挂钩等情况，政府福利支出将进一步增大。

3. 新公共管理推波助澜

20 世纪 70 年代，经历了经济“滞涨”和凯恩斯主义的低落，公众对于政府产生了广泛的怀疑。同时，政府运作的效率低下、浪费严重也受到了广泛的关注和指责。80 年代以来，西方国家纷纷掀起了新公共管理的浪潮，强调以企业家精神改革政府，追求效益最大化，以减轻财政压力、提高政府的效率和服务水平，以及应对全球化等带来的挑战，进而重建公众对于政府的信心。在这一背景下，绩效预算改革应运而生。

（二）目标

1993 年，美国政府开始实施绩效改革，尤其是绩效预算改革，期望通过一系列制度安排，使得联邦机构能够具备以下三个特性：结果导向（results - oriented）、管理良好（well - managed）、高绩效（high - performance）。进而摆脱联邦财政的困境，提高政府为公众服务的能力，重建其对联邦政府的信心。

二、绩效预算实践

（一）发展阶段及制度安排

1. 《从繁文缛节转向结果导向》

1993 年，在副总统戈尔领导下的国家绩效评价委员会（National Performance Review，NPR）公布了一份经过六个月集中调查研究撰写而成的报告《从繁文缛节转向结果导向》，为改革政府运作模式、提高政府运作效率提供了指导意见和许多切实可行的建议，成为政府再造的具体行动指南。报告中提出了 384 项改革建议，这些建议可以归结为指导政府再造的四个原则，即简化规制原则；顾客优先原则；授权与结果导向原则；节俭效益原则。

2. 《政府绩效与成果法案》

1993 年，在克林顿政府的推动下，美国国会通过了《政府绩效与成果法案》（Government Performance and Results Act），使绩效管理的要求以法律的形式被确定下来。绩效法案不仅要对总统负责，而且要对国会负责，其有效性超越了总统的任期。《政府绩效与成果法案》的具体要求如下：

所有联邦政府机构必须向总统管理与预算局提交战略计划；所有联邦政府机构必须在每一个财政年度编制年度绩效计划，设立明确的绩效目标；管理与预算局在各部门年度绩效计划的基础上编制总体的年度绩效计划，它是总统预算的一部分，各部门的预算安排应与其绩效目标相对应，并且须提交给国会审议；联邦政府机构须向总统和国会提交年度绩效报告，对实际绩效结果与年度绩效目标进行比较，年度绩效报告必须在下一个财政年度的6个月内提交。

（1）战略计划。《绩效法案》规定，战略计划的内容包括：本部门工作任务说明；总体工作目标及实现目标的措施；战略计划中总目标与年度绩效目标的关系；明确影响绩效总目标实现的主要外部因素；概述拟评价的项目，并制定评价时间表。战略计划最少在六年内有效，但每隔三年必须进行调整。战略计划是执行绩效法案各项规定的基础。战略计划要说明机构的目标，即机构及其项目存在的意义、项目所要完成的任务及其时间要求，机构长期的发展方向，以及机构管理者的近期行动等。在制定战略计划之前，部门、机构项目的发展方向及其安排要进行广泛的讨论，听取各方面的意见。部门、机构应向国会进行咨询，也可以向其他相关部门或团体征求意见，以避免在项目执行过程中发生争执。同时，给项目管理者创造稳定的工作环境，使按绩效计划设计的年度绩效目标能够有序地进行。

（2）年度绩效计划。《绩效法案》规定，年度绩效计划的内容包括五个方面：一是阐明绩效目标。每一个项目都可能有一个或多个绩效目标，用于测定实际成果的目标要具有可比性，包括对目标采用定量的标准、价值和比率。二是设计绩效指标。绩效指标将被用于考核产出和结果。三是描述测量绩效的方法。测量绩效的方法要科学合理。四是说明为达到绩效目标拟采取的工作程序、技巧、技术、人力资源、信息和其他资源等。五是确定赋予管理者的权限和责任。在年度绩效计划中选择目标和指标时，应遵循下列原则：一是项目管理者要用绩效目标和绩效指标来判断项目在达到预期目标方面的成效；二是在部门负责人或利益相关者评论项目的完成情况时，要以系统的绩效评估结果为依据。

（3）年度绩效报告。《绩效法案》规定，年度绩效报告应包括以下四方面内容：一是对实际取得的绩效成绩和年度绩效计划中的绩效指标进行比较。二是如果没有达到绩效目标，要说明没有达到目标的原因，以及将来完成绩效目标的计划和时间表。如果某个绩效目标是不实际或不可行的，要说明改进或终止目标的计划。三是对某个财政年度内已完成的项目评估的概述。四是对为实现绩效目标，使用和评估关于豁免管理要求和控制的实施效果的说明。一个完整的评价周期包括：计划、实施、测定和评估。一个项目的成败是影响下一轮绩效评价（包括绩效计划和战略计划）的重要因素。绩效管理的一个重要环节是调整和修改上一年度报告中的有关信息，进而从实际出发调整下年度计划。

3.《总统管理议程》

2001 年，乔治·布什总统入主白宫，他将私营部门的绩效管理理念进一步引入联邦政府管理领域，强调绩效与预算的整合，将绩效预算的实行推向了一个全新的阶段。8 月，布什总统公布了改革政府管理制度和提高联邦项目绩效的议案《总统管理议程》（President's Management Agenda），其目的在于解决一些长期问题和提高政府的绩效，它包括 5 项政府动议和 9 项特别项目动议。前者涉及所有政府部门，后者针对政府管理中最为薄弱的环节。其中五项政府动议包括：一是人力资本战略管理动议；二是竞争机制动议；三是提高财务业绩动议；四是扩大电子政务动议；五是预算与绩效整合动议。在实施第五项动议的过程中，管理与预算局提出了四方面的推进措施：一是使用项目评级工具（PART）评估项目绩效；二是公布记分卡以促使机构对 PART 的改进建议负责；三是将评估结果公布在 www.ExpectMore.gov 上面；四是实施跨机构项目改进。

（二）参与各方及其功能

1. 行政部门

行政部门参与预算编制的主要角色有：总统、管理与预算局、由财政部、国民经济委员会、经济建议委员会组成的“经济三角”。

（1）总统。决定预算实施政策，向国会提交预算报告；随时向国会提交追加预算的请求和预算修正案；签署或否决收入、授权和其他与预算相关的法律；向国会通报取消或延期支出的项目；如有必要，签署取消某项预算收入的征收等。

（2）管理与预算局（OMB）。管理与预算局直接向总统负责，其职责主要是编制支出预算，即根据各部门、机构提出的各自预算方案，经核查后统一汇编出联邦预算交总统审核，然后由总统提交给国会。经国会批准后，按项目分配资金并监督行政部门的预算执行，保证其实现预算目标，促进政府内部机构之间的合作与协调。此外，管理与预算局还负责制定政府采购的政策、规章和程序、定员定额管理、常规预算的审查等。管理与预算局分为预算部门和管理部门两部分，约有600名职员，它所承担的与绩效预算相关的工作包括：

一是执行《政府绩效与结果法案》的要求，督促各部门制定战略规划；督促各部门制定年度绩效计划并确保该计划达到制定标准；审核并批准有关管理责任下放的建议等。

二是执行《总统管理议程》的"红、黄、绿"评级制度，每个季度管理与预算局评估各个机构的工作进展情况以及对绩效目标的完成情况，同时对各个机构为完成目标而采取的措施以及哪些措施需要改进等问题做出详细的评论。

三是负责项目评级工具（PART）的开发、完善、实施、管理。2004年绩效测量顾问委员会（Performance Measurement Advisory Council）研发出了项目评级工具（PART），将其用于对政府项目的绩效评价。

（3）"经济三角"。"经济三角"是指由国民经济委员会、经济建议委员会和美国财政部共同负责经济预测并制定主要的经济政策。其中：国民经济委员会的主要职责是：为总统提供国民经济政策（各内阁部门都有人员参加），制定经济政策和预测。经济建议委员会主要是向总统建议税收政策和需要财政投入的重点领域。美国财政部基本职能主要是：拟定和建议经济、金融及财政政策；办理国库业务；执行有关预算法令；印铸货币；管理公债、国家政策性银行和国家金银。

美国财政部由税务局（国内收入局）、烟酒火器局、公共债务局、通货检查局、美国储蓄债券局、美国造币局、美国海关总署、金融管理局、国库局、节俭检查办公室等组成。负责根据历年的收入情况和经济发展预测，编制收入预算（支出预算由总统预算办公室编制），供总统预算办公室参考；美国财政部根据国会批准的预算，组织资金供应。

2. 立法部门

美国国会由参、众两院组成，参众两院各有一套审核联邦预算编制的庞大机构，具体包括：参、众两院的拨款委员会、筹款委员会、预算委员会、国会预算局和审计总署。

（1）国会拨款委员会，是国会中负责拨款法案的常设委员会，即为政府部门拨款授权，通过取消拨款的立法，开支结余结转的立法，及根据国会预算委员会的决定进行新的开支授权，两院的拨款委员会各下设 13 个小组委员会。

（2）国会筹款委员会，是国会中专门负责税收法案审议的常设委员会。

（3）国会预算委员会，成立于 1974 年，是国会中专门对总统的行政预算进行审议的常设委员会，主要职责是加快国会审核预算的进程，并使国会能在整体上对总统预算的总量和结构进行审核。

（4）国会预算局（CBO）。国会预算局是一个专业的、非党派的机构，成立于 1975 年，没有审批权。其职责是为国会两院提供客观、专业、及时、非政治化的分析，这些分析有助于经济和预算决策。国会预算局对经济与预算有独立的分析与预计，并独立地编制一整套预算，供国会参考。简单地说，国会预算局的任务主要是为参、众两院的预算委员会、筹款委员会、拨款委员会提供辅助性服务，给总统的预算挑毛病，另外也应国会的要求研究预算和经济方面的有关政策。近些年来，CBO 的规模逐步扩大，现在已经有工作人员 300 多人。

（5）审计总署（GAO），建于 1921 年，是审计政府财务，使政府财务活动限制在国会批准的范围内的机构。它在联邦政府这一轮的绩效改革中发挥着重要的作用，负责监督联邦政府各个部门绩效预算和绩效改革计划的执行。

（三）技术路径

1. 平衡计分卡（“红、黄、绿”评价体系）

在 2003 年的预算中，美国政府借鉴企业的成功经验，运用一套简单有效的评级制度（红、黄、绿）来评价联邦机构执行《总统管理议程》的工作成果，每个机构每个季度都要接受评估。评价分为两个维度：一是成效维度，即评价项目对于动议中列出的政府目标的完成情况；二是进展维度，即评价各个机构的工作进展。参见表 3－1、表 3－2 和表 3－3。

表 3－1　　评分描述表

	绿	黄	红
状态分 (Status Score)	达到所有成效标准	达到部分成效标准	存在严重不足
进展分 (Progress Score)	按计划开展工作	工作进展落后于执行表，需要调整工作以及时达到动议要求	如果没有关键的管理变革，则很难实现动议目标

资料来源：财政部财政科学研究所《绩效预算》课题组，2004，p294。

表 3－2　　成效维度记分卡标准：以“预算与绩效一体化”为例

绿（G）	黄（Y）	红（R）
达到全部核心标准： ■ 计划编制、评价和预算工作地全体人员与项目管理员齐心协力创造一个完整的计划/预算，以便监控和评价执行情况。 ■ 简化、清晰、完整的机构计划/预算设定成果目标、产出目标，并且根据过去的业绩确定所需的资源。 ■ 预算科目、预算工作人员、计划以及活动都要有助于实现项目目标。 ■ 所有的预算成本应该记在主要账户上，产出成本、项目成本与预算要求的绩效统一起来。 ■ 机构能证明项目的效果，表明项目产出和相关政策对于其成果的影响，系统地实现绩效预算，预算决策以项目绩效为基础。	达到部分核心标准而非全部，没有红色状况。	有以下任一情况： ■ 计划编制与预算编制基本无关，各层组织机构之间缺少沟通，只想为自己获得资金单独使用。 ■ 传统预算不要求资源水平与绩效相联系，也不和非预算技术员进行沟通。 ■ 账户过多过滥，不符合规定的账户设置等。 ■ 对当局的费用成本不加重视，更不用说活动的费用成本，机构或局部的部分成本混在一起，项目负责人对资源的支配权极其有限。 ■ 费尽心思找一个好理由获得资金，而不是注重结果以及项目作用。

资料来源：财政部财政科学研究所《绩效预算》课题组，2004，p300。

表 3-3 2004 年《总统管理议程》评估结果

部门	截至 2004 年 12 月 31 日状态评级					执行 PMA 进度评级				
	人力资本战略管理	竞争机制	提高财务业绩	扩大电子政务	预算与绩效一体化	人力资本战略管理	竞争机制	提高财务业绩	扩大电子政务	预算与绩效一体化
商务部	●	▲	●	▲	▲	●	▲	●	●	●
国防部	▲	▲	■	■	▲	●	▲	▲	●	●
教育部	▲	▲	●	▲	▲	●	●	●	▲	●
能源部	●	●	●	▲	●	●	●	●	●	●

注：●表示绿灯；▲表示黄灯；■表示红灯。

资料来源：孙云，2005，p35。

管理与预算局负责对各机构实施评价。每个季度 OMB 评估各个机构的工作进展情况以及对绩效目标的完成情况，同时对各个机构为完成目标所采取的措施以及哪些措施需要改进等问题做出详细的评论。通过这评估体系，各个机构工作情况能够及时得到反馈信息，进而迅速识别问题、解决问题。平衡计分卡的运用使管理与预算局能够很好地监控各机构的工作进程以及对于工作成效的责任，大大促进了各个被监管机构内部管埋水平的提高。

2. 项目评级工具（PART）

为了推进《总统管理议程》第五部分的“预算与绩效一体化”的要求，整合绩效与预算，管理与预算局于 2002 年 7 月引入项目评级工具（Program Assessment Rating Tool，PART）。通过 PART，OMB 可以对部门的项目绩效进行评估，将预算同上年绩效结果相联系，推动预算与绩效的整合。

PART 评估流程可以分为四个阶段：确定项目类型，进行 PART 评估，计算项目得分和确定项目级别（如图 3-1 所示）。

（1）确定项目类型。在 PART 中，项目共分为七类：政府直接支出项目，竞争性补贴项目，固定/按公式补贴项目，管制项目，资本资产和服务申请项目，信贷项目，研发项目。

（2）进行 PART 评估。PART 设计了一系列问题，通过评价项目的目的和设计、战略规划、项目管理、项目结果和责任，从而确定项目的整体有效

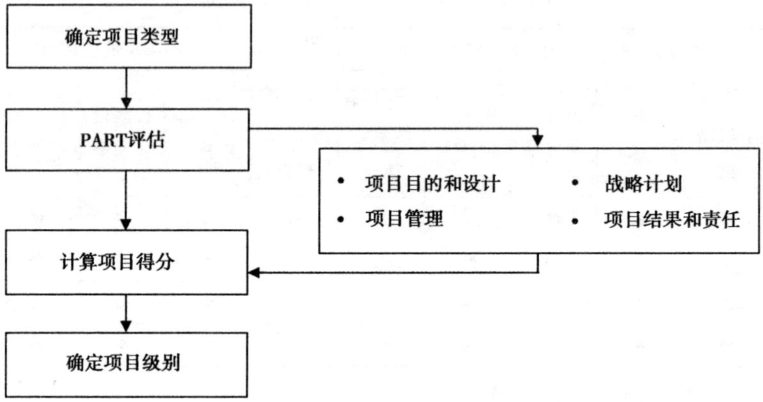

图 3－1

资料来源：作者自制。

性（见表 3－4）。PART 由 25 个基本问题和 20 个非基本问题组成，每个项目依据其不同的类型而选择相应的非基本问题。

表 3－4

部　分	描　述
项目目的和设计	项目设计得是否合理、目的是否清晰
战略规划	是否为该项目制定了适当的年目标和长期目标
项目管理	评价项目的管理制度，包括财务监督、项目执行情况
项目结果和责任	根据战略规划部分设定的目标及其他方面的评价来确定项目绩效

资料来源：OMB，2008，p. 17.

PART 的前三个部分集中于项目目标、战略规划编制和管理，采用“是/否”的表格形式，同时有一个简短的叙述性解释和相关的证据来支持答案，并且答案必须以事实为依据。每个部分都设计了一系列问题以取得项目绩效相关的信息，每个问题都有各自的权重，并且可以根据与特定项目的相关程度调整权重值，以更准确地突出项目的关键因素。

（3）计算项目得分。见表 3－5。

表 3-5

名　　称	部分总权重	问题总数	每个问题在该部分中的权重	分项分数	分项总分
项目目的和设计	20%	5	20%	A1—A5	∑Ai（i=1，…5）×20%
战略计划	10%	8	12.5%	B1—B8	∑Bi（i=1，…8）×12.5%
项目管理	20%	7	14%	C1—C7	∑Ci（i=1，…7）×14%
项目成果	50%	5	20%	D1—D5	∑Di（i=1，…5）×20%

资料来源：OMB，2008，p. 8.

四个项目的总分均为 100 分，在四个项目内部，各个问题因其重要性不同而分值有所差异。

PART 调查表的分数 = 项目目的和设计分项总分 ×20% + 战略计划分项总分 ×10% + 项目管理分项总分 ×20% + 项目成果分项总分 ×50%

（4）确定项目级别。PART 调查表共分为四个级别，即有效、基本有效，一般和无效四个级别（见表 3-6）。还可能出现第五级“成效无法显示”，代表没有足够的资料测评项目绩效。

表 3-6

分数范围	绩效级别
85—100	有效
70—84	基本有效
50—69	一般
0—49	无效

资料来源：OMB，2008，p. 62.

如果一个项目没有符合要求的长期或者年度绩效指标，或者缺乏对项目进行测量的基线和绩效数据，或者被评机构无法就评价目标和指标与管理与预算局达成一致，不论其总分是多少，该项目一般被评定为“成效无法显示”。

（四）实施流程

1. GPRA 的实施流程

1997 年 9 月 30 日，所有机构提交 5 年战略规划（以后每 3 年一次）和年度绩效计划（以后每年一次）。

1998 年 1 月，OMB 提交联邦政府绩效计划。

2000 年 3 月 31 日，所有机构递交 1999 财年绩效报告（以后每年 3 月 31 日都要提交年度报告）。参见表 3－7、表 3－8。

表 3－7　1999 财年 GPRA 的实施流程

步　骤	时　间
战略计划	1997 年 9 月 30 日起每 3 年一次
各机构提交年度绩效计划	1997 年 9 月 30 日
OMB 提交联邦政府绩效计划	1998 年 1 月
各机构递交年度绩效报告	2000 年 3 月 31 日

资料来源：财政部财政科学研究所《绩效预算》课题组，2004，p44。

表 3－8　PART 的主要实施流程

步　骤	时　间
PART Web 系统开启	2 月 6 日
各部门完成 PART 评估工作，草案提交 OMB	3 月 31 日
OMB 对草案修改完成，反馈给各个部门	5 月 19 日
各部门申诉结束	6 月 11 日
RMO 根据申诉委员会决定，完成 PART 草案修订；各部门完成 PART 概要初稿	7 月 9 日
RMO 完成所有 PART 数据的定稿	7 月 25 日
PART 终稿在 ExpectMore. gov 上公布	8 月中旬

资料来源：作者自制。

2. 在预算周期中整合 GPRA 和 PART

表 3－9 以 2007 年初开始编制的 2009 财年预算为例，对于在预算周期中整合 GPRA 和 PART 做了系统整理。

表 3-9　　预算周期中 GPRA 和 PART 的整合

<table>
<tr><td colspan="5">编制阶段</td></tr>
<tr><td colspan="3">步　骤</td><td colspan="2">时　间</td></tr>
<tr><td>主要预算程序</td><td>PART 程序</td><td>GPRA 程序</td><td colspan="2"></td></tr>
<tr><td colspan="3"></td><td colspan="2">2007 年</td></tr>
<tr><td rowspan="4">OMB 向行政分支机构发布春季计划纲领，说明政策指导意见</td><td>PART Web 系统开启</td><td rowspan="4"></td><td>2 月 6 日</td><td rowspan="4">春季</td></tr>
<tr><td>各部门完成 PART 评估工作，草案提交 OMB</td><td>3 月 31 日</td></tr>
<tr><td>OMB 对草案修改完成，反馈给各个部门</td><td>5 月 19 日</td></tr>
<tr><td>各部门申诉结束</td><td>6 月 11 日</td></tr>
<tr><td rowspan="3">OMB 发布 A-11 简报</td><td>RMOs① 根据申诉委员会决定，完成 PART 草案修订；各部门完成 PART 概要初稿</td><td rowspan="3"></td><td>7 月 9 日</td><td rowspan="4">7—9 月</td></tr>
<tr><td>RMO 完成所有 PART 数据的定稿</td><td>7 月 25 日</td></tr>
<tr><td>PART 终稿在 ExpectMore.gov 上公布</td><td>8 月中旬</td></tr>
<tr><td>机构提交初步预算</td><td></td><td>各机构提交年度绩效计划</td><td>9 月 30 日</td></tr>
<tr><td>OMB 开始秋季审议（依据总统认为的优先顺序、项目绩效和预算限制）</td><td></td><td rowspan="4">OMB 审议年度绩效计划并反馈
各机构递交最终年度绩效计划</td><td colspan="2">10—11 月</td></tr>
<tr><td>OMB 向总统提出完整的预算建议</td><td></td><td colspan="2">11 月下旬</td></tr>
<tr><td>将总统最终的预算决定反馈给行政机构</td><td></td><td colspan="2">11 月底</td></tr>
<tr><td>各机构向 OMB 和总统申诉</td><td></td><td colspan="2">12 月</td></tr>
</table>

① RMOs：Resource Management Offices.

续表

编制阶段			
步　　骤			时　　间
主要预算程序	PART 程序	GPRA 程序	
			2008 年
各机构准备地交给国会的辩护材料，OMB 予以审议		OMB 提交联邦政府绩效计划	1 月
总统向国会提交 2009 年度预算咨文			2 月第一个星期一
审议阶段			
国会预算局（CBO）对总统预算进行估测			2 月
其他委员会向众议院和参议院的预算委员会提交“估测意见”			移交预算 6 周内
国会完成对预算共同决议的立法过程			4 月 15 日
执行阶段			
2009 财政年度开始			10 月 1 日
			2009 年
2009 财政年度结束			9 月 30 日
评估阶段			
			2010 年
		各机构递交年度绩效报告	3 月 31 日

资料来源：作者自制。

第二节 澳大利亚的绩效预算改革

一、绩效预算改革的目标与阶段

自20世纪80年代以来，澳大利亚的财政制度改革已经进行了近30年，虽然财政管理的焦点与时俱进，但澳政府财政管理框架的核心目标始终如一：

- 提高资源使用的效率；
- 加强公共责任；
- 让政策和项目执行者获得更多的财政管理责任和灵活性。

以1997年为界，澳大利亚的预算改革可大致分为两个阶段。在每个阶段里，改革都有其特定的背景和目标。

（一）第一阶段：1983—1997年

新政府上台，面临一系列宏观经济困难：一方面是公共部门改革的空间不足，另一方面是日益恶化的财政状况，而其前任政府糟糕的财务和预算管理更是备受批评。在这种财政困难，预算受到严重约束的情况下，新一届政府决心进行预算改革，促进资源管理，限制政府支出。这一时期开始的改革可以看做是自上而下，由中央政府驱动，获得了总理、国库部长和财政部长的支持。改革的主要目标在于：进行公共部门改革，下放资源的政策决策权，削减联邦政府费用，使公共支出更多地向社会弱势群体倾斜。

这一时期，政府着力解决的问题是如何将绩效目标引入考核机制，收集绩效信息，对政府各部门进行评价，具体包括四个方面：一是从注重公共服务的投入分析转变为重效益、重结果；二是适当下放预算的权力和责任，在各个政策决策层面上加强信息通报；三是使公共部门的服务状况更便于公众和国会的监管；四是加强政府官员的技能、经验和培训的同时，改进政府公共部门的管理，使决策过程更加理性化。

（二）第二阶段：1997 年起

1996 年，保守的联合政府上台执政。新政府更强调市场机制的作用，主张提高公共部门效率，削减公共部门数量。新政府提出建立具备如下三个特征的绩效管理体系：一是政府管理特别是政府财政管理更趋市场化；二是提高政府预算的透明度；三是以市场化的路径提供公共服务。随着预算改革成效初显，澳大利亚政府认识到有必要对改革进行常规性的审查与评估。因此，从 2002 年开始，澳大利亚政府开始实施预算评估和框架审查，对政府的改革措施进行过程监控，并作出及时修正。

综上所述，澳大利亚两阶段改革的主要动机可概括为三个方面：一是执政理念的变化；二是解决财政危机；三是减少不必要的公共支出。改革的目标了可归为三个方面：一是关注支出控制的预算优先顺序，改善分配效率，提高生产率；二是关注以结果为基础的管理，改善公共部门服务的提供效率和绩效；三是改善政治家责任，提高公众责任感。

二、绩效预算实践

（一）相关立法及制度安排

1.《预算诚信法案》（Charter of Budget Honesty Act 1998）

《预算诚信法案》的目的有三个方面，一则为澳大利亚经济提供健全的财政管理；二则公开公共财政情况；三则保证澳大利亚财政政策的透明度。其相关条款可分为两种类型：

第一种类型是财政目标的设立，具体包括两个步骤。

第一步：健全财政管理原则（Principles of Sound Fiscal Management）。

（1）审慎处理政府面临的财政风险，关注经济环境，把政府债务维持在一定水平。

（2）确保财政政策有利于实现财政盈余，缓和经济的周期性波动，考虑国家面临的经济风险和这些风险可能给政府财政带来的影响。

（3）维持支出和税收政策与合理的税负水平的一致性。

（4）维持税收系统的完整性。

（5）考虑政府财政政策对下一代的影响。

第二步：由政府准备年度财政战略声明（Fiscal Strategy Statement）。

年度财政战略声明为评估政府财政政策绩效提供了基准，并作为预算文件的一部分公开。在财政战略声明中，政府应：

（1）详述政府的长期财政目标，并以此为框架确立短期目标。

（2）详述财政政策制定、评估的关键标准。

（3）详述预算年度及之后三年内政府的财政目标，以及关键性财政指标的预期成果。

（4）解释财政目标、战略优先项与健全财政管理原则的关联。

（5）详述为缓和经济周期性波动而采取的临时性措施。

第三步：建立财政报告制度，监控政府财政行为与其财政目标的一致性。

《预算诚信法案》要求政府发布一系列综合性的报告，以监控其财政行为与目标的一致性，使政府的财政管理能受到公众的监督。这些报告包括预算编制期间的《经济与财政前景展望报告》（Economic and Fiscal Outlook），之后六个月发布的《年中经济和财政展望报告》（Mid - Year Economic and Fiscal Outlook），财年结束后三个月发布的《最终预算结果》（Final Budget Outcome Report）。此外，根据法案要求，在选举开始前10天内，需要发布《选前经济和财政前景展望》（Pre - Election Economic and Fiscal Outlook）。至少每五年还要发布一份《多年代报告》（Intergenerational Report），该报告旨在对现行政策的长期持续性进行评估。

2. 其他法律文件

除了最为重要的《预算诚实法案》以外，还有一些其他的与绩效预算相关的法律文件，见表3－10。

表3－10

法　　案	内容及作用
财政管理和责任法案（Financial Management and Accountability Act 1997，FMA Act）	提供对公共资金、公共财产进行管理的合理框架。 ①规定各部门在财政资金的申请、拨付、使用等环节的权利和责任以及相应的处罚措施。 ②明确规定每个环节由哪一层官员签署，依法支出，落实责任。 ③将管理资源的权力更多地下放到部门，使部门负责管理产出，最大限度地服务于政府预期成果的实现，并建立绩效指标以审核效果和效率。

续表

法　案	内容及作用
公共服务法案 （Public Service Act 1999）	对政府财政行为进行内部控制，增加部门首长的灵活性和责任。
联邦政府与公司法案 （Commonwealth Authorities and Companies Act，CAC Act）	对联邦政府的财政事务做出规制。详细规定报告制度，明确划分责任。 主要内容： ①政府长官的审计与报告义务。 ②官员行动的标准。 ③要求国有企业向内阁和议会报告其行动。

资料来源：Jón R. Blöndal，Daniel Bergvall，Ian Hawkesworth and Rex Deighton - Smith，Budgeting in Australia，OECD Journal on Budgeting，2008，Volume 8 - No. 2.

（二）参与各方及其功能

1. 内阁委员会

（1）高级部长审查委员会（Senior Ministers' Review，SMR）。高级部长审查委员会是政府财政的监护人，在其能力范围内联合各高级部长为即将到来的预算确立战略方向，制定日程表，就如何达到已确立的财政目标提出建议。在有财政压力的情况下，SMR 会设立支出削减的总目标。在财政形势良好的情况下，SMR 关注的重点则是在众多新提案中做出选择。2007 年澳大利亚新政府上台后，战略预算委员会（Strategic Budget Committee，SBC）取代了 SMR。SBC 与 SMR 的区别主要在于 SBC 更关注战略目标，为下一财年确定财政战略，设立政策优先项。

（2）支出审查委员会（Expenditure Review Committee，ERC）。支出审查委员会的职责是限制支出和财政责任。ERC 由七位成员组成，包括政府总理及国库部、财政部部长等高级部长。在面临财政压力的情况下，ERC 会对支出削减的目标做出详细的阐述，并且确保所有的部长能与该目标保持一致。ERC 会拒绝那些不现实的提案。在财政盈余的情况下，ERC 会在不同的政策提案中进行抉择。ERC 接受预算内阁授权，根据收入委员会的结论，对预算支出进行调整。2007 年新政府上台后，ERC 的作用也被拓展，主要表现在下面两个方面：一是对于前任政府的所有项目，ERC 承担着对它们进行支出审查的任务；二是 ERC 不仅要在预算形成过程中开展讨论，还要在全年召开常规会议。设置这样的频率是为了强调预算年度中提案审查的重要性，加强对财政的监察。

(3) 特设收入委员会（Ad Hoc Committee on Revenue）。特设收入委员会的组成人员包括正副总理、国库部部长、副部长和财政部长。它在内阁开始审查 ERC 的提议后运行。讨论的内容是：对最近经济形势做出的假设及对收入作出估测；决定实际课税标准。通常情况下，内阁对支出及收入的讨论应分开进行。但 2007 年上台的新政府已经决定将支出的测量工作交给 ERC。

2. 中央各机构

预算中重要的中央机构有三个：财政部、国库部、总理办公室暨内阁。1976 年，原属同一部门的财政部和国库部被拆分，以削减国库部的影响力。财政部集中于改善预算支出财政部主要负责预算执行、监管各部门财政支出、提出支出预算建议、制定会计标准等。

(1) 财政部。财政部关注的焦点是预算支出，类似于中央预算局。其基本责任主要有四个方面：一是协调预算中支出方面的准备工作，监督预算账目和财政框架，对政府支出进行分析，提供再分配或支出削减的备选方案。二是向内阁支出审查委员会提供讨论的数据。预算改革后，财政部将一些传统职能转移至其他部门，使其将更多的精力集中于宏观支出政策而非细枝末节。经过改革，财政部在预算中的作用有所减弱，对支出政策的了解有所减少，以至于很难对各部门的支出提出有效的预算质疑。因此，近年来，财政部开始逐渐重建其地位，恢复原有能力。三是为预算相关实体提供绩效管理指导，就绩效报告问题向各部门发布指导方针。四是向政府提供关于全面支出优先项的建议：为内阁和各部长提供部门和项目的绩效建议。

在绩效预算管理方面，财政部的具体职能主要有两方面：一是制定、发布、更新"绩效改善实践原则"，用以指导各部门管理其绩效信息、绩效测评、评价和绩效报告，这些绩效结果及评价均应反映在提交给议会的年度报告中和部门的预算报告中；二是根据各部门的绩效评价结果，把其运用到预算安排之中。

(2) 国库部。国库部的职责主要有三个方面：一是制定宏观经济政策和财政政策、预算特别是收入预算建议，起草预算草案报告、征收税款、确定财政转移支付等；二是提供战略结构焦点，并以此审查政府支出所做的必要调整，改善经济绩效；三是负责各州和领地间的财政关系，在澳大利亚，政府间的财政关系是个重要且敏感的议题。

（3）总理办公室暨内阁。总理办公室暨内阁的职能有三个方面：一是支持总理的政府首脑地位，帮助总理管理财政领域的政府决策；二是作为SBC和ERC的秘书处，在设置预算战略日程上发挥着重要作用；三是针对每个部门，总理办公室暨内阁会设置相对应的官员，负责从整个政府的层面上，向总理提供支出和收入建议。这些建议通常汇合了政府的政策目标、经济财政战略及各部门的政策目标。

中央部门之间的关系比较复杂，但主要呈现出互补的关系，每个部门关注的都是预算过程中某一特定的部分，分别为：总的支出审查，结构性调整的政策以及宽泛的政策概述。

（三）技术路径

1. 目标和产出框架（Outcomes and Outputs Framework）

目标和产出框架引入了一种以结果为基础和导向的管理责任制，将预算与各部门要实现的目标紧密地结合在一起，加强预算管理。见表3－11。

表3－11

	描　　述
目标	政府履行职责时采取行动的目标或影响，由相关部门与财政部磋商决定。
产出	政府部门为个人提供的公共物品或服务。每个部门都有责任选择产出。

目标与产出框架主要回答三个基本问题：政府工作的任务，即目标是什么；如何完成任务，即产出和实施项目；如何对任务结果进行评价，即财政支出绩效评价报告。

目标与产出框架的实施过程可分为六个步骤：

- 政府在相关部门帮助下，确定其在某具体领域的目标成果。
- 将目标成果转化为政府对社会、经济、国家利益的影响。
- 议会拨款给政府，政府通过管理项目和部门产出实现目标成果。
- 政府各部门通过对专项资金、转移支付等项目的管理，完成具体的目标成果，实现贡献最大化。
- 各部门明确管理其产出，最大限度地实现政府目标。

• 设计绩效指标，保证效率、效果，使该系统不断完善，改进绩效表现，改善结果。指标具体可分为三类：一是结果指标，即就相关部门产出、目标管理项目而言的效率；二是产出指标，即产出的价格、数量、质量信息；三是管理项目指标，即资金使用的目标完成情况，这些目标可以是立法目的，政策声明或政府间协议。

目标和产出框架的作用有四个方面：一是在战略层面指导政府的资源分配决策；二是为议会年度拨款提供信息基础；三是在部门管理层面为产出和行政项的绩效表现提供及时的反馈，确保政府及部门的预期目标能够实现。还可向工作人员提供反馈，衡量其对产出、行政项管理的贡献；四是对外部而言，在利用部门产出和行政项目以实现目标的过程中，报告政府绩效，对议会和其他利益相关人负责，增加政府工作透明度。

2. 战略规划

在充分借鉴企业成功经验的基础上，澳大利亚政府在其公共服务提供过程中充分运用包含三个步骤的战略规划：一是确立组织的关键成果，将管理重心从投入转向效果，从最终提供的公共产品和服务来为公共资源的优化配置；二是明确其优势、劣势、机遇、挑战，在成本收益分析的基础上对项目的可行性进行充分论证；三是建立组织战略，为机构的年度预算安排提供一个中长期框架，促进资源的优化配置。

3. 平衡计分卡（balanced scorecard）

平衡计分卡源于企业的管理实践，由美国哈佛大学教授卡普兰等人开发，旨在把组织的愿景转变为一套切实可行的指标体系，包括财务、客户、内部业务、开发与成长四个维度。上述四个方面存在着深层的内在联系：良好的财务利益将更多来源于客户的满意程度，而组织只有提高内部管理能力才能为客户提供更大的价值，内部管理能力的提升则要以学习与成长为基础。通过一定的互动，组织把产出（Outcome）和绩效驱动因素（Performance Driver）串联起来，寻求财务与非财务的衡量之间、短期与长期的目标之间、落后的与领先的指标之间以及外部与内部绩效之间的平衡，保证绩效信息的延续性。见图 3－2。

上述技术路径的实施建基在绩效管理循环（the Performance Management Cycle）和绩效改善循环（the Performance Improvement Cycle，PIC）的框架之上。其中绩效管理循环包括六个阶段，即确定绩效的关键领域；确立有效

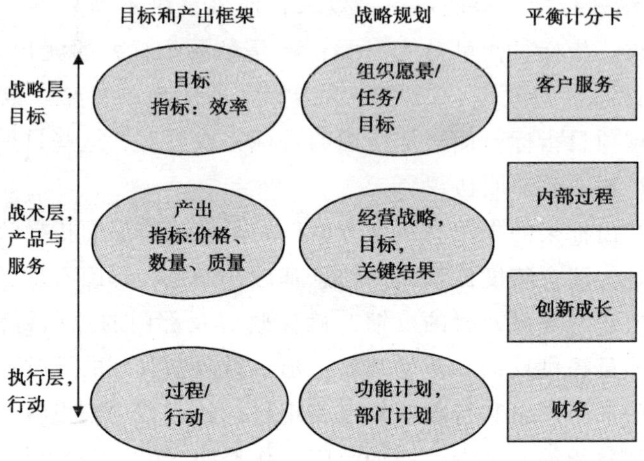

图 3－2

资料来源：澳大利亚财政部，http：//www. bb. go. th/Evaluation/Part_ in_ Foreign/PARTstr/Performance% 20Reporting. htm。

实现具体目标的基准；建立信息系统，适当生成数据；报告结果，解释信息，指出需要改善的领域；对管理和运营做出适当的调整；相应修改有关基准（见图 3－3）。而绩效改善循环则旨在对管理活动进行审查与改善，鼓励管理者关注具体活动与持续性责任感之间的关系，具体包括四个阶段：第一阶段是回顾政府活动，联邦政府是否应参与到该活动中？该活动是否可以由其他层次政府完成？第二阶段是审查成本与效率，联邦政府参与该活动最有效的方式是什么？第三阶段是实施改善行动，如何最有效地使改善活动得以实施？第四阶段是审查与评估，改善战略如何得到实施？该战略是否仍适用于当前环境？

（四）实施流程

澳大利亚的财政年度为当年的 7 月 1 日至下年的 6 月 30 日。预算形成的周期通常从前一年度 9 月开始。绩效预算的编制基本按照下述五个阶段进行：

- 政府确定想要实现的结果；
- 配置资源实现这些结果；
- 为这些结果制定绩效目标；

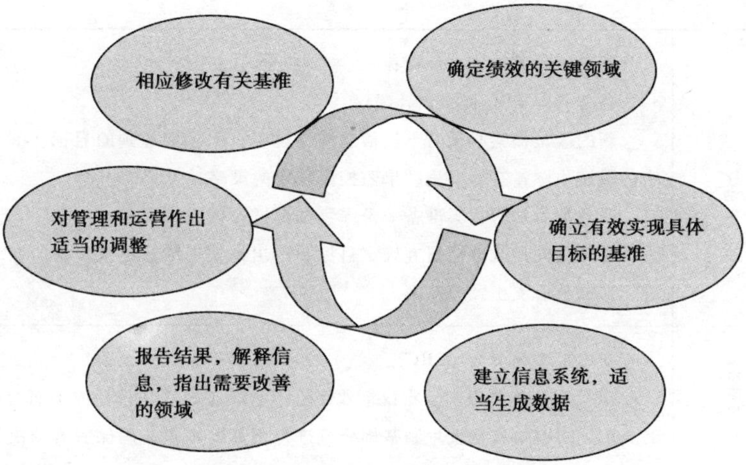

图 3－3　绩效管理循环示意图

资料来源：澳大利亚财政部，http：//www. bb. go. th/Evaluation/Part_ in_ Foreign/PARTstr/Performance% 20Reporting. htm。

- 完成绩效目标；
- 对实现的目标进行绩效评估。

详见表 3－12。

表 3－12

上年 9 月	内阁提案及预算公告： 国库部和财政部向国会提交下年度预算过程和时间表的报告。 财政部发布预算公告，详细说明预算时间表及编制规则，为预算过程中不同的重要事件设置时间表，确定预算提案开始时间。
上年 10 月	收集各部门新提案： 各部部长概括介绍部门预算：主要是对本部门提供的产出提出预算建议，包括一般支出预算、资本项目预算以及今后三年的预算设想及备选项目库。 提交给 SMR/SBC 之前，提案要经过总理办公室暨内阁、国库部、财政部官员三方会审。为简化各部门的关注事项，这三个中央部门会尽可能达成统一意见。
上年 11 月	SMR/SBC： 确定财政战略和预算优先顺序； 审议各部门预算建议，讨论协商各部门的主要目标成果。

续表

1—2月	新政策提案的成本计算： 各部门向ERC提交预算建议。 新的政策提案必须对下述信息进行说明：①预期达到的目标；②执行过程中的关键步骤；③为实施结果监控而采取的策略。 财政部为每份提案准备一份绿色预算报告概述。 总理会同财政部门研究确定目标和产出框架、绩效评价指标、新政策提案等，形成政府支出预算草案。
3月	支出审查委员会（ERC）： ERC审议各项提案，审议绩效评价指标以及为达到目标成果而对政府资源的分配，对有关权责发生制基础概算进行预算前审核，确保所有的决策都已反映在权责发生制信息管理系统中。 财政部和国库部准备更新的经济和财政前景展望。 财政部提交总的概述，作为ERC讨论的框架。 ERC会形成对每份提案的意见，把支出提案提交至预算内阁。
4月	预算内阁： 所有内阁成员在四月对ERC的一整套完整决定展开讨论。通常由内阁批准支出和收入委员会的讨论结果。 随后召开特别收入委员会，由国库部长说明最新的经济预测和预计收入，决定实际的课税标准。
4—5月	财政部和国库部共同负责准备预算文件。 从4月份开始，各部门开始准备需提交至中央的部门预算文件，提供为实现目标而使用的资源的详细信息。主要内容包括：①部门管理项目和支出信息；②绩效指标，绩效度量标准和目标实施策略；③未来评估的细节；④未来三年的预测。 各部门需在报告目标的同时说明结果，并阐述可能出现偏差的原因以及政府对可能出现的不利结果的预期反应。
5月	预算提交至议会。
5—6月	参院立法委员会审议。
7—8月	月报： ①各部门要坚持对绩效表现进行监督。 ②各部门对自己的项目作出评估。

续表

9月	最终预算结果： 上一财年的最终预算结果。
10月	机构年度报告： 包括：①经过审计的财务报告；②对部门绩效表现进行说明。 此外，各部门要发布的信息、说明：①针对目标、产出进行的各项绩效度量的实际结果；②财政年度内完成的各项评估活动。
10月	统一财务报表： 经审计的统一财务报告。
12月—下年1月	年中更新： 国库部长公布年中经济和财长前景报告，更新最新的经济数据以及自预算确定后政府作出的所有决定。

资料来源：Jón R. Blöndal, Daniel Bergvall, Ian Hawkesworth and Rex Deighton - Smith, Budgeting in Australia, OECD Journal on Budgeting, 2008, Volume 8 - No. 2.

第三节 新西兰的绩效预算改革

一、改革的背景和目标

（一）背景

新西兰的预算改革是公共部门改革的一个部分，而其公共部门改革又是新西兰更为广泛的政治和经济改革的一部分。改革原有预算体系的弊端是新西兰预算改革的主要目标。新西兰在改革前，传统的财政管理模式主要是采用中央集中控制制度，所有公共资金被要求存入由财政部管理和运行的五大“公共账户”之一，它以财政部指令和公共服务手册指南的形式对住房、交通工具、电脑、办公设备等进行集中垄断供给。这种财政体制注重于现金的投入和控制，政府的某项投入或活动所需的开支等预算需求通过政府和议会的授权，以拨款形式将现金分配给使用者，管理人员把重点放在预算和法规的执行上，而不注重资源的使用效率和效果。

1. 政治诉求

新西兰政府的预算改革作为整个政府部门改革的一部分，前提首先是政府职能以及政府各部门之间的职能都有了明确的定义和划分。其次，是建立了部长负责制，新西兰的部长可以对结果负责是因为他们直接对选民负责。部长是公民投票选举的政治官员，也是国家政策的制定者，在政府管理高度透明、公开的情况下，他们决策的正确性直接影响到他们的政治前途。第三，新西兰政治体制本身的优势，执政党在国会占大多数，国会与行政保持基本一致，立法和政府部门配合良好。

2. 经济基础

20 世纪 80 年代，新西兰经济增长进入低谷，政府对经济的过多干预和控制，宏观经济不平衡，公共部门不断亏损，持续性的财政扩张政策的负效应显现，支出占国内生产总值的比例持续升高，1984 年，政府财政赤字占 GDP 的 9%，1989 年底，政府的净债务达到了 GDP 的 50% 左右，财政状况恶化。为了改变这种状况，新西兰政府进行了一系列的改革，由原先只重视预算和法规的执行，转为重视绩效及受托责任，最终推动了全面的预算改革。

3. 技术条件

知识技术的更新是改革顺利进行的重要前提，随着新西兰信息化程度的提高，新西兰创新了政府绩效管理体制和绩效评价体系，在一定程度上促进了预算改革的顺利进行。

（二）目标

新西兰公共部门改革的核心目标是：效果、效率和责任。具体可分为四个方面：一是区分产出与结果，进行部长和部门的预算责任的划分；二是结合战略管理制定优先性排序，关键性优先顺序都必须是明确的（specific）、可测量的（measurable）、可实现的（achievable）、结果为中心的（result - focused）、有时间限制的（time - bound）；三是将结果整合进决策和管理，政策建议过程——状态指标（state indicator）、效果指标（effectiveness indicator）、风险指标（risk indicator），改进结果信息质量，事前评估加上事后评估；四是财务管理创新：新西兰政府把以投入控制、现金制会计和年度报告为核心工作的预算管理转向一个以产出为基础的、战略计划和资源配置相结合的财务管理体系，实行合同制度。

改革的核心内容体现在五个方面：一是公司化和私有化政府贸易型企业。二是明确划分政府各部门职能，特别是对政策建议、提供服务和规章性的职能加以区分。与之对应，明确划分资金提供者、服务提供者和服务的购买者。三是下放部门管理权限，行政长官有权对人事、投入的选择和购买作决策。四是增加合同的使用（比如部长和行政长官的绩效合同、部长和部门之间的合同、资金提供者和购买者之间的合同、购买人和服务提供者之间的合同）。五是财务管理实行使用权责发生制，把重点从投入转向产出和效果。

二、绩效预算实践

（一）发展阶段与制度安排

新西兰预算改革的推动力量是多元的。从政党、议会到国家服务委员会、财政部都是改革的主要推动力量，各部部长对改革的理念也达成了共识，这为改革的顺利推行提供了思想观念的基础。新西兰政府改革的一个突出特点就是通过一系列立法来推动改革的进程，这些法律明确了改革的目标、原则和特别的革新技术的使用，也表明了政府进行彻底的改革的决心。具体说来，新西兰的改革主要分四个阶段，由四个法案推动（牛美丽、马骏，2006）。

1. 1986 年的《国有企业法案》

第一阶段，新西兰政府重新审视了国家在经济中的作用，区分了公共部门和私人部门的不同作用，强调用市场原则指导经济或者商业决策，不再运用国家干预的命令和控制模式来进行决策。具体而言，就是将公共服务部门的政策、管制和商业活动区别开来，并将它们建成独立自主的国有企业，1986 年的《国有企业法案》为传统的贸易型部门的公司化提供了法律依据，将改革的基本框架固定下来。这个阶段的改革目的是使国有企业的管理者能够像私人公司的经理那样拥有管理上的自主权，生产和定价的权力都被下放给了国有企业的经理，这些管理者也必须在结果上对部长和议会负责。在 1986 年到 1990 年这一段时间，新西兰采取了私有化措施，将许多国有企业卖给私人部门。

2. 1988 年的《国家部门法案》

第二阶段，新西兰政府开始改革公共服务的核心领域，预算改革也是在第二阶段开始的。为了加强政治家对官僚部门的政治控制，新西兰政府明确了部门行政长官对管理的效率和效果负责，把国家服务委员会从公共服务的管理者角色转为行政长官的雇主和公共部门管理的顾问。具体包括：一是重新界定了部长和部门首席行政官之间的关系。中央部长更了解宏观的国民经济和政府管理，因而负责公共政策的制定或者说对结果（outcome）负责，部门行政长官在部门的绩效上对部长负责或者说对产出（output）负责。二是废除了公务员的终身制。新西兰官僚部门在改革前设有一个终身制行政负责人（permanent head），根据《国家部门法案》，终身制行政负责人被改为首席行政官员（chief executive），任期为五年，合同中规定了在职期间的绩效标准。期满后，如果达到合同中的绩效考核标准可以续签合约。三是将管理决策的权力下放给了官僚部门的管理者，即首席行政官员。通过引入私人部门的雇佣政策，新西兰政府在核心公共部门建立了一种新型的雇佣关系，行政长官有权力雇佣或者解雇他的下属。四是将行政机构分为两种类型，一种是公共服务的资助者和购买者，另一种是公共服务的提供者。

3. 1989 年的《公共财政法案》

第三阶段，《公共财政法案》把公共部门财务管理的重点由投入转向产出和结果，主要致力两个方面的革新：一是要求所有的公共财务声明都要使用权责发生制，并且对普通大众公开，以此来提高预算的透明度；二是要求所有的拨款都要和产出直接相挂钩，以此来提高机构对使用预算资源的责任感。这些财政改革有助于部长更好地监督部门的绩效、更有效地测量部门的绩效、保证部门有能力去实现绩效。在这个新体系下，政府必须制定明确的目标或者“结果”，部门则负责设计项目或者“产出”。因此，它迫使政府和政治家重新审视政府正在做什么并明确项目（或产出）与目标（或结果）之间的关系。而且，在这一新体系下，部长对结果的实现负责，部门只对产出负责。为了实现这种预算重心的转移，新西兰政府在以下几方面对预算框架进行了改革：一是将预算的重点从投入转向产出，放松投入上的控制，实行以产出为核心的预算和管理，强调明确定义产出；二是对引入资本费用和资产买卖放权；三是采用权责发生制的会计和预算；四是在强调公共责任的同时下放财政决策权力，赋予部门负责人更大的责任，同时也实行更大的奖励与惩罚；五是引进信息系统来帮助评估绩效。这些改革的重点是在公共部门建立一种改进绩效的激励机制。

4. 1994 年《财政责任法案》

第四阶段，以 1994 年《财政责任法案》（Fiscal Responsibility Act）的颁布为标志，通过细化一系列有关财政管理责任的原则，提高绩效报告的质量来规范财政政策的实施。例如，规定在财政有结余的情况下维持政府债务的适度增长；为将来突发性事件做好准备；加强财政风险管理；确保将来税率的可预测性等。《财政责任法案》要求任何与上述原则相偏离的情况都必须要向社会公布，并且这些偏离只能是暂时性的。另外，《财政责任法案》进一步明确了财政部长对财政管理的目标负责，这些目标和产出相关，并且和他/她的工作绩效评定及任期期满后是否继续留任紧密相连。同时，新西兰对 1989 年的《公共财政法案》进行了修订，要求每个月份都要提交以权责发生制为基础的财务报告。

随着战略管理在新西兰的兴起，预算在新西兰公共管理改革中的地位更加突出。1993 年新西兰政府颁布了《通往 2010 之路》（Path to 2010）。展望了未来 20 年的政府发展规划，如经济增长、社会稳定等。1994 年，国家服务委员会与总理和内阁一起出台了战略结果领域，把《通向 2010 之路》的长期规划和关键结果领域的年度绩效考核联系起来。随后的《后三年》（Next Three Years，1994）、《未来的投资》（Investing in Our Future，1995）和《新机遇》（New Opportunities，1996）也都是围绕《通往 2010 之路》而制定的。

（二）参与各方及其功能

1. 各部部长

各部部长在预算过程中发挥着关键作用。通过内阁会议，各部部长集体对预算战略和开支优先顺序达成共识。在部门内部，他们为部门首席执行官确定预算优先顺序，首席执行官则协助部长准备预算草案的提交。在具体的操作环节，部长们要提出他们部门的目标，根据政府确定的优先顺序在他们的表决领域提出、微调和协商相关项目，最终决定将包含在政府总体的财政法案中。部长对拨款的精确度和表决说明书负责。在最终决定下一年度财政数字时，部长需要为财政部长签一份确保准确度的保证书。部长办公室工作人员通过与各部门讨论实施这项进程。

2. 财政部长

财政部长的职责包括：提出政府财政目标和作为结果的财政战略，并取得各方面的共识；统筹预算倡议并管理竞争性的优先顺序，以确保财政法案符合政府财政目标以及内阁同意的更广泛的政策；帮助确保政府开支的货币价值；通过一系列的双边会议，与提出投标的部长们商谈预算。

3. 各职能部门

各职能部门的职责包括：一是向部长提供关键结果、最优方案、风险管理等方面的建议；二是支持部长提出需要额外或新资金（货币性的或者操作性的）政策倡议；三是更新部门预算；四是确保政策制定和预算文件中绩效信息可靠翔实；五是为财政部提供提出预算和立法机关要求的其他相关文件的信息。

4. 财政部

财政部内部工作人员在预算过程中的职责主要分为两个方面：一是表决分支，负责提供：预算法案需要的各种目标和相对优先顺序的建议；主要项目的效能和效率方面的建议，并提供各部为了达成政府关键结果领域的产出选择而需要的适当拨款的建议；确保部长的提案符合政府既定的优先顺序；承担预算倡议提案的评估和向部长提供关于特定表决（或集体表决）需要的倡议提案的决策信息；提醒财政部长任何在业务部长提案没有透露的政策和财政风险。二是财政管理分支，主要负责：协调秘书长（Portfolio Ministers）、财政部表决小组和各部门在预算各阶段的行动，并提供技术性建议，以使各角色作为一个整体来行动；根据各种信息撰写预算相关法案。

（三）技术路径

1. 绩效测算循环技术

绩效测算是一个循环的过程，在一个不断发展的基础上反复进行。图3-4显示出绩效测算循环的交互步骤。随着认识的增长，测算和反馈不断增加，并用于改进提供服务的质量和范围。良好的绩效测算可以实现三个目的：一是为战略和政策发展提供信息；二是为政府能力和服务发展提供信息；三是为政策成果提供信息。

图 3－4　绩效测算循环过程图

资料来源：Performance Measurement：Advice and examples on how to develop effective frameworks，The New Zealand Treasury，http：//www. ssc. govt. nz/performance－measurement.

2. 产出、影响和结果三层级测算技术

政府部门绩效可以在结果、中间结果或影响和产出三个层级上进行测算和评估，每个层级的信息都必须在持续的基础上进行收集，以了解进展情况并对发展趋势进行全时段的监控。在所有三个层级中，测算结果都可以转化为资源（资金和能力），以供政府内和政府外的决策者评估项目的绩效。见图 3－5。

（四）实施流程

新西兰的财政年度为当年的 7 月 1 日至下年的 6 月 30 日，预算形成的周期通常从前一年度 12 月开始，其绩效预算的编制基本上按照下述五个阶段展开：政府确定财政战略；发布预算指南；各部门预算编制；向议会提交政府预算；议会对预算进行审查，并最终通过预算。见图 3－6、图 3－7。

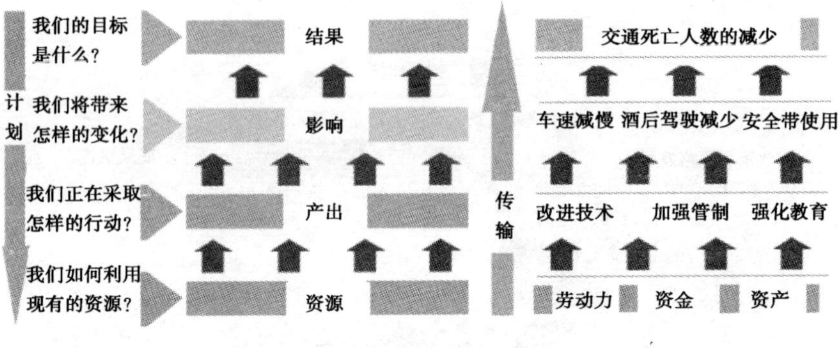

图 3－5 绩效测算技术三个层级的连接图

资料来源：Performance Measurement：Advice and examples on how to develop effective frameworks，The New Zealand Treasury，http：//www. ssc. govt. nz/performance－measurement.

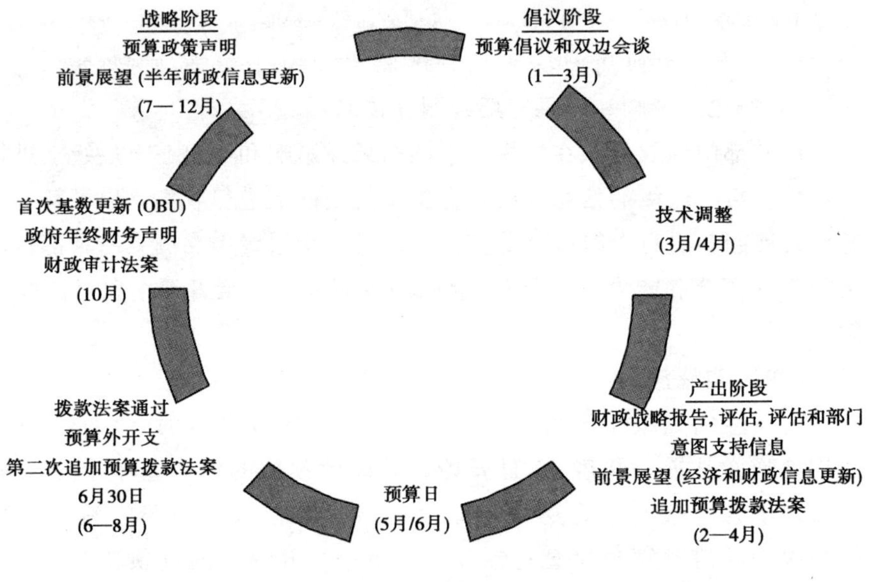

图 3－6

资料来源：Budget Process Overview 2009，The New Zealand Treasury，frederic. ernst @ treasury. govt. nz.

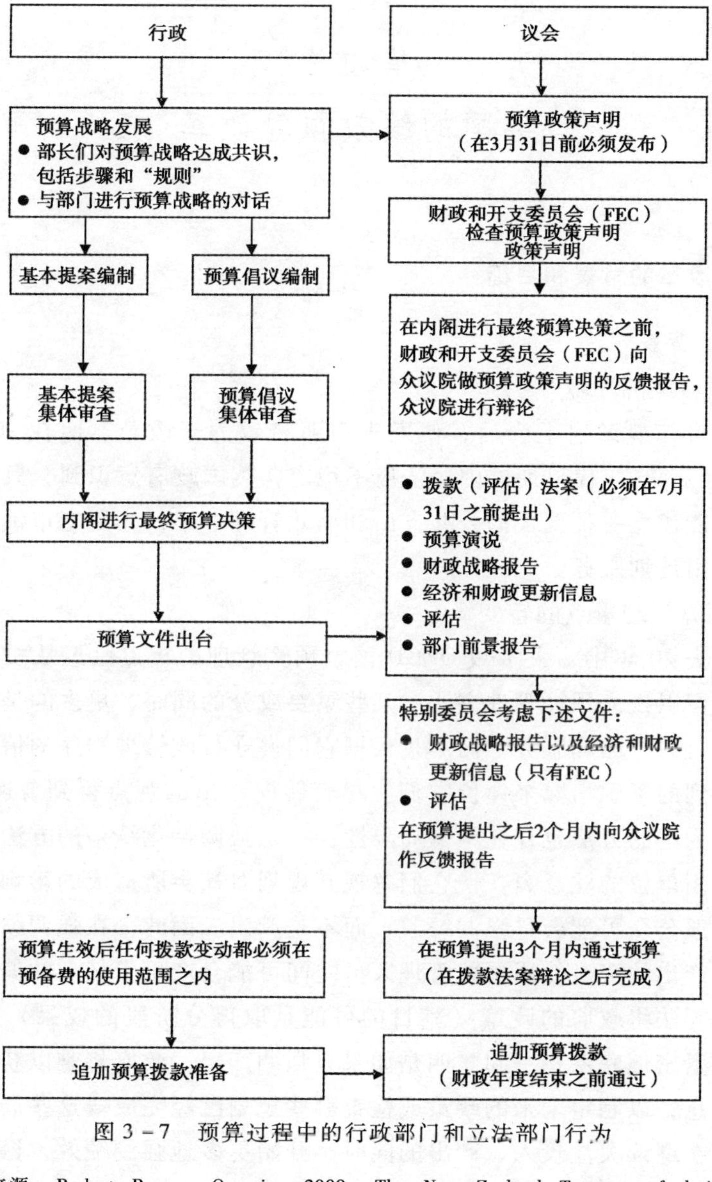

图3－7　预算过程中的行政部门和立法部门行为

资料来源：Budget Process Overview 2009，The New Zealand Treasury，frederic. ernst @ treasury. govt. nz.

第四节 英国的绩效预算改革

一、改革的背景和目标

（一）背景

1. 政治经济环境

1997年工党政府上台后，便发表声明将致力于改革。而在20世纪70和80年代及90年代早期国内经济极不稳定，英国政府意识到，只有进行预算改革才能建立一种现代的公共支出和绩效管理框架，为制定审慎、有效的中长期支出计划服务。

2. 预算管理重点的转变

在过去20年中，大多数OECD国家预算管理的重点已经从投入转向产出。在保留以投入预算管理方法中某些重要成分的同时，更多的是根据它们提供多少公共产品和服务，而不是根据它们遵守行政管理程序的情况或为其规划争取到的资源情况来评价它们。尽管转向产出的观点得到普遍的肯定，但以产出为本的方法也存在不少局限性：一是强调量化结果的方法可能会分散资金使用单位的注意力，使它们忽视其规划对社会所造成的影响。二是政治家与一般公众可能会只强调绩效，而不是产出。因此，在强调绩效的政治家与强调产出的资金使用单位管理人员之间可能会产生责任上的偏差。三是产出一般无法将政府的政策（其目的可能是取得分阶段的成果）与政策的实施情况紧密地联系在一起。四是如果只强调产出，政府将难以获得或了解相关的信息，以制定未来的政策或检查哪些规划已经完成。这些局限性导致英国政府在继续关注投入、产出的同时，开始更多地强调绩效，探讨如何将政策制定、政治决策、管理、审查和评估联结在一起。

（二）目标

英国绩效预算改革的目标集中体现在四个方面：一是通过制定三年支出计划，提高公共支出的稳定性。促使部门提前编制计划，为其履行公共服务职能提供更加稳定的基础；二是将资本性和经常性预算分开，目的是保障重要的资本性投资不会被一些短期的支出项目挤出；三是通过连续年度的对资产进行会计核算和制定预算，提高了对有关支出的计划和控制，以利于激励对资产的有效管理；四是针对政府公共支出项目提出了可量化评估的具体的目标体系。例如，1998年制定的综合支出考察方案，提出重新分配资源，保证重点支出；修订完善有关政策，使资金得到有效使用；保证部门更好地、协调地开展工作，以改善服务；消除不必要或浪费的支出等等（OECD, 2007）。

二、绩效预算实践

（一）制度安排

英国绩效预算改革在政府绩效改革的平台上展开，相关制度安排集中体现在《公共服务协议》之中，《协议》的框架建立在公共服务绩效的四项原则基础上：由政府制定的清晰的、侧重成果的国家级目标；将责任转移到公共服务提供者自身，为基层提供最大的改革的灵活性和能动性，以及保证地方需求能够得到满足的激励措施；独立、有效的审计和监督安排，以加强责任；对取得的成效的透明度，特别对地方和全国的绩效目标实现情况的完善的信息披露。

公共服务协议体系包括以下几个层次的目标：愿景（Aim）、目标（Objective）、具体目标（Target）、关于如何对具体目标进行测量的技术解释（Technical note）、实施计划（Delivery plan）等。见图3-8。

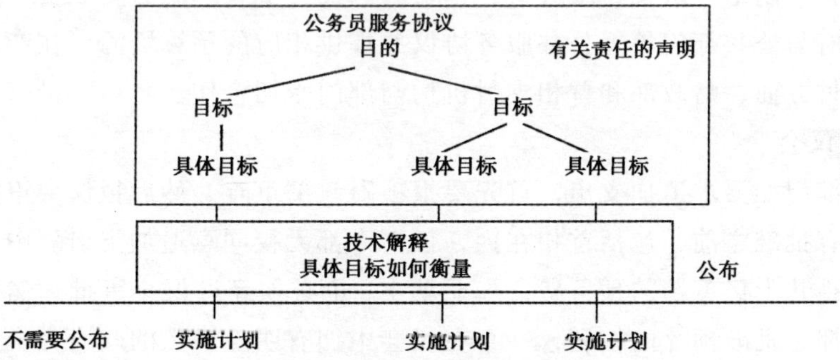

图3-8 当前的公务员服务协议框架

资料来源：OECD, 2007, P196.

目的：对部门职责的总括性描述。

目标：部门要实现的各项计划的描述，而其中绩效目标是在前面目标体系基础上提出的以绩效为重点的具体目标体系。

具体目标：具体目标的选择原则可概括为 SMART，即具备以下五项要素：明确性（Specific），避免那些可能带来不确定性的模糊的目标；可衡量性（Measurable），有明显、可靠的量化数据作支持；可实现性（Achievable），即目标设定应是符合实际的，应是可实现的；相关性（Relevant），目标的选择与部门的职责应是相关的；时效性（Timed），目标应是具有时效的，即有明确的截止时间，并有及时的数据支持。

技术说明文件：对如何衡量目标的完成情况进行具体说明，包括对公共服务协议目标进行准确定义、数据来源以及如何判定目标是否达到等。

一个良好的目标体系应当具备三方面特点：一是在完成政府承诺和达到公众预期上具有挑战性。例如一个提高 10% 的目标，但完成结果是 9%，从绩效上看要比设定一个低的目标（如 8%）但全部完成要好。二是应取得共识，尽量减少不适当的激励和扭曲。三是将根据、分析和在指标选择、措辞表达和测量中的实践相结合。公共服务协议制度的建立深化了绩效理念，夯实了绩效基础，为绩效预算改革的深入开展奠定了扎实的基础。

（二）参与各方及其功能

1. 财政部

财政部是英国政府中唯一的综合性经济管理部门，负责编制和执行年度财政预算、制定经济及财政政策，担负着国民经济管理的重要职责。财政部代表政府与公共部门签署公共服务协议并提供相应的预算资源。在产品和服务的支付方面，财政部和首相支付机构与部门密切合作。

2. 议会

各部门如要求追加支出，首先要报项财政部审查，然后报议会审批。在议会没有批准之前，包括首相在内，任何人都无权同意追加支出。中央政府每年安排几十亿英镑的预备费，如要动支，也必须经过议会审批。然而，虽然议会拥有批准预算的权利，一个在议会中拥有明显多数的政府完全能够确保其预算草案的通过。另外，由于英国的财政年度是从 4 月 1 日至下一年的 3 月 31 日，而新的拨款法案（Finance Bill）往往要 7 月底颁布。因而，从新的财政年度开始直到拨款法案通过这一段时间里，为给公共服务筹资，议会就会在那一年开始之前通过对账户进行投票批准该支出。这些支出通常占当前年份的相应服务账户的45%。

3. 内阁公共服务和公共支出委员会

内阁公共服务和公共支出委员会由首相助理和财长等内阁成员组成，主要负责中央政府绩效评估工作的指导和监督，代表内阁对各部门的公共服务协议进行检查和监督，并提出建议，财政大臣担任内阁的公共服务和支出分委员会的主席。

4. 国家审计署

议会内部设有专门的公共支出委员会，其主席由在野党议员担任，公共支出委员会下设国家审计署，专门负责对各部门的财务状况及绩效目标的实现情况进行审计。审计时主要依据三个原则：经济性，主要看是否在最小成本中进行；效率性，考察政府的工作效率，看购买的物品是否实现效率最大化；效力性（有效性），主要是看最终的结果、服务质量。目前，英国国家审计署每年审计50—60个部门，向议会提交约60份绩效审计报告，由议会最终确定部门的绩效考核结果。

（三）实施流程

英国政府的绩效预算在实施环节可分为设立绩效目标、预算分配、对绩效完成情况实施监督、提交绩效报告、实施绩效审计、运用绩效信息等六个环节（李惠，2008）。见图3－9。

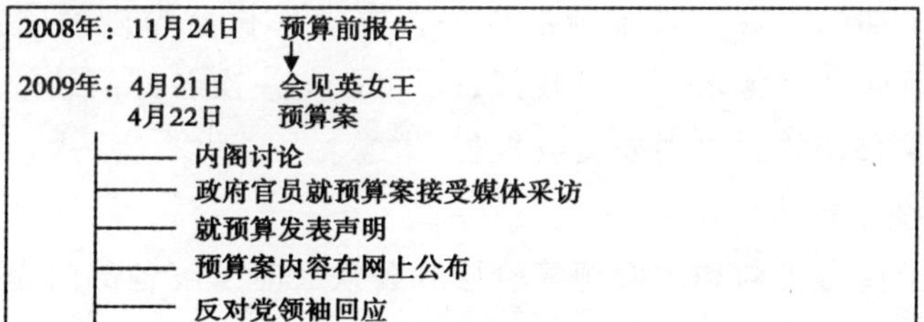

图3－9 英国政府的基本预算流程

资料来源：HM Treasury，http：//www. hm－treasury. gov. uk/.

1. 设立绩效目标

实行绩效预算首先要明确部门的战略目标，然后根据战略目标确定绩效目标和指标。在英国，战略目标、绩效目标和具体的绩效指标在政府与各部门签订的公共服务协议中必须明确规定。各部门的战略目标由财政部与各部门协商决定，其他内容主要由各部门负责制定，财政部审查并提出改进建议。一般情况下，各部门会就具体的绩效任务，衡量指标和标准与财政部门进行协商，确保绩效目标最终转变为具体的可操作任务并取得预期效果。

2. 预算分配

各部门在获得预算资金的同时也签订各自的 PSA，明确规定部门使用资源要实现的绩效结果。资源分配与绩效任务最终由内阁委员会决定，它要求各部门提供有关资金需求与其产出或绩效改进情况的信息。在此基础上，财政部编制政府总开支计划，并随附各个部门的支出限额以及绩效合同，以白皮书的形式发布并提交议会。议会选择委员在公共服务协议的基础上召集某个部门部长和公务员就某些问题进行质询，以加强监控。

3. 对预算绩效完成情况进行监督

财政部、内阁委员定期对各部门和机构在完成绩效任务过程中存在风险进行定期检查和监控。负责公共支出的内阁委员会每年两次召集各部门负责人汇报该部门当前绩效目标的完成情况、存在的风险，以及控制风险的计划。如果某个部门出现绩效下滑的现象，内阁部长会与该部门找出解决办法，确保绩效回到正常水平。财政部每季度收集一次各部门绩效任务的进程信息，定期发布，并向内阁委员会报告。

4. 提交绩效报告

为了便于权力机构和政府领导阶层和公众及时了解各部门完成绩效任务的进展情况，政府部门每年两次向议会提交绩效报告，一是春季提交的部门年度报告，在财政年度结束后提交，说明部门绩效任务的最终完成情况；二是秋季提交的秋季绩效报告，一般在每年的 12 月份提交，属于预算进程报告，对外公布各部门执行 PSA 各项任务的进展情况和已经取得的业绩。所有部门的绩效报告文件在网上可通过财政部设定的唯一窗口进入。部门要向议会说明其绩效信息的可信性，而其使用数据的有效性由国家审计署来监督。

5. 实施绩效审计

绩效审计是绩效预算的重要内容，通过绩效审计可以准确了解各个部门预算支出所取得的实际效果，通过与预期绩效目标对比，可以发现部门是否完成了预期任务。权力机构通过审计机构提交的绩效报告加强对政府的监控，绩效报告也为政府部门未来的预算决策提供了参考依据。每预算年度结束后，各部门根据各自预算执行情况，提交部门绩效报告，并由隶属于议会的国家审计署进行绩效审计。审计结果向议会公共账目委员会报告，并反馈给政府部门，同时也对外公布。

6. 运用绩效信息

各部门的绩效信息为下一轮预算中的资金分配决策提供了科学依据。但是，部门以往的绩效信息情况与其获得的资金分配之间没有必然、直接的联系。一般而言，对于绩效好的部门或地方政府，应适当给予“奖励”。如果地方政府在未来三年里绩效良好，可以适当加大对其的预算支持力度，也可以适当扩大预算自治权，促使它们关注支出结果，不断提高预算使用绩效。对没有完成绩效目标的部门，目前在法律和制度上并没有明文的惩罚措施，内阁委员会会给该部门提供支持和建议，帮助其分析原因、找出改进方法和措施，以保证按规定完成绩效任务。

第五节 加拿大的绩效预算改革

一、改革的背景和目标

（一）背景

1. 财政压力亟待缓解

在加拿大政府长达30年推动绩效信息使用与绩效评价的过程中，财政压力问题被认为是促使绩效改革的主要原因。20世纪80年代至90年代期间，加拿大经历了两次短暂的但相当严重的经济衰退。第一次衰退发生在1981—1982财政年度，失业率从1981年的不到8%猛增到1983年的12%。1991年，加拿大经济再次出现衰退。失业率从1990年的8%左右上升到1991年的10%以上，并一直持续到1995年。加拿大的债务水平用其占GDP的比重来衡量，到了1995年高达97.6%，仅次于OECD国家中的比利时和希腊，几乎到了破产的边缘。面对这样的状况，加拿大实施了一系列改革，力求减少赤字、实现预算收支平衡，并将其目标描述为“平衡或更好的结果”（信春霞，2001）。

2. 政府效率有待提高

加拿大的政体为分权制联邦，包括中央政府、10个省政府和3个特区。由于财政资金紧缺以及联邦政府和其他政府部门不能协调行动，政府支出目标分散，无法实施统一的战略行动，导致公众不满情绪增长。在这种压力下，联邦政府高层官员决定通过绩效预算整合政府的战略目标，协调政府间的行动，提高资金的使用效率，使用有限的资金更好地回应公众的期望。绩效预算改革也得到了国会的支持，虽然国会拨款并没有按绩效考核进行，但越来越多的国会议员认识到了绩效指标的重要性，支持政府部门以此作为加强责任、提高效率、提高信誉的工具。联邦政府的绩效预算改革在这种持续的、强有力的政治支持下，向前稳步推进。

3. 新公共管理浪潮的推动

20世纪70年代末，世界范围内掀起了规模浩大的行政改革热潮，这场行政改革运动被看做一场“重塑政府”、“再造公共部门”的“新公共管理运动”。传统的政府行政理念和以官僚制为基础的行政模式受到了严厉批判，如何改善政府公共部门的绩效，花最少的钱提供更优质的服务，成为公共部门管理中亟待解决的问题。对此，加拿大政府开始把私人部门的管理理论、方法及技术运用到政府公共部门之中，政府改革中出现了用企业家精神重塑政府的潮流，出现了注重管理、注重绩效评估和效率、重视产出目标的新管理模式，绩效预算改革即是其重要的实现形式之一。

（二）目标

加拿大的绩效预算的开展，就自身来说，有缓解财政压力、整合政府行动、实现更好的内部管理等方面的原因。从外部情况来看，OECD相关国家，特别是美国的绩效预算改革，也在一定程度上影响着加拿大联邦政府的绩效预算的开展。但从本质上来说，政府项目的经济效率，以及更好地实现联邦政府对于人民和议会的受托责任才是绩效预算开展的核心目标（OECD，2007）。

二、绩效预算实践

（一）发展阶段与制度安排

加拿大政府长达30年的绩效预算改革历程总的来说可以分为两个阶段。

1. 绩效评估和绩效信息运用阶段

加拿大政府生产和运用绩效信息最早可以追溯到20世纪70年代末的首个规划评估政策，从那时起，陆续推出一系列相应的政策措施，以推动预算绩效评价的顺利实施，具体如下：

- 1977年《绩效评价政策》；
- 1981年《绩效评价工作指南》，为联邦政府各部门组织绩效评价工作提供政策指导与帮助；
- 1989年《联邦政府和部门绩效评价的工作标准》；
- 1994年《绩效检查条例》；
- 2000年《对绩效评价工作的研究》；
- 2001年《加拿大政府绩效评价政策和标准》和《部门战略规划及预期结果》，以区别绩效评价与内部审计之间的不同，并把绩效评价的范围扩大到对政府各部门的政策和计划，强调结果导向的管理模式，努力使绩效评价深植于政府各部门的管理工作中去（浙江省绩效评价处，2007年）。

2. 绩效预算与支出管理体制再造阶段

进入21世纪，加拿大的绩效评估政策和支出管理体制开始逐步发生变化。2001年，国库委员会规定加拿大政府的数百个财政补贴和资助项目每五年都要重新审核一次，而项目绩效评估贯穿整个审核过程。2007年，联邦政府引入了一种新的“战略审议”过程。该战略审议每年都要评估相当大数量的直接项目支出，亟需充分的绩效信息来协助与预算相关的决策制定。与此同时，政府宣布对支出管理体制实施再造，以使其更为彻底地转向以绩效为导向。之所以如此，主要有三方面原因：一是政府在考虑新的支出计划的时候，无法自动涵盖与该支出相关的所有范围；二是支出项目必须与政府工作的优先顺序保持一致性；三是原有的支出管理体制缺乏对于项目的相关绩效评估。基于上述原因，政府对于支出管理体制再造提出了三项必须遵循的原则：一则政府项目要关注绩效和经济上的合算性即经济效率；二则这些项目必须要与联邦政府责任保持一致性；三则项目必须为它建立时所计划的目标服务（OECD，2007）。

（二）参与各方及其功能

支出管理体制指导所有的资源分配，是一系列参与部门和程序的总和，旨在支持财政纪律，设计、批准、管理公共项目并对其执行结果进行报告。

1. 枢密院

枢密院通过《御前宣言》以及《预算案》向总理和内阁建议政策优先顺序的调整，它管理内阁议程，沟通内阁决策，并在内阁试图改变政府政策或项目结构的部门备忘录上扮演挑战者的角色。

2. 财政部

财政部作为宏观管理部门，负责向政府提供宏观经济形势预测和政策建议，同时还负责编制预算，承担税收和关税立法修订草案的制订，管理联邦政府债务，管理联邦对省和地区的转移支付，制定金融政策，并代表加拿大政府参加国际金融机构，财政部长和总理共同对预算案做出最终决策。

3. 国库委员会

国库委员会作为一个由秘书处和其他机构支持的内阁委员会，监督议会有关年度详细支出计划的报告，行使类似政府管理委员会的职能。国库委员会在很多领域制定政府层面的行政政策，如人力资源管理、政府采购、支出和以结果为导向的管理等。该委员会还负责政府各部门建议的支出计划的检查和批准等工作。

4. 议会

议会在预算中的作用举足轻重，议会下设财经委员会、公共账目委员会和预算委员会，承担预算审查监督的主要工作。其中财经委员会负责总预算的审查和监督，公共账目委员会负责对审计报告的审议，预算委员会负责对部门预算支出的审查监督。根据威斯敏斯特会议有关责任政府的内容，政府在行为上对议会负有受托责任，议会的信任是执政的必需条件。很多关键的政策如《御前宣言》以及《预算案》都是信任案，如果不能得到议会简单多数的支持，政府就会垮台。而且，没有议会的批准，政府无权支出经费，议会在审议过程中，行使监督和问责职能。

5. 其他部委

其他各部委提出政策方案和项目计划建议，并管理项目的实施。它们通过估算过程向议会例行汇报，并对项目绩效和有效性的评估承担责任。政府有大约90个部委和机构，以及超过40个一定程度上依靠议会拨款的国有公司。

（三）技术路径

1. 管理、资源和结果结构政策

联邦政府的管理、资源和结果结构政策在2005年正式生效，它提供了一种通用的收集、管理和公开报告财务和非财务信息的方法，改变了政府收集和组织提供给估算案和相关报告的信息的方式，这些改变使得信息更全面、更能如实反映各部门如何管理资源的情况。管理、资源和结果结构政策主要包括以下三方面要素：一是明确界定的，可以衡量的战略产出；二是项目活动结构反映部门如何在其控制之下分配和管理资源，以实现预期的绩效目标；三是对现有治理结构的描述，包括部门的决策制定机制、职能和受托责任。管理、资源和结果结构政策的主要作用是：

- 区分和界定与部门规定的和核心的职能相关的战略产出；
- 为那些支持部门战略产出而执行的项目和活动提供富有逻辑的组织或结构；
- 反映部门如何年复一年地管理分配来的资源取得成果；
- 阐明各种决策机制和受托责任，管理项目和活动向实现目标的方向前进；
- 把项目活动结构中的每个层级和元素同有关资源和成果的规划及实际信息结合起来；
- 提供相关和具有时效性的绩效信息，支持国库委员会对支出以及内阁战略规划和预算活动的监督。

2. 管理问责制框架和以结果为导向的管理问责制框架

管理问责制框架（MAF）是加拿大政府中负责全面管理事务的机构加拿大国库委员会秘书处（TBS）推出的一项行之有效的管理工具。管理问责制框架要求高级官员和所有公共服务管理人员必须首先要考虑公民的利益；进行严谨的政策分析；考虑到关键的风险因素；建立合适的工作团队；确保诚信可靠地管理公共资源；切实根据能力来分配明确的职责。见图3－10。

加拿大国库委员会秘书处鼓励政府的高级官员和公共服务管理人员将管理问责制框架用做批判性自我反思、学习和不断改进其管理工作的重要手段。国库委员会秘书处每年要对大多数部门和机构进行一次“管理问责制框架评估”，然后运用评估得到的结果，让高级官员参与对他们机构中管理状况的讨论，并在合适的情况下，就具体的管理改进行动计划签订相应的联合协议。此外，管理问责制框架和通过评估程序产生的结果为加拿大国库委员会秘书处提供了一个研究加拿大公共服务部门中的总体管理状况的分析工具，这种分析可以用来进行风险管理，并将重点放在改进公共管理的特定要素上。管理问责制框架至少产生了三个明确的效果。首先，它将高级官员和政治人士的注意力重点放在了对公共管理能力的评估和建设上，以此作为制定和实施公共政策的必要内容。其次，它提供了一种人们讨论公共管理问题的统一语言。第三，它提供了一个机制，将精力和资源重点用于改进公共管理的关键领域。

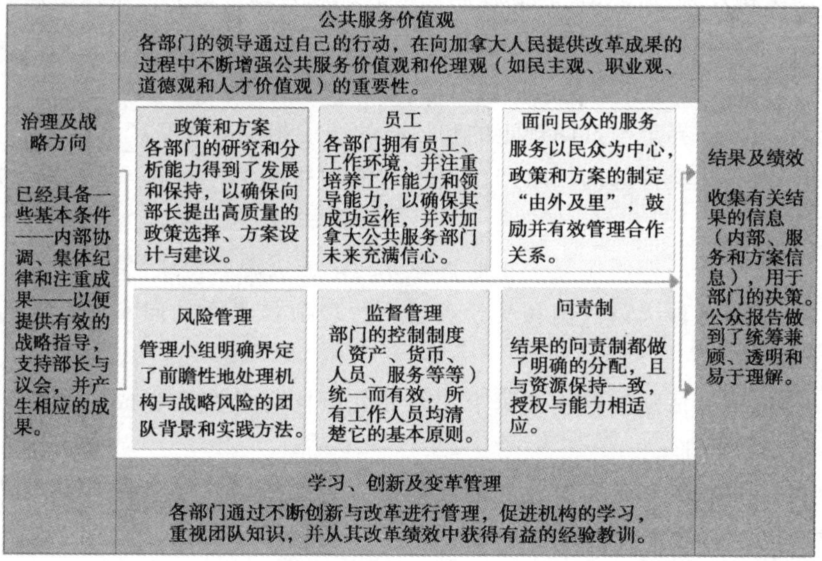

图 3 - 10　管理问责制框架（MAF）

资料来源：OECD，2007，p120.

2000 年，加拿大联邦政府开始引入以结果为导向的管理问责制框架（RMAFs），旨在对所有的转移支付项目实施评估和定期审议。在管理问责制框架的基础上，以结果为导向的管理问责制框架为管理人员提供了一个更加具体的蓝图，帮助他们将关注的重点放在对政策、方案或行动计划在整个实施周期中取得的成果进行衡量和报告方面。见表 3 - 13。执行以结果为导向的管理问责制框架，可以帮助项目管理人员：

- 确保各种资源和活动与期望达到的结果有清晰和富有逻辑的关系；

• 给参与到项目、政策或措施执行中的各个主要部门做好清晰的角色定位和职能叙述；

• 在现有基础上，对如何提升绩效提出有效的建议；

• 证明对加拿大公民的受托责任，以公民利益为中心；

• 确保呈送给各个部委、中央机构和关键利益相关方高层的可靠及时信息的可获得性（OECD，2007）。

表 3－13 以结果为导向的管理问责制框架基本内容

1	简介		
	1.1	背景	
	1.2	集成度	
	1.3	总体风险评估	
2	项目概况		
	2.1	内容	
	2.2	目标	
	2.3	利益相关者和受益者	
	2.4	资源	
3	预期结果		
	3.1	预期结果	
	3.2	关键风险领域	
	3.3	逻辑模型	
	3.4	受托责任	
4	风险评估和管理概要		
	4.1	关键风险	
	4.2	现有规避风险措施	
	4.3	增长战略	
5	监督、评估和审计		
	5.1	监督计划	
		5.1.1	绩效
		5.1.2	风险
	5.2	评估计划	
	5.3	内部审计和受益者审计	
	5.4	确认报告	

资料来源：Treasure Board of Canada Secretariat, 2005.

（四）实施路径

加拿大政府并不仅在狭义地执行以绩效为导向的预算，而是将绩效信息贯穿于整个年度预算编制和资源管理的周期之中，这个周期始于公众协商和财政规划，通过分配资源、评估项目的绩效、学习和调整，最后向议会汇报结果。见图3－11。

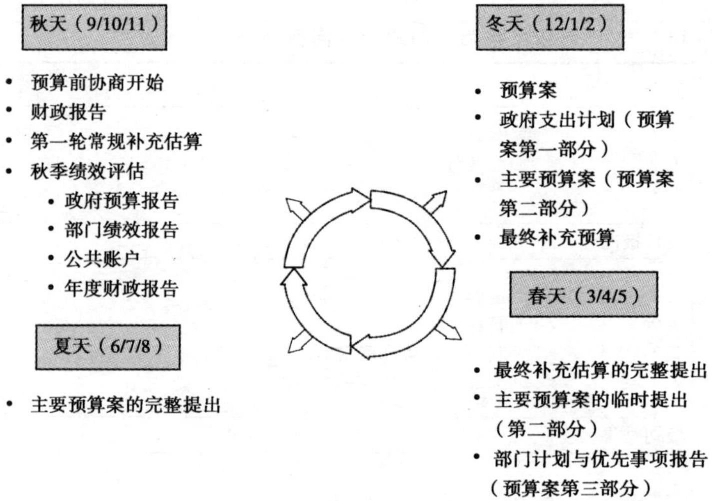

图3－11　加拿大政府预算周期

资料来源：OECD，2007，p109.

加拿大的财政年度从每年的4月1日至次年的3月31日。联邦预算的编制和审批程序如下（王椿元、杨心葵，2008）：

1. 确定预算框架

在财政年度前一个月（即每年3月）着手编制下一财年预算。财政部、枢密院根据总理施政方针，提出新的收支政策和预算建议，并由国库委员会秘书处通知各政府部门。各部门根据建议制定部门业务计划，业务计划为三年滚动计划。国库委员会秘书处和各政府部门在安排项目支出方面发挥重要作用，各部门根据枢密院确定的政策取向和平时调查了解到的情况向财政委员会秘书处提出拟安排项目的建议。项目建议必须符合预算格式的要求，资金安排具体明确。初步预算分别报送财政部和国库委员会秘书处进行初步审查汇总。国库委员会拥有由200名各行业专家组成的项目部，对项目进行评审，决定是否立项。如果国库委员会秘书处编制的预算需求小于财政部提出的预算收支总规模，财政部会用多余资金偿还债务；如果总预算需求大于预算总规模，财政部通常有以下三种措施可供选择：一是调整税收政策，如提高税率或增开新税种；二是要求国库委员会秘书处削减项目支出，这时通常由总理和财政部长决定哪些是必保的项目，而对那些他们认为次要的或可以推迟的项目予以削减或推迟；三是要求国库委员会秘书处裁减部分联邦政府雇员。

2. 预算磋商

每年6月份，内阁委员会在议会休会之后举行一系列会议。在这些会议中，财政部长将提供有关经济和财政展望及下一财年财政政策资料，并为来年的预算确定方向。同时，要阐明来年预算的要点，与各部门负责人就预算安排进行具体磋商。根据磋商结果及上一财年财政决算分析，各个部门准备各自新的政策建议，新的政策建议根据其性质类别由各个部长分别向一个或两个内阁委员会（如经济联合委员会或社会联合委员会）提出。委员会在整个秋季中每个星期都会讨论由部长们提出的政策建议，最后根据资金提供的可能按序排列，达成内阁有关预算的基本框架。

3. 初步审议

9月底，下议院财政常务委员会开始就财政政策举行听证会；10月中旬，财政部向下议院国库委员会发表预算要点，并公布政府经济和财政的更新报告；11月底，委员会完成有关预算政策的听证；12月初，委员会呈交有关预算的听证报告；12月下旬，下议院针对预算政策进行辩论，但不进行投票表决。

4. 编制预算案

将近年底，财政部负责将会议磋商形成的预算建议反馈给政府，财政部长与总理根据内阁讨论结果和众议院国库委员会听证报告，根据各个政策动议的排序决定如何分配资金，咨询各个部长后对资金分配做出最后决定，确定最终预算案，总理和财政部长实际上是预算案的最终决策者。

5. 批准预算案

次年2月，政府向议会呈交一系列有关预算的文件：预算案、主要估算案、有关的项目报告和具有优先权级别的项目报告。预算案由财政部长提交，主要就财政收入水平、支出、盈余（或赤字）等和一些与经济环境有关的总量指标进行分析说明（包括有关税法变革的内容）；主要估算案由国库委员会主席提交，包括有关政府支出的总况，预算与估算的关系，需要议会进行审批的各个具体的项目方案等；有关的项目报告和具有优先权级别的项目报告由各部门和代理机构准备，主要从战略、长期角度对项目结果提供详细信息，包括目标、冬季、预计结果以及三年期的资金需求分析。在财政部和国库委员会主席呈交文件后，众议院开始审议预算。因为议会直到夏季休会前才能结束审议工作，因此它对于从 4 月 1 日到 6 月末的临时资金供应进行授权，临时资金供应允许政府在这个期间支出必要的、维持其正常运作所必需的资金。估算案自动提交议会相应的常务委员会进行审查，各常务委员会应于 5 月 31 日前就估算案向众议院报告。法律规定议会要留一定的时间对政府支出提议进行讨论，一般是 20 天。6 月底，议会对预算案进行投票，最终确定预算安排。

参考文献

财政部预算司，“澳大利亚绩效管理的基本情况”，http：//yss. mof. gov. cn/zhengwuxinxi/guojijiejian/200810/t20081008_ 80709. html.

财政部预算司，“澳大利亚预算管理制度的演变”，http：//yss. mof. gov. cn/zhengwuxinxi/guojijiejian/200810/t20081008_ 80693. html.

财政部预算司，“澳大利亚的权责发生制改革”，http：//yss. mof. gov. cn/zhengwuxinxi/guojijiejian/200809/t20080922_ 76982. html.

财政部预算司，“澳大利亚的预算改革”，http：//yss. mof. gov. cn/zhengwuxinxi/guojijiejian/200810/t20081016_ 82393. html.

财政部预算司，“关于 OECD 国家实行绩效预算的总体情况”，http：//yss. mof. gov. cn/zhengwuxinxi/guojijiejian/200810/t20081023_ 83674. html.

财政部预算司：“新西兰的权责发生制改革”，http：//yss. mof. gov. cn/yusuansi/zhengwuxinxi/guojijiejian/200809/t20080922_ 76897. html.

邓淑莲：“政府实行新绩效预算的国际经验分析”，《山东经济》，2008 年第 1 期。

牛美丽、马骏：“新西兰的预算改革”，《武汉大学学报（哲学社会科学版）》，2006 年第 6 期。

王椿元、杨心葵：“加拿大联邦预算决策程序及借鉴”，《财经研究》，2008 年第 3 期。

王军主编：《公共财政教程》，经济科学出版社 2009 年版。

信春霞："加拿大预算实践简介"，《上海财税》，2001 年第 6 期。

邢天添："绩效预算改革的战略步骤设想与路径选择"，《现代财经》，2007 年第 6 期。

邢天添："新公共管理视野下的绩效预算改革"，《郑州大学学报》，2007 年第 5 期。

徐永胜、徐撰："加拿大公共预算管理和监督的特点及其启示"，《财政研究》，2007 年第 12 期。

浙江省财政厅绩效评价处："财政支出绩效评价讲义"，浙江省财政教育培训网。

Jón R. Blöndal, Daniel Bergvall, Ian Hawkesworth and Rex Deighton - Smith, Budgeting in Australia, OECD Journal on Budgeting, 2008, Volume 8 - No. 2.

Lewis Hawke, Performance Budgeting in Australia, OECD Journal on Budgeting, 2007, Volume 7 - No. 3.

Management Advisory Committee, Performance management in Australian Public Service: A Strategic Framework, 2001, http://www.apsc.gov.au/publications01/performancemanagement.pdf.

OECD. Performance Budgeting in OECD Countries. 2007: 104.

OECD. Performance Budgeting in OECD Countries. 2007: 107.

OECD. Performance Budgeting in OECD Countries. 2007: 108.

OECD. Performance Budgeting in OECD Countries. 2007: 119.

Parliamentary Information and Research Service. Management, Resources and Results Structure Policy. 2005.

Paul Posner and Chung - Keun Park, Role of the Legislature in the Budget Process: Recent Trends and Innovations, OECD Journal on Budgeting, 2007, Volume 7 - No. 3.

Performance Budgeting in OECD Countries, OECD Journal on Budgeting, 2007, http://www.bmf.gv.at/Budget/Haushaltsrechtsreform/DiverseUnterlagenSt_10396/OECD_Studie_Performance_Budgeting.pdf.

Performance Reporting under Outcomes & Outputs, http://www.bb.go.th/Evaluation/Part_in_Foreign/PARTstr/Performance%20Reporting.htm.

The Australian Experience of Public Sector Reform, http://www.apsc.gov.au/about/exppsreform8.htm.

The New Zealand Treasury, Budge Process, http://www.treasury.govt.nz/budget/process.

Treasure Board of Canada Secretariat, Management, Resources and Results Structure Policy, 2008.

Treasure Board of Canada Secretariat, Preparing and Using Results - based Management and Accountability Frameworks, 2005.

World Bank. 1998. Public expenditure management handbook, Washington D. C. : The World Bank.

WorldBank. Institutional Foundations for Performance Budgeting: The Case of the Government of Canada. 2008: 9.

第四章

项目评级工具：模式与应用

2001 年布什的总统行动议程提出要建设强大的人力资源，加强财政管理，在公共购买中引入竞争机制，发展电子政府，以及实现绩效与预算的整合，改革蓝图很宏伟，但怎么办？落实理念需要工具，美国管理与预算局在 2002 年推出绩效评级工具（PART），旨在回应总统的号召，以预算改革引领政府变革。

PART 是一个诊断工具，类似于一份调查问卷，这份问卷以 25 个基本问题为核心，从目的和设计、战略计划、项目管理、项目成果四方面发问，旨在引导项目预算的编制和审核。对预算申请者而言，PART 是预算编制必须回应的基本问题，引导着申请者对项目进行彻底的反思和理性的建构；对项目审核者而言，PART 提供了一个审核预算的基本框架，审核者可以从任何一部分的任何一个问题入手，也可以从项目的目的和设计、战略计划、项目管理、项目成果四方面实施系统评价；对立法者或社会公众而言，如果 PART 的回答简洁明确，依据充分，它便成为一条理解预算进而问责预算的道路。从某种意义上讲，PART 是一座连接预算参与各方的桥，在这座桥上，预算变得透明且可理解，客观公正的预算参与和决策成为可能。

第一节 项目评级工具的实施流程

PART 评价流程可分为确定项目类型，实施 PART 评价，计算项目得分和确定项目级别四个阶段，具体由一系列精心组织的流程构成。从 2002 年迄今，这一流程根据实践反馈屡经修改，不断完善。2008 年联邦政府的 PART 流程具体如表 4－1 所示。

表 4－1

PART Web 录入系统开启	2 月 6 日
修订后的 PART 指南编制就绪	2 月 6 日
PART 更新培训	2 月 13 日
PART 引导培训	2 月 14 日和 15 日
部门向 OMB 的资源管理办公室递交完整的 2008PART 草案	3 月 31 日
完成 PART 草案一致性检查准备	4 月 28 日
一致性检查和绩效指标评价	4 月 29 日—5 月 5 日
OMB 的资源管理办公室收到一致性检查和绩效指标评价的反馈结果	5 月 9 日
OMB 的资源管理办公室对 PART 草案进行必要的修改，以解决出现的一致性问题	5 月 19 日
OMB 的资源管理办公室将修改后的 PART 草案反馈给各部门	5 月 19 日
各部门递交 PART 申诉书	5 月 27 日
OMB 的资源管理办公室和各部门共同解决申诉书中的问题	5 月 27 日—6 月 2 日
部门对以前年度完成的 PART 进行持续更新	6 月 2 日—6 月 30 日
申诉委员会会议（暂定）	6 月 11 日

续表

申诉委员会提供解决方案	6月12日
根据申诉委员会的决定修改 PART 草案	7月9日
资源管理办公室完成修改后的 PART 概要，包括新 PART 草案中的改进计划	7月9日
PART Web 数据录入系统关闭	7月25日

资料来源：OMB，2008，p. vii.

上述流程体现了管理与预算局在绩效评级工具运用上的系统考虑。首先，系统科学论证，强化预算编制。一则为项目可行性论证提供了一个科学合理的框架，绩效评级工具成为强大的信息收集系统，从定位、计划、管理、结果四方面客观全面地呈现项目信息；二则在目标和指标上清晰明确的要求，为预算的全面优化升级创造了良好的条件，集中体现了预算的关键在预算编制的核心理念。其次，自评和评审相结合，明确了预算编制责任。自评是绩效评级工具运用的核心阶段，自评的形式要件达标才可能进入到评审阶段，所以，绩效评级工具从一开始就明确了业务部门在工具运用中的主体地位，项目申请的过程和自我反省的过程通过绩效评级工具被有机整合在一起，不仅如此，评级工具鼓励部门独立开展自评，也就是说，鼓励部门运用自己开发的体系开展自评工作，并利用自评的结果来诠释向管理与预算局提交的自评。在评价过程中，管理与预算局是评审者，这个角色有三重含义：一是一致性审核者，即在绩效评级工具的框架下，审核预算就预算本身而言是否合格。二是审核组织者，组织各方面的专家（也可以是管理与预算局内部专家）开展评审，这项工作原本是分散、随机进行的，绩效评级工具的使用使其规范化，程序化，透明化。三是申诉评判者，绩效评级工具通过申诉程序使预算博弈程序化，同时也为各部门提供了一种改进的可能性，从这重意义上讲，申诉程序本身是引导性的，评审中出现的分歧是项目改进的契机，旨在引导部门在预算编制上追求卓越。最后，结果导向，优化实施流程。操作指南从 2002 年起便根据实践中反馈的信息不断优化完善，突出容易理解，简便易行的基本思想；培训和部门间交流不断增进对工具本身及其应用的认识，提高工具使用的有效性；一致性审核确保进入审核阶段的项目的可审核性，使审核工作得以顺利开展；申诉程序留出充分的余地，最大限度地避免了可能出现的意外和不确定情况；PART 概要和改进计划的公示以透明度作为手段加大了对部门预算编制的监督力度。上述各步骤层层递进，力求确保良好的预算编制结果。

第二节 项目类型

在PART中，项目共分为7类：政府直接支出项目，竞争性补贴项目，固定/按公式补贴项目，管制项目，资产购置与维护项目，信贷项目，研发项目。这一分类必须与预算支出分类兼容，否则将引发绩效预算编制与分项预算编制之间的冲突。见表4－2。

表4－2

类　别	内　容
1. 政府直接支出项目（Direct Federal Programs）	主要由政府雇员提供服务的项目，比如签证服务项目
2. 竞争性补贴项目（Competitive Grant Program，CO）	通过竞争方式将资金分配给州政府、地方政府、部落组织，以及单位和个人的项目，比如健康和人类服务部的健康中心项目
3. 固定/按公式补贴项目（Block/Formula Grant Programs，BF）	按一定公式将资金分配给州政府、地方政府、部落组织和其他单位的项目或固定拨款项目，比如能源部的过冬补贴项目
4. 管制项目（Regulatory－Based Programs，RG）	通过制定规章实现项目目标的项目，这些规章是对贯彻执行法律或政策的解释说明，或者是对程序和操作要求的解释性说明，比如美国环保署的空气污染标准和认定项目
5. 资产购置与维护项目（Capital Assets and Service Acquisition Programs，CA）	通过购置和开发资产（例如，土地，建筑物，设备和知识产权）或者购买服务性资产（例如，信息技术）实现项目目标的项目，例如海军的造船项目
6. 信贷项目（Credit Programs，CR）	政府通过贷款，提供贷款担保和直接信用给予支持的项目，例如进出口银行的长期贷款担保项目
7. 研发项目（Research and Development Programs，R&D）	聚焦于知识创新和知识如何在制度、技术和材料创新过程中应用的项目，例如NASA的太阳能项目

资料来源：OMB，2008，p7.

值得关注的是，当项目兼具几类项目的特征时，问题框架也必须综合兼顾。七种类型仅是最基本的分类，实际操作过程中要复杂得多。

第三节 项目评级工具的问题框架

问题框架是平衡计分卡在项目评价领域的创造性转化，是绩效评级工具的核心。问题框架由基本问题框架和辅助问题两部分构成。其中基本问题所有项目必须回答，辅助问题仅针对特殊类型的项目，体现其项目性质的特殊要求。问题框架分为目的和设计、计划、管理、结果 4 个部分，目的和设计部分旨在从战略层面评价项目的针对性、可行性、必要性；计划部分衡量中长期战略与年度计划之间的整合，绩效指标体系的科学性、合理性与挑战性，预算测算的全面性与可行性；管理部分衡量项目的管理机制是否健全，运用绩效信息支持管埋运作的机制是否建立，财务管理是否规范，创新改进机制是否存在，以及是否有备选措施与应急方案等；结果部分衡量长期目标能否实现，年度目标能否实现，效率目标能否实现，项目方案是否最佳，以及独立评价是否得出满意的结果等。

对项目而言，问题框架实质上是一个达标体系，25 个基本问题是 25 个方面的衡量，有关说明在这 25 个方面提出了明确的要求，前 3 部分问题只有符合所有标准才可达标，得到是的评价，并取得全部分数，如果有一个或几个方面无法满足要求，该问题便不能得分。第四部分可以根据回答的实际情况得到是、很大程度上是、很小程度上是、否 4 个等级（某些情况下，不适用也可以作为问题的答案选项），并得到相应的分数。

自 2002 年启用以来，绩效评级工具问题框架屡经修改，根据《2008 年绩效评级工具指南》，4 部分的问题框架可以具体描述如下：

一、项目目的和设计

本部分旨在评估项目存在的现实性与可行性，包括项目的目的是否清晰明确，项目的设计是否完善。本部分将对多种内外部因素进行审视，包括项目本身的合理性，部门自身难以直接控制但对其有影响的外部因素如法律因素和市场因素等。一般而言，项目应提升经济效率，比如解决公共产品提供问题或外部性问题；或者实现收入再分配，比如对弱势群体实施救助。本立而道生，对项目目的的深刻理解和清晰表达是设定项目指标、目标，聚焦项目核心问题，有效管理项目的基础。本部分的依据来源包括项目法律授权文件，联邦国内补助目录（Catalog of Federal Domestic Assistance，CFDA）对项目的描述，部门战略计划、绩效计划/绩效预算和其他部门报告。本部分问题的答案为是或否。因潜在法律变更而导致的设计缺陷应予以充分考虑，且需要有依据支持。但是对于这种有缺陷的项目，问题答案仍应为否。

1.1　该项目是否目的明确?

是：项目目的清晰、明确，可以简洁地加以说明。

否：项目有若干相互冲突的目的。

依据：项目目标的陈述书；来自项目授权文件，项目报告或者项目使命书中的支撑性材料。

1.2　该项目是否致力于解决某一特定的现存问题、利益或需要?

是：项目致力于解决现存的相应问题、利益或需要。

项目目的仍然与现实情况密切相关（比如，项目所要解决的问题仍然存在）。

否：没有明确设定项目的需求。

依据：证实项目所要解决的问题、利益或需要存在的相关文件和资料。

1.3　对于其他任何联邦、州、地方政府或个人的成果而言，该项目是否设计得并不重复或多余?

是：该项目与其他联邦或非联邦的项目不重合，包括州、地方政府、私营部门和非营利部门的项目。

否：存在其他项目致力于解决相同的问题、利益和需要。

附：

信贷项目：“是”还要求有依据表面无法通过市场获取所需的资金。

研发项目：如果能够被证明是合理的，而且是独立开展，同等重要的，那么一定程度的重复是允许的。“是”要求该项目的价值高于其他项目。

依据：项目使命或活动的说明；其他项目的报告或成果；利益相关人的反馈。

1.4　该项目的设计是否有影响项目效果或效率的重大缺陷?

是: 项目没有影响其实现既定目标和绩效目标的重大设计缺陷。

没有依据表明其他方式、方法能够更快而且更有效地实现既定目标。

否: 有依据表明，在环境发生改变的情况下，其他方式、方法能够更快且更有效地实现项目目标。

附:

信贷项目: "是"还要求项目应有完善的激励和监督机制，以促使借款者及时还债，并促使私营部门合作者充分发挥才智，降低政府风险，提高项目效能。

管制项目: 如果法规、条例的设计没有能够实现净利益最大化，则答案应为"否"。

资产购置与维护项目: "是"还要求项目有与有效率的资产项目相一致的原则和技术的资本资产管理支持，项目资本资产管理的条例、责任和义务有清晰明确的规定。

依据: 项目评价书；对项目的成本效益分析；与可供选择的其他机制之间的对比分析。

资本项目必须有项目相关部门的文件，或者是政府部门的政策、指令、建议、操作手册、授权说明以及部门人员和组织责任的明确说明等。

注意: 如果问题 1.5 为"否"，问题 1.4 并不必然为"否"，但是，如果项目存在多于一个的重大缺陷，那么问题 1.4 和问题 1.5 都应为"否"。

1.5　该项目的设计是否有效定位，因而资源将直接用于项目目标并使目标受益人受益?

是: 项目的设计能够确保资源直接有效地用于实现项目目标。

项目的设计能够使资源的运用或者产出充分实现目标受益人的利益。

项目能够表明它所锁定的目标受益人是正确的。

与项目无关的活动不被资助或者仅限于授权水平的资助。

否: 达不到以上任何一点皆为"否"。

附:

固定拨款和信贷项目: 评价时也应该考虑资金用于实现项目目标的程度如何以及资金是否被滥用、挪用、挤占。对于信贷项目而言，吸引那些即使没有政府资助也能够得到贷款的借款者并不重要，重要的是吸引那些有机会实现项目绩效目标的潜在的信誉卓著的借款者。

研发项目：“是”还要求应确保项目致力于满足特定的国家需求，实现部门使命，满足科学或技术领域的要求或者是“顾客”的要求。

依据：依据资料应能够证明存在完善的程序使得资源能够用于项目目的和/或受益人；同时也应该显示项目的设计能尽可能多地使目标受益人受益，并使资金或其他项目利益尽可能少地流向非项目目标受益人。

二、战略计划

本部分聚焦项目计划、项目优先选择和项目资源分配。评估的关键要素包括项目是否设定了数量有限的挑战性绩效指标和可以实现的目标，从而确保项目的计划、管理措施和预算在战略层面制定并充分聚焦。依据包括项目的战略计划、部门绩效计划/绩效预算和报告，项目合作者提交的报告，项目评估计划和其他项目文件。本部分问题的答案为是或否。在某些情况下，不适用也可以作为备选答案。当一些项目在开发和设定可计量的绩效目标方面非常困难时，项目就必须提供一些有意义且适当的方法来显示项目成效。管理与预算局和各部门应该共同努力来为难以设定量化指标的项目开发新指标。有时候定性指标、经同行专家审定的指标或者其他指标对于项目来说可能更为合适。

2.1　该项目是否有一些结果导向、针对性强的长期绩效指标?

是：项目必须有 2—3 个直接有效地支持项目目标实现的、特定的、容易理解的成果指标。

否：长期指标没有直接有效地支持项目目的，或者不适当地使用产出指标且没有适当的理由。

附：

固定拨款项目：由于这类项目包含一系列广泛目的，如果没有更好的指标体系存在，那么允许受助者自己设定项目的优先目标和指标体系，以最大限度、最有效地实现受助者的目的。

研发项目：财政部门将与职能部门共同确定该类项目的指标，或者是开发新的适合该类项目的指标。

依据：已有文件中确立的长期成果指标；财政部门同意的长期成果指标；新长期指标的开发须征得本部门和财政部门的同意。

2.2　该项目是否有挑战性的目标和长期评价所需的时间框架？

是：项目必须有特定数量的、可以被评价的量化目标。

项目应该有评价项目目标和绩效变化的清晰基线标准，以评价项目成果。

项目目标是长期的，比如说5—10年。

项目必须有进行产出评价的基线标准。

所有的目标和时间框架必须是挑战性的。

项目必须设定一个终止目标。

否：项目的关键指标中没有特定数量、可被评价的量化目标和时间框架；或者项目目标和时间框架不具有挑战性；或者项目所需的基线标准没有建立起来。

附：

研发项目："是"还要求项目必须提供多年的研发目标。如果可能的话，项目必须提供时间表，时间表中说明每年都需要完成的指标的重要时间节点，同时说明与以前的时间表相比的变化所在。

依据：在已有文件中确立的目标，以及财政部门同意的目标。

注意：如果问题2.1为"否"，则问题2.2必须为"否"。

2.3　该项目是否有一些能说明项目长期目标进展的年度绩效指标？

是：项目必须有分散的、可计量的、可衡量的年度绩效指标。

项目的年度绩效指标必须有助于实现问题2.1和问题2.2中的项目长期目标。

项目的年度绩效指标应关注项目成果，只有在有充分理由表明不可能定义一定数量令人满意的成果指标时，才能将关注点放在产出指标上，且必须有充分的依据资料加以证明。

否：如果财政部门和部门没有就符合该指南的指标达成一致意见，则该题答案也应为"否"。

附：

固定拨款项目：由于这类项目包含一系列广泛的目的，如果没有更好的指标体系存在，那么允许受助者自己设定项目的优先目标和指标体系，以最大限度、最有效地实现受助者的目的。

研发项目："是"还要求项目必须有年度绩效指标以说明项目是如何提

升科学认识并加以应用的。对于多年期的研发项目而言，年度目标应与长期目标紧密结合。一些基础性的研究项目可能不需要定义有意义的年度成果或者是效率指标，在这种情况下，可以使用过程衡量指标，尤其是与长期研究目标相关的。财政部门将和职能部门共同努力以解决该类项目的指标问题。

资产购置与维护项目：“是”还要求年度绩效目标需包括成本花费情况，时间表，以及和整个项目有关的资本获得绩效目标。

依据：部门绩效计划/绩效预算或其他文件中确立的年度目标；对于购买资本资产的项目，依据资料还应包括部门获得项目和项目管理运行的相关文件、合约、绩效指标和衡量标准，以及商业情况的介绍等。

注意：项目的年度绩效指标中必须至少有一项是效率指标。

如果问题2.1为“否”，若该问题想得到“是”，就必须解释其年度绩效指标是如何有助于实现长期成果目标及项目目的的。

2.4　该项目是否有就其年度评价而言的基线和挑战性目标？

是：大部分问题2.3中的年度绩效指标都建立了基线标准。

问题2.3中的所有年度指标，差不多都是具体可量化的。

目标至少在连续两年的PART中有所体现。

所有的目标都是挑战性的。

否：绝大部分年度指标并非可量化的且没有实现的时间框架；或者目标不是挑战性的。

依据：部门绩效计划/绩效预算或其他文件中所包含的目标，以及经财政部门同意，将要包含在部门下一年度绩效计划/绩效预算中的目标。

注意：如果问题2.3为“否”，则该题答案必须为“否”。

2.5　是否所有的参与人（包括受益者、次受益者、合同承包商、成本分担者以及其他政府参与者）都致力于项目的年度或/和长期目标？

是：项目参与人支持所有的项目目标。

项目参与人衡量和报告与完成项目目标息息相关的工作绩效。

否：项目不能通过绩效要求或一些其他方法将参与者的活动与项目目标相连。

不适用：项目在实现目标的过程中不需要任何参与者。

附：

管制项目：并非所有的管制主体都是项目的参与者。

基础研究资助项目：“是”要求项目的申请中明确包含项目目标和资金使用情况的说明，项目的进展报告中必须为项目管理者提供足够的方法来评价项目的绩效和进展情况。

依据：将合同承包人的绩效与项目目标联系起来的合同或者其他文件；使项目参与者致力于评价、报告与项目目标相关的绩效的其他项目程序。

注意：如果问题2.1和问题2.3都为“否”，则该问题的答案也必须为“否”。

2.6 为了支持项目改进，同时使评价对于问题、利益或需求而言有效并相关，范围和质量符合要求的独立评价是在常规基础上进行，还是根据需要进行？

是：项目的评价是高质量的。

项目的评价范围足够广泛。

项目的评价是独立、客观的。

项目的评价在常规基础上进行，以支持项目改进。

否：以上任何一条没有达到，答案就必须为“否”。

附：

研发项目：该类项目也应该进行与它们的开展部门、科学和技术领域、“顾客”甚至是绩效评价问题有关的独立性检查。检查的结果应以报告的形式呈现并给予建议。检查应该是严格的而且是有系统的，而且应该由该领域接受过培训、有专业知识的、独立客观的人员对项目方法、结果和发现进行评判。

依据：项目评价计划或者是项目评价时间表；描述项目类型的文件；包含项目范围和项目质量说明的文件；包含有选择独立、客观项目评价者标准的文件。

2.7 预算申请是否与年度和长期绩效目标的实现有明确联系，并且资源需求在项目预算中是否以一种完整、透明的方式体现？

是：根据年度目标和长期目标所需要的财务资源水平有效地进行预算。

项目必须有综合、完整的预算和项目绩效的说明。

项目必须报告实现绩效目标所需的所有直接、间接成本。

否：项目没有将预算与绩效或战略计划联系起来。

不适用：“不适用”也可以作为这个问题的答案，但是必须解释清楚为什么所有的要求都不适用于该项目。

附：

资产购置与维护项目："是"还要求解释清楚资产获得与所有项目绩效目标之间的关系，以及确认项目绩效变化的影响。

依据：表明预算请求如何直接支持绩效目标实现的文件说明，包括预算请求，操作计划，以及其他显示资源要求的文件；清楚地显示达成绩效目标所需的所有成本的预算文件；部门关于项目预算的估计。

2.8　该项目是否采取有效措施以纠正战略规划的不足？

是：项目有识别和纠正战略规划中的不足的制度。

否：项目没有检查战略规划的机制或没有采取措施消除已确认的缺陷。

附：

资产购置与维护项目（与之相关的研发项目）：一个待解决的战略计划缺陷是项目以前是否在问题4CA1中得到"否"的评价。

依据：战略规划中的不足如何得到确定和纠正的描述性文件；实现改进的时间表。

有关项目类型的特定战略计划问题。

2. RG1 项目/部门颁布的所有规则对于实现声明的目标是否必要，并且是否所有的规则都阐明了它们如何服务于目标的实现？（管制项目）

是：项目正在制定或发布的只是那些对于实现项目使命和目标来说绝对必须的规则。

规则的结构要使一般公众理解规则是如何有助于实现所有的项目目标的。

否：项目存在明显的规则空白或者对项目效果而言过时的规则，同时，没有采取及时的措施纠正项目计划的这些不足，而且项目没有将规则负担降低到最小程度的程序。

依据：法律上关于规则制定的规定；规则本身尤其是序言部分关于规则制定的导言；部门内部关于规则制定的指南。

2. CA1 该项目/部门是否对备选方案进行了一次全新的、有意义的、可信的分析，包括成本、日程、风险和绩效目标的可替代性，并且运用这些结果去指导面向结果的活动？（资产购置与维护项目）

是：部门/项目进行可选择性分析，并将分析结果作为项目安全获取战略的基础。

每一次分析都包括基线/现状评价，非实体的解决方法，同时考虑多方案之间的可选择性，以及成本、日程和绩效目标的可替代性。

项目分析结果是可信的（可以由项目之外的独立组织来审查评定）。

项目要正视外部独立组织分析结果与自我分析结果之间的差异。

否：以上任何一条得不到满足，都为“否”。

依据：可选择性分析的概要；有关分析的任何独立审查文件；部门资本资产计划或者有关商业情况的文件。

2. RD1 如果可行，该项目是否能够评价和比较该项目成果的潜在收益和（如果相关）有相似目标的其他项目成果的潜在收益？（研发项目）

是：项目（或部门）定期比较项目的潜在收益和有相似目标的其他项目的潜在收益。

项目分析结果是可信的（可以由项目之外的独立组织来审查评定）。

项目要正视外部独立组织分析结果与自我分析结果之间的差异。

否：以上任何一条得不到满足，都为“否”。

依据：建议的方案和可选择的战略计划之间的对比分析。

注意：有关成果获取，建筑类，设施操作类和其他资本资产类研发项目适用于问题 2. CA1。

2. RD2 该项目是否运用一个择优机制来指导预算申请和资金安排？（研发项目）

是：项目有确定择优机制的备用文件。

有依据表明项目运用择优机制来进行决策。

项目在现有项目目标、目的和活动之间有已经鉴别确定的一组优先选择。

否：以上任何一条得不到满足，都为“否”。

依据：项目文件和项目使命声明中有关项目优先选择的清晰陈述；任何有资格进行评定的独立咨询组织确定的项目优先选择文件。

三、项目管理

本部分聚焦影响项目有效管理、实现项目绩效目标的一系列因素。关键领域包括财务审查，对项目改进的评估，绩效信息的收集和项目管理者的责任等。此外，本部分也将探讨特殊类型项目在管理中特别需要注意的方面。

证据包括财务报告、政府会计总署的报告、检察长的报告、绩效计划、预算执行资料、IT 计划和项目的独立评估等。本部分问题的答案为是或否，在某些情况下，不适用也可以作为问题的答案选项。

3.1 部门是否定期收集及时和可靠的绩效信息，包括来自项目关键参与者的信息资料，并利用这些信息管理项目、提高绩效？

是：部门定期收集与项目目标相关的高质量绩效信息，包括来自项目关键参与者的信息。

部门利用收集的绩效信息调整项目优先权、重新配置资源或采取其他适宜的管理措施。

在评价项目关键活动的进展时，考虑项目参与者的绩效。

部门收集对设定有意义的、有挑战性的绩效目标所必需的基准绩效信息。

否：以上任何一条得不到满足，都为“否”。

附：

资产购置与维护项目：要考虑项目是否运用净值管理系统或其他类似系统。

信贷项目：部门全面广泛的现有资料库应该包含债务水平（至少是群组水平）信息，债务绩效的详细信息，借款者的特征和贷款者的特征。部门要运用适当的信息技术、软件和模型来监控和分析这些绩效信息，以有效管理投资组合。

研发项目：一些长期的基础研究项目，除了过程目标之外，可能很难定义有意义的年度绩效成果目标，在这种情况下，这些项目应该运用与过程相关的指标，尤其是那些从概念上可以和项目研究目标相连的指标。

依据：部门如何用绩效信息管理项目的描述性说明；关于部门评价频率的说明性文件；部门根据绩效信息管理项目的说明性例子；部门根据绩效信息所采取的改进措施。

3.2 联邦管理者和项目参与者（包括受益人、次受益人、合同承包商、成本分担者和其他政府合作伙伴）是否对成本、时间表、绩效成果负责？

是：项目有对关键成果负责的管理者。

项目有定义清晰的、可计量的绩效标准，并对管理者的责任做了明确规定。

项目为有助于项目目标实现的项目参与者设定特殊绩效标准，并规定这些参与者的责任。

否：以上任何一条得不到满足，都为“否”。

附：

固定/按公式拨款项目：“是”并不仅仅局限于遵守法律的规定，还包括存在对项目管理者和参与者的激励措施，以鼓励对不完善的项目进行修正。

资产购置与维护项目：还要考虑合同是否包括最低绩效门槛，对良好绩效的激励措施和其他促进责任实现的机制。

信贷项目：应有针对管理者和私营部门的合作者的最低绩效门槛和良好绩效的激励措施。

研发项目：一些长期的基础研究项目，除了过程目标之外，可能很难定义有意义的年度绩效成果目标，在这种情况下，这些项目应该运用与过程相关的指标，尤其是那些从概念上可以和项目称其研究目标相连的指标。

依据：与项目管理者的绩效管理合约；项目绩效和人员绩效评价相统一的一些机制。

3.3 资金（联邦和参与者）是否及时拨付、用于既定目的，并且被准确报告?

是：项目资金与全部规划相配套，且年底有小部分结余。

项目和项目参与者对于项目计划中资源的使用有负责人的时间表。

有适当的程序用于报告实际费用、与预期支出进行比较，并采取及时适宜的措施对不符合预期的情况进行调整。

及时而准确地对项目进行奖励。

否：项目有重大错误支付情况或者违反了《反亏空法》（Anti – Deficiency Act）的规定。

依据：项目及其他相关者的定期支出报告；年末支出报告；审计支出与补助金预算差异的程序性文件。

注意：如果该问题答案为“否”，则在回答问题 3.6 时需尤为细心。

3.4 该项目是否有在项目执行过程中评价并实现效率和成本节约的方法（例如：竞争性资源使用、成本比较、提升信息水平、合理的激励机

制)?

是：项目有正规的程序保证项目的效率，并对项目进行成本效益分析。

项目基准目标和最终目标至少有一项效率指标。

否：部门和财政部门没有就符合 PART 的效率指标达成一致意见。

依据：项目的效率指标；竞争性资源计划；能够提高生产力和效率的 IT 改进计划；证明特定项目提高效率的 IT 交易事项。

3.5 该项目与相关项目之间是否能够有效地合作和协调?

是：项目在一定程度上能与相关的联邦项目相协调，如果可能的话，还能与相关的州、地方政府和私人项目相协调。

否：项目与相关项目之间没有合作与协调。

依据：合作双方的联合宣言；项目计划；项目绩效目标。

3.6 该项目是否使用了有效的财务管理方法?

是：项目经审计不存在实质性的内部控制缺陷。

满足以下所有或部分标准：有适当的程序确保按预期目的合理支出，将错误支付降到最低；财政管理系统符合法律要求；财政信息是准确及时的；复合的财政绩效系统支持日常操作；财政报告接受独立、客观的审计，并且没有实质性的内部控制缺陷；没有不符合法律法规相关要求的财政管理。

否：项目存在缺陷，或者部门存在与项目直接相关的缺陷。

附：

固定拨款项目：对于有一系列广泛目标且允许受助人自己设定项目优先权的这类项目，“是”要求受助人满足上述所列的有效率的财政管理标准。

信贷项目：“是”还要求项目符合有关法律规定。

依据：最近的审计报告；识别、衡量符合所列标准的程序。

3.7 该项目是否采取了有效措施以改进管理上的不足?

是：项目有识别和纠正各方面管理中存在不足的制度，且该制度能在规定的时间框架内得以实施。

否：项目没有针对管理的自检活动或没有采取措施消除已确认的缺陷。

依据：有关如何确认和纠正项目管理不足的描述及实例。

有关项目类型的特殊项目管理问题：

3. CO1 补贴的授予是否基于一个包括必要资质评价的明确竞争过程?(竞争性补贴项目)

是： 项目的运行是一个公开、公平的竞争过程。

项目的绝大部分收益（例如平均90%）都是通过竞争性机制分配的。

项目设定了一个合理的受益人数上限，并鼓励新受益人参与到项目中。

项目新的收益仍然通过竞争机制分配。

否： 以上任何一条达不到，都为“否”。

附：

与之相关的研发项目： 适用同样的标准。

依据： 有关项目收益和项目新收益的程序；用于特定用途的资金比例和接受同级评审的资金比例的描述；每一个项目收益循环中新增加的受益人和技术援助，以及部门所付出努力的描述。

3. CO2 该项目是否有能提供受益者行为必要信息的监督程序？（竞争性补贴项目）

是： 项目必须有完善的监督机制。

否： 项目用于追踪受助者支出情况的报告系统很差。

附：

与之相关的研发项目： 除遵守上述标准之外，还应考虑资助者和受助者之间的合约，合作协议和其他记录等。

依据： 项目报告结构；项目监督技术，审计或现场访谈时间表；项目信息质量的评价。

3. CO3 该项目是否按年度收集受益者的绩效数据，并以一种透明和可理解的方式提供给公众？（竞争性补贴项目）

是： 项目收集、整理并公布的受助者绩效信息，公众很容易得到。

否： 公众不能得知受助者的绩效信息，绩效信息的收集仅局限于项目层面，或者收集到的现有资料信息与项目效果无关。

附：

与之相关的研发项目： 除遵守上述标准之外，还应考虑资助者和受助者之间的合约，合作协议和其他记录等。

依据： 收集和公布的绩效信息，以及关于如何收集这些信息的描述性说明；公众获得绩效信息的说明性文件。

3. BF1 该项目是否有能提供受益者行为必要信息的监督程序？（固定/按公式拨款项目）

是：项目必须有完善的监督机制。

否：项目用于追踪受助者支出情况的报告系统很差。

依据：项目报告结构；项目监督技术，审计或现场访谈时间表；项目信息质量的评价。

3. BF2 该项目是否按年度收集受益者的绩效数据，并以一种透明和可理解的方式提供给公众？（固定/按公式拨款项目）

是：项目收集、整理并公布的受助者绩效信息，公众很容易得到。

否：公众不能得知受助者的绩效信息，绩效信息的收集仅局限于项目层面，或者收集到的现有资料信息与项目效果无关。

依据：收集和公布的绩效信息，以及关于如何收集这些信息的描述性说明；公众获得绩效信息的说明性文件。

3. RG1 在制定重要管制规定时，该项目是否寻求并考虑有关各方的意见（比如，消费者、各种规模的企业、州、地方和联合政府、受益者及普通公众）？（管制项目）

是：在制定重要的管制规则时，该项目征求有关各方的意见，而且充分评价考虑各方所关心的内容和建议。

否：没有征求相关各方的意见，过度重视收集到的意见信息，或者没有完成阶段性的管制规则。

依据：有关征求公众意见的通告；管制规则终稿或规则导言部分关于如何遵守各项法案规定的说明；规则细目中关于如何考虑和使用公众意见的讨论说明。

3. RG2 如果 12866 号行政法令需要，该项目是否准备了足够的管制影响分析；如果管制弹性法案和 SBREFA 需要，该项目是否准备了管制弹性分析；如果无资金法定支出改革法案需要，该项目能否准备了成本收益分析；以及那些分析与 OMB 的指南是否相符？（管制项目）

是：项目对所有重要规则的分析都符合 12866 号行政法令的规定。

项目根据管制影响分析（RIA）对所有重要规则的经济性分析都符合 OMB A－4 公告的要求。

否：项目重要规则的经济性分析没有达到法律的要求。

依据：对项目重要规则的管制影响分析，管制弹性分析，成本效益分析和成本收益分析，外部评审人员的任何项目报告或反馈，由项目提供的有关重要规则的经济资料。

3. RG4 各项规则是否设计用于实现项目目标，从实际出发，最大化其管制活动的净收益？（管制项目）

是： 项目寻求从实际出发，尽可能地最大化其净收益。

与部门评价的其他可选择施行的规则相比，项目在规则制定过程中是净收益最大的。

项目的评价在法律框架内。

否： 以上任何一条不符时，答案为“否”。

依据： 对项目重要规则的管制影响分析，管制弹性分析，成本效益分析和成本收益分析，重要项目和可供选择的项目之间基于净期望收益的对比分析和二者的成本收益对比分析。

3. CA1 该项目是否通过保持明确定义的转移支付、能力/绩效特征、拨款、可靠的成本和目标清单来管理？（资产购置与维护项目）

是： 如果是资本资产项目，项目要确保其计划编制决定的有效性，证明其性能或特征与预期的相符，并保证管理决定的做出是基于项目重要事件的完成。

如果是服务申请项目，项目应充分运用以绩效为基础和固定价格类型的合同。

否： 没有运用以绩效为基础和固定价格类型合同的服务申请项目，有法律规定的除外。

依据： 证明资本获得有效性的计划编制决定项目文件，描述关键绩效特征和/或转移支付的文件，证明管理决策中适当运用这些信息的文件。

3. CR1 该项目是否进行了持续管理，以确保信用质量保持良好，收入和支出及时，并完成上报需求？（信贷项目）

是： 项目有效地筛选新的借款人，监控借款人，同时为放贷者提供担保，避免拖欠贷款情况的发生，并采取及时的措施解决贷款拖欠情况。

项目关注出借资金的归还，并对借款人偿还的资金进行分析，同时尽可能地减少拖欠贷款情况的发生，最大化项目收益。

否： 没有达到上述要求。

依据： 财务报告和起促进作用的项目评价文件，相对于其他项目或为类似人群提供借贷服务的私人贷款者而言提高贷款绩效的文件，监督私人部门合作者并与之密切合作的依据资料。

3. CR2 该项目的信用模式是否足以有效提供有关政府成本和风险的可靠、一致、准确和透明的评价？（信贷项目）

是： 部门采用了严格的成本评价模型以充分解决政府风险问题，同时提供每一个合伙人的可靠成本估计分析。

部门使用私人部门所采用的最新、最先进的评价方法对类似风险进行评价。

否： 部门提供的资料不够全面，或者没有细致到可以进行严格的模型评价；评价模型存在结构性缺陷，或者评价模型不能有效预测长期范围内实际成本变化。

依据： 初始评价结果；实际评价结果；评价模型。

3. RD1 对于研发项目而非竞争性补贴项目，该项目是否分配资金并运用管理过程确保项目质量？（研发项目）

是： 项目资金的分配使用基于广泛的竞争过程，或者在使用其他方式分配项目资金时有迫切的正当性理由。

除了使用无限制的竞争性程序分配的项目资金之外，所有分配的项目资金都必须有描述和记录。

鼓励对项目分配资金和保证质量的方法进行外部评价。

项目必须提供资料证明通过非竞争程序分配或奖励的每一个项目方案的执行者的正当性。

否： 上述任何一条没有满足，答案都为“否”。

依据： 项目收益分配程序和对项目方案执行者的外部评价（如果可能的话）的描述，对部门项目方案执行者独一无二能力的描述，最近几年可以收集到的所有资金分配的账目信息。

四、项目成果/责任

本部分评估项目能否实现长期和年度绩效目标。本部分也对某项目与类似项目相比是否为实现目标的最佳方案以及独立评价结果如何等进行评估。可能的资料来源和证据包括 GPRA 绩效报告、项目评估报告、GAO 报告和其他部门文件。对项目结果的评估应建基于最近的项目报告、项目流程或其他相关资料。本部分的答案可以分为四个等级：是，很大程度上是，很小程度上是和否，分值依次为100%、67%、33%、0。当某些项目确实很难设定定量绩效指标时，可以通过一些有意义的合理方式阐明项目结果。

4.1 项目在实现其长期绩效目标时是否体现出足够的进展?

是：项目实现所有的长期绩效目标，既包括挑战性目标也包括阶段性目标。

项目的相关机构也实现了项目的长期成果目标。

项目应该妥当地实现了任何设定的目标。

如果只是实现部分显著的目标，那么只能获得部分分数（例如很大程度是、很小程度是）。

否：没有实现目标；只实现年度目标，在实现长期目标方面没有进展。

依据：能够显示长期绩效进展的历史绩效资料；机构的绩效报告、战略规划和其他管理目标的资料；详细说明“顾客”对项目绩效满意度的报告；项目报告的独立评价。

注意：如果问题2.1被评为“否”，这个问题也只能是“否”；如果问题2.1为“否”，问题2.2为“是”，这个问题最多只能被评为“很小程度上是”。

4.2 该项目（包括项目合作者）是否实现了年度绩效目标?

是：项目实现了问题2.4所确定的所有年度目标。

如果问题2.1和问题2.3都被评为“是”，且问题2.5被评为“是”或“不适用”，那么项目将被评为“是”。

项目的相关机构也实现了年度目标。

如果只是实现部分显著的目标，那么只能获得部分分数（例如很大程度是、很小程度是）。

否：没有实现项目年度目标。

依据：能够显示年度绩效进展的历史绩效资料；机构的绩效报告、战略规划和其他管理目标的资料。

注意：如果问题2.3被评为“否”，这个问题也只能是“否”；如果问题2.3为“否”，问题2.4为“是”，这个问题最多只能被评为“很小程度上是”。

4.3　该项目在实现年度项目绩效目标时是否体现了效率改进或成本节约？

是：项目实施中，能比以往年度提高效率或者节约成本，同时满足问题3.4的效率目标。

如果只是部分体现了效率改进或成本节约，那么只能获得部分分数（例如很大程度是、很小程度是）。

否：项目没有体现效率改进和成本节约。

依据：单位成本的降低，提高生产力和效率的目标。

注意：如果问题3.4被评为“否”，那么该问题也应被评为“否”。

4.4　该项目的绩效是否比具有类似目的和目标的其他项目（包括政府、私人等）更好？

是：项目与具有类似目的和目标的其他项目相比有更好的绩效。

如果绩效的对比并不明显，那么只能获得部分分数（例如很大程度是、很小程度是）。

否：与其他项目相比，项目没有更好的绩效。

不适用：没有可供比较的联邦，州，地方政府或私人部门项目存在，或者在可预见的未来对项目进行对比分析存在难以克服的内在苦难，且耗费巨大。

附：

资产购置与维护项目：绩效评价应该包括与时间紧密相连的成本评价，项目质量评价，可交付使用的项目数量评价。

依据：对一般性绩效指标绩效数据的对比分析，类似项目之间的评价报告及文件。

4.5　范围和质量符合要求的独立评价是否显示该项目有效并实现了目标？

是：范围和质量符合要求的独立评价显示该项目是有效的。

项目评价，或一组项目评价必须满足问题2.6中关于范围，质量和独立性标准的要求。

如果独立评价的结果并不完全符合要求，但基本符合要求，那么只能获得部分分数（例如很大程度是、很小程度是）。

否：项目的独立评价不符合要求，或者独立评价显示项目并非有效。

依据：审计总署、总检察院、学术研究机构、机构合作者及职员、其他项目执行的评价。

有关类型项目的特殊项目结果问题

4. RG1 项目目标（和收益）的实现是否以最小的社会成本为代价，以及该项目能够最大化净收益？（管制项目）

是：项目周期性的（比如每隔五年）对所有重要规则或者是部分重要规则（比如重要的经济性管制规则）的实际效果进行分析，而且分析结果显示项目完全实现了或者超过了项目最初预计的净收益。

那些根据对项目的规则进行周期性评价或者根据外部评价发现项目的实际效果一直低于预期收益的，应给予从“很小程度上是”和“很大程度上是”的评价结果。

否：项目不满足上述要求。

依据：定期对项目履行职责或任务进行评价的计划或程序，根据上述计划或程序产生的文件（比如评价文件，独立评价文件，或者基于以往数据的附加额外分析），根据系统评价的结果，对项目规则进行的修改，甚至从项目中删除某些规则，或者以及为什么不需要对项目规则进行修改的说明。

4. CA1 项目目标的实现是否控制在预算成本和既定时间表以内？（资产购置与维护项目）

是：项目在既定的时间表内完成了项目目标。

如果项目的完成进度与时间表并非完全吻合，那么可以看情况给予从“很小程度上是”和“很大程度上是”的评价结果。

否：如果项目已经花费了 60% 的成本，而进度还落后于时间表，那么项目的评价结果应为“否”。如果项目的成本和时间进度在过去的 12 个月中明确是因为没有实现以往的目标而改变，那么项目的评价结果也应为“否”。

依据：财政年度的最终结果与既定时间表，项目进度和项目成本情况的对比分析。

五、问题之间的关系

绩效评级工具四个部分的问题具有一定的关联性，为保证逻辑上的前后一致，表 4 – 3 确定的问题间关系应成为评价过程中的重要依据。

表 4 – 3　　　　　　　　问 题 关 联 表

	问题 2.2	问题 2.3	问题 2.4	问题 2.5	问题 4.1	问题 4.2	问题 4.3
如果问题 2.1 为“否”	必须为“否”	如果为“是”，那么必须明确说明年度绩效目标对实现长期绩效目标和结果的作用		如果问题 2.1 为“否”且问题 2.3 为“否”，则必须为“否”	如果没有适当的成果（产出）指标，则必须为“否”		
如果问题 2.3 为“否”			必须为“否”			必须为“否”	
如果问题 2.1 为“是”并且问题 2.2 为“否”					答案不能好于“很小程度上是”		
如果问题 2.3 为“是”并且 2.4 为“否”						答案不能好于“很小程度上是”	
如果问题 3.4 为“否”							必须为“否”

资料来源：OMB，2008，p15.

第四节

各种类型项目的问题框架

绩效评级工具的问题框架在不同类型项目的应用上力求做到求同存异，在统一性的前提下体现多样性，应用差别化的根本原因是项目的性质不同，从某种意义上讲，项目是部门定位和功能的体现，问题框架上的差异是预算管理科学化精细化的具体表现。

一、政府直接支出项目问题框架

见表4-4。

表4-4

模块	问题	说明
项目目的和设计（20%）	项目目的明确（20%）	项目使命清晰、明确
		项目目标可以简洁地说明
	项目有关某一特定且现存的问题、利益或需要（20%）	项目有关某一相关且明确定义的利益、问题或现实需要
		在当前状况下，项目目标仍然相关
	对于任何其他政府或私人的努力而言，该项目是否设计得并不重复或多余（20%）	项目与其他政府项目不重复
		项目与私营部门和非营利部门的项目不重复
	项目的设计避免了影响项目效果或效率的重大缺陷（20%）	项目没有影响其实现既定目标和绩效目标的重大设计缺陷
		没有依据表明其他方式、方法能够更快而且更有效地实现既定目标
	项目的设计有效定位，因而资源将直接用于项目目标和目标受益人（20%）	项目的设计能够确保资源直接有效地用于实现项目目标
		项目的设计能够使资源的运用或者产出充分用于目标受益人
		项目能够证明目标受益人定位正确
		与项目无关的活动不被资助或者仅限于授权水平的资助
战略计划（10%）	项目是否有数量有限的长期绩效指标，这些指标结果导向并有效地反映了项目目标（12.5%）	项目必须有2到3个直接有效地支持项目目标实现的、特定的、容易理解的成果指标
		这些指标对于项目的特征而言是长期的，比如5—10年，与部门在GPRA战略规划中运用的战略目标在时间上保持一致
	项目是否有其长期指标所需的挑战性的目标和时间框架（12.5%）	项目必须有特定数量的、可以被评估的量化目标
		项目应该有评估项目成果和绩效变化的明确的基线标准
		项目目标是长期的，例如5—10年
		项目必须有产出评价所需的基准
		所有的目标和时间框架必须是挑战性的，也就是说，在可达到的效率内，它们必须被设定在一个能够推动持续改进的水平
		项目必须在有关方面设定适当的最终目标

续表

模　块	问　　题	说　　明
战略计划（10%）	项目是否有一些能说明项目长期目标进展的年度绩效指标（12.5%）	为项目设立了一些独立的、量化的、可衡量的年度绩效指标
		项目的年度绩效指标能够评价中长期目标的实现进度
		只有项目成果指标难以确定时，才能以产出指标代替成果指标
		项目的年度绩效指标中必须至少有一项是效率指标
	就其年度评价而言，项目是否有基线和挑战性目标（12.5%）	大部分年度绩效指标都建立了基线标准
		大多数项目年度指标均已建立了具体、量化的年度目标
		目标至少必须包括 PART 结束后的两年
		所有的目标都是挑战性的，它们必须设定在确保持续改进并实现效率的水平
	是否所有的项目参与人（包括受益者、次受益者、合同承包商、成本分担者以及其他政府参与者）都承诺并致力于项目的年度或/和长期目标（12.5%）	项目参与人支持所有的项目目标
		项目参与人衡量并报告他们与实现项目目标有关的绩效
	为了支持项目改进，同时使评价对于问题、利益或需求而言有效并相关，范围和质量符合要求的独立评价是否在常规基础上进行，或根据需要进行（12.5%）	项目的评价是高质量的
		项目的评价范围足够广泛
		项目的评价是独立、客观的
		为支持项目改进，项目评价持续开展
	预算申请是否与年度和长期绩效目标的实现有明确的联系，并且资源需求在项目预算中是否以一种完整、透明的方式体现（12.5%）	根据年度目标和长期目标所需要的财务资源水平有效地进行预算
		项目必须整合预算和绩效，明确地诠释资金、政策、立法决策对预期绩效的影响，提供依据说明申请的绩效/资源组合将确保项目实现其绩效目标
		项目必须报告实现绩效目标所需的所有直接、间接成本
	项目能否采取有效措施以纠正其战略计划上的缺陷（12.5%）	项目致力于校正战略计划上的缺陷，特别是项目是否致力于采取一定数量具体、有挑战性的长期目标，以及一定数量能证实长期目标进展的年度目标，它们是否已经有这些指标或相应的基准、目标和时间框架

续表

模　块	问　　题	说　　明
项目管理（20%）	部门是否定期收集及时和可信的绩效信息，包括来自关键项目参与者的信息，并利用它们管理项目，改进绩效（15%）	部门定期收集与项目目标相关的高质量绩效信息，包括来自项目关键参与者的信息
		部门利用收集的绩效信息调整项目优先权、重新配置资源或采取其他适当的管理措施
		项目在评估项目关键活动的进展时，考虑项目参与者的绩效
		部门收集设定有意义的、有挑战性的绩效目标所必需的基准绩效信息
	项目管理者和项目参与者（包括受益人、次受益人、合同承包商、成本分担者和其他政府合作伙伴）是否对成本、进度和绩效成果负责（15%）	项目有对关键成果负责的管理者
		项目为那些管理者建立定义清晰或可量化的绩效标准和责任
		当项目的参与者有助于项目目标实现时，项目为他们设立了具体的绩效标准和责任
	（政府和参与者的）项目资金是否及时拨付、用于既定目的、并且被准确报告（14%）	项目资金与项目整体规划一致，且年底时有小部分未指定用途的资金结余
		项目和项目参与者建立了与项目计划的资源需求相一致的责任进度表
		有报告实际费用，并与预期支出进行比较的适当程序，且采取及时合理的措施对不符合预期的情况进行调整
		及时而准确地公布项目执行额
	项目是否有在项目执行过程中评价并实现效率和成本节约的方法（例如：竞争性资源使用、成本比较、提升信息化水平、合理的激励机制）（14%）	项目有正规的程序保证项目的效率和成本节约
		项目至少有一项包含基线和目标的效率指标
	项目与相关项目之间是否能够有效地合作与协调（14%）	项目在一定程度上能与相关的政府项目相协调
		项目在一定程度上能与相关的私人项目相协调
	项目是否使用了有效的财务管理方法（14%）	项目经审计不存在实质性的内部控制缺陷
		有适当的程序确保按预期目的合理支出，将错误支付降到最低
		财务管理系统符合法律要求
		财务信息准确及时
		一体化的财务绩效系统支持日常操作

续表

模　块	问　　题	说　　明
项目管理（20%）	项目采取了有效措施以改进其管理上的不足（14%）	项目有识别各方面管理中存在不足的制度
		项目有纠正各方面管理中存在不足的制度
		项目改进措施能在规定的时间框架内得以实施
		财务报告得到了一个无保留的审计意见，并且没有实质性的内控缺陷
项目结果和责任（50%）	项目是否在实现其长期绩效目标时体现出足够的进展（20%）	项目实现了所有的长期绩效目标，包括有挑战性的目标和时间进度实现所有的长期绩效目标有所进展
		如果符合，项目参与者认同并实现长期成果目标
		如果相关，项目应致力于实现任何预定的最终目标
	项目是否（包括项目合作者）实现了年度绩效目标（20%）	项目实现了所确定的所有年度目标
		如果符合，项目参与者认同并实现年度成果目标
	项目在实现年度项目绩效目标时是否体现了效率改进或成本节约（20%）	项目实施中，能够比往年度提高效率或节约成本
		项目实现了设定的效率目标
	该项目的绩效是否比具有类似目的和目标的其他项目（包括政府、私人等）更高（20%）	与具有类似目的和目标的其他政府项目相比，项目有更高的绩效
		与具有类似目的和目标的其他私人项目相比，项目有更高的绩效
	范围和质量符合要求的独立评价是否显示该项目有效并实现了目标（20%）	范围和质量符合要求的独立评价显示该项目有效
		项目评价范围广泛，评价质量高且独立客观

资料来源：作者根据《2008 年绩效评级工具指南》自制。

二、竞争性补贴项目问题框架

见表 4－5。

表 4－5

模　块	问　　题	说　　明
项目目的和设计（20%）	项目目的明确（20%）	项目使命清晰、明确
		项目目标可以简洁地说明
	项目有关某一特定且现存的问题、利益或需要（20%）	项目有关某一相关且明确定义的利益、问题或现实需要
		在当前状况下，项目目标仍然相关

续表

模　块	问　　题	说　　明
项目目的和设计（20%）	对于任何其他政府或私人的努力而言，该项目是否设计得并不重复或多余（20%）	项目与其他政府项目不重复
		项目与私营部门和非营利部门的项目不重复
	项目的设计避免了影响项目效果或效率的重大缺陷（20%）	项目没有影响其实现既定目标和绩效目标的重大设计缺陷
		没有依据表明其他方式、方法能够更快而且更有效地实现既定目标
	项目的设计有效定位，因而资源将直接用于项目目标和目标受益人（20%）	项目的设计能够确保资源直接有效地用于实现项目目标
		项目的设计能够使资源的运用或者产出充分用于目标受益人
		项目能够证明目标受益人定位正确
		与项目无关的活动不被资助或者仅限于授权水平的资助
战略计划（10%）	项目是否有数量有限的长期绩效指标，这些指标结果导向并有效地反映了项目目标（12.5%）	项目必须有2到3个直接有效地支持项目目标实现的、特定的、容易理解的成果指标
		这些指标对于项目的特征而言是长期的，比如5—10年，与部门在GPRA战略规划中运用的战略目标在时间上保持一致
	项目是否有挑战性的目标和长期评价所需的时间框架（12.5%）	项目必须有特定数量的、可以被评估的量化目标
		项目应该有评估项目成果和绩效变化的明确的基线标准
		项目目标是长期的，例如5—10年
		项目必须有产出评价所需的基准
		所有的目标和时间框架必须是挑战性的，也就是说，在可达到的效率内，它们必须被设定在一个能够推动持续改进的水平
		项目必须在有关方面设定适当的最终目标
	项目是否有一些能说明项目长期目标进展的年度绩效指标（12.5%）	为项目设立了一些独立的、量化的、可衡量的年度绩效指标
		项目的年度绩效指标能够评价中长期目标的实现进度
		只有项目成果指标难以确定时，才能以产出指标代替成果指标
		项目的年度绩效指标中必须至少有一项是效率指标
	就其年度评价而言，项目是否有基线和挑战性目标（12.5%）	大部分年度绩效指标都建立了基线标准
		大多数项目年度指标均已建立了具体、量化的年度目标
		目标至少必须包括PART结束后的两年
		所有的目标都是挑战性的，它们必须设定在确保持续改进并实现效率的水平

续表

模　块	问　　题	说　　明
战略计划（10%）	是否所有的项目参与人（包括受益者、次受益者、合同承包商、成本分担者以及其他政府参与者）都承诺并致力于项目的年度或/和长期目标（12.5%）	项目参与人支持所有的项目目标
		项目参与人衡量并报告他们与实现项目目标有关的绩效
	为了支持项目改进，同时使评价对于问题、利益或需求而言有效并相关，范围和质量符合要求的独立评价是否在常规基础上进行，或根据需要进行（12.5%）	项目的评价是高质量的
		项目的评价范围足够广泛
		项目的评价独立、客观
		为支持项目改进，项目评价持续开展
	预算申请是否与年度和长期绩效目标的实现有明确的联系，并且资源需求在项目预算中是否以一种完整、透明的方式体现（12.5%）	根据年度目标和长期目标所需要的财务资源水平有效地进行预算
		项目必须整合预算和绩效，明确地诠释资金、政策、立法决策对预期绩效的影响，提供依据说明申请的绩效/资源组合将确保项目实现其绩效目标
		项目必须报告实现绩效目标所需的所有直接、间接成本
	项目能否采取有效措施以纠正其战略计划上的缺陷（12.5%）	项目致力于校正战略计划上的缺陷，特别是项目是否致力于采取一定数量具体、有挑战性的长期目标，以及一定数量能证实长期目标进展的年度目标，它们是否已经有这些指标或相应的基准、目标和时间框架
项目管理（20%）	部门是否定期收集及时和可信的绩效信息，包括来自关键项目参与者的信息，并利用它们管理项目，改进绩效（15%）	部门定期收集与项目目标相关的高质量绩效信息，包括来自项目关键参与者的信息
		部门利用收集的绩效信息调整项目优先权、重新配置资源或采取其他适当的管理措施
		项目在评估项目关键活动的进展时，考虑项目参与者的绩效
		部门收集设定有意义的、有挑战性的绩效目标所必需的基准绩效信息
	项目管理者和项目参与者（包括受益人、次受益人、合同承包商、成本分担者和其他政府合作伙伴）是否对成本、进度和绩效成果负责（15%）	项目有对关键成果负责的管理者
		项目为那些管理者建立定义清晰或可量化的绩效标准和责任
		当项目的参与者有助于项目目标实现时，项目为他们设立了具体的绩效标准和责任

续表

模 块	问 题	说 明
项目管理（20%）	（政府和参与者的）项目资金是否及时拨付、用于既定目的、并且被准确报告（14%）	项目资金与项目整体规划一致，且年底时有小部分未指定用途的资金结余
		项目和项目参与者建立了与项目计划的资源需求相一致的责任进度表
		有报告实际费用，并与预期支出进行比较的适当程序，且采取及时合理的措施对不符合预期的情况进行调整
		及时而准确地公布项目执行额
	项目是否有在项目执行过程中评价并实现效率和成本节约的方法（例如：竞争性资源使用、成本比较、提升信息化水平、合理的激励机制）（14%）	项目有正规的程序保证项目的效率和成本节约
		项目至少有一项包含基线和目标的效率指标
	项目与相关项目之间是否能够有效地合作与协调（14%）	项目在一定程度上能与相关的政府项目相协调
		项目在一定程度上能与相关的私人项目相协调
	项目是否使用了有效的财务管理方法（14%）	项目经审计不存在实质性的内部控制缺陷
		有适当的程序确保按预期目的合理支出，将错误支付降到最低
		财务管理系统符合法律要求
		财务信息准确及时
		一体化的财务绩效系统支持日常操作
	项目采取了有效措施以改进其管理上的不足（14%）	项目有识别各方面管理中存在不足的制度
		项目有纠正各方面管理中存在不足的制度
		项目改进措施能在规定的时间框架内得以实施
		财务报告得到了一个无保留的审计意见，并且没有实质性的内控缺陷
	补贴的授予是否基于一个包括必要资质评估的明确的竞争过程（10%）	项目的运作是一个公开、公平的竞争过程
		绝大部分补贴均通过竞争性机制分配
		项目提供了一个合理的超额量，鼓励新受益人参与
		补贴的分配会通过竞争机制更新，更新和更新过程的标准清晰明确
	项目是否有提供受益人行为必要信息的监控机制	有一个受益人使用指定用途资金的报告机制
		对受益人进行常规性实地调查
		审计受益人的绩效
		跟踪受益人的实际支出情况

续表

模块	问题	说明
项目管理（20%）	项目是否以年度为基础收集受益人的绩效信息，并以透明且易于理解的方式向公众公开	项目是否收集、整理受益人的绩效信息，并通过容易得到的方式公开，如网络或可广泛获取的项目报告
项目结果和责任（50%）	项目是否在实现其长期绩效目标时体现出足够的进展（20%）	项目实现了所有的长期绩效目标，包括有挑战性的目标和时间进度实现所有的长期绩效目标有所进展
		如果符合，项目参与者认同并实现长期成果目标
		如果相关，项目应致力于实现任何预定的最终目标
	项目（包括项目合作者）是否实现了年度绩效目标（20%）	项目实现了所确定的所有年度目标
		如果符合，项目参与者认同并实现年度成果目标
	项目在实现年度项目绩效目标时是否体现了效率改进或成本节约（20%）	项目实施中，能够比往年度提高效率或节约成本
		项目实现了设定的效率目标
	该项目的绩效是否比具有类似目的和目标的其他项目（包括政府、私人等）更高（20%）	与具有类似目的和目标的其他政府项目相比，项目有更高的绩效
		与具有类似目的和目标的其他私人项目相比，项目有更高的绩效
	范围和质量符合要求的独立评价是否显示该项目有效并实现了目标（20%）	范围和质量符合要求的独立评价显示该项目有效
		项目评价范围广泛，评价质量高且独立客观

资料来源：作者根据《2008年绩效评级工具指南》自制。

三、固定/按公式补贴项目问题框架

见表4－6。

表4－6

模块	问题	说明
项目目的和设计（20%）	项目目的明确（20%）	项目使命清晰、明确
		项目目标可以简洁地说明
	项目有关某一特定且现存的问题、利益或需要（20%）	项目有关某一相关且明确定义的利益、问题或现实需要
		在当前状况下，项目目标仍然相关
	对于任何其他政府或私人的努力而言，该项目是否设计得并不重复或多余（20%）	项目与其他政府项目不重复
		项目与私营部门和非营利部门的项目不重复

续表

模　块	问　　题	说　　明
项目目的和设计（20%）	项目的设计避免了影响项目效果或效率的重大缺陷（20%）	项目没有影响其实现既定目标和绩效目标的重大设计缺陷
		没有依据表明其他方式、方法能够更快而且更有效地实现既定目标
	项目的设计有效定位，因而资源将直接用于项目目标和目标受益人（20%）	项目的设计能够确保资源直接有效地用于实现项目目标
		项目的设计能够使资源的运用或者产出充分用于目标受益人
		项目能够证明目标受益人定位正确
		与项目无关的活动不被资助或者仅限于授权水平的资助
战略计划（10%）	项目是否有数量有限的长期绩效指标，这些指标结果导向并有效地反映了项目目标（12.5%）	项目必须有 2 到 3 个直接有效地支持项目目标实现的、特定的、容易理解的成果指标
		这些指标对于项目的特征而言是长期的，比如 5—10 年，与部门在 GPRA 战略规划中运用的战略目标在时间上保持一致
	项目是否有挑战性的目标和长期评价所需的时间框架（12.5%）	项目必须有特定数量的、可以被评估的量化目标
		项目应该有评估项目成果和绩效变化的明确的基线标准
		项目目标是长期的，例如 5—10 年
		项目必须有产出评价所需的基准
		所有的目标和时间框架必须是挑战性的，也就是说，在可达到的效率内，它们必须被设定在一个能够推动持续改进的水平
		项目必须在有关方面设定适当的最终目标
	项目是否有一些能说明项目长期目标进展的年度绩效指标（12.5%）	为项目设立了一些独立的、量化的、可衡量的年度绩效指标
		项目的年度绩效指标能够评价中长期目标的实现进度
		只有项目成果指标难以确定时，才能以产出指标代替成果指标
		项目的年度绩效指标中必须至少有一项是效率指标
	就其年度评价而言，项目是否有基线和挑战性目标（12.5%）	大部分年度绩效指标都建立了基线标准
		大多数项目年度指标均已建立了具体、量化的年度目标
		目标至少必须包括 PART 结束后的两年
		所有的目标都是挑战性的，它们必须设定在确保持续改进并实现效率的水平

续表

模块	问题	说明
战略计划（10%）	是否所有的项目参与人（包括受益者、次受益者、合同承包商、成本分担者以及其他政府参与者）都承诺并致力于项目的年度或/和长期目标（12.5%）	项目参与人支持所有的项目目标
		项目参与人衡量并报告他们与实现项目目标有关的绩效
	为了支持项目改进，同时使评价对于问题、利益或需求而言有效并相关，范围和质量符合要求的独立评价是否在常规基础上进行，或根据需要进行（12.5%）	项目的评价是高质量的
		项目的评价范围足够广泛
		项目的评价是独立、客观的
		为支持项目改进，项目评价持续开展
	预算申请是否与年度和长期绩效目标的实现有明确的联系，并且资源需求在项目预算中是否以一种完整、透明的方式体现（12.5%）	根据年度目标和长期目标所需要的财务资源水平有效地进行预算
		项目必须整合预算和绩效，明确地诠释资金、政策、立法决策对预期绩效的影响，提供依据说明申请的绩效/资源组合将确保项目实现其绩效目标
		项目必须报告实现绩效目标所需的所有直接、间接成本
	项目能否采取有效措施以纠正其战略计划上的缺陷（12.5%）	项目致力于校正战略计划上的缺陷，特别是项目是否致力于采取一定数量具体、有挑战性的长期目标，以及一定数量能证实长期目标进展的年度目标，它们是否已经有这些指标或相应的基准、目标和时间框架
项目管理（20%）	部门是否定期收集及时和可信的绩效信息，包括来自关键项目参与者的信息，并利用它们管理项目，改进绩效（15%）	部门定期收集与项目目标相关的高质量绩效信息，包括来自项目关键参与者的信息
		部门利用收集的绩效信息调整项目优先权、重新配置资源或采取其他适当的管理措施
		项目在评估项目关键活动的进展时，考虑项目参与者的绩效
		部门收集设定有意义的、有挑战性的绩效目标所必需的基准绩效信息
	项目管理者和项目参与者（包括受益人、次受益人、合同承包商、成本分担者和其他政府合作伙伴）是否对成本、进度和绩效成果负责（15%）	项目有对关键成果负责的管理者
		项目为那些管理者建立定义清晰或可量化的绩效标准和责任
		当项目的参与者有助于项目目标实现时，项目为他们设立了具体的绩效标准和责任

续表

模 块	问 题	说 明
项目管理（20%）	（政府和参与者的）项目资金是否及时拨付、用于既定目的、并且被准确报告（14%）	项目资金与项目整体规划一致，且年底时有小部分未指定用途的资金结余
		项目和项目参与者建立了与项目计划的资源需求相一致的责任进度表
		有报告实际费用，并与预期支出进行比较的适当程序，且采取及时合理的措施对不符合预期的情况进行调整
		及时而准确地公布项目执行额
	项目是否有在项目执行过程中评价并实现效率和成本节约的方法（例如：竞争性资源使用、成本比较、提升信息化水平、合理的激励机制）（14%）	项目有正规的程序保证项目的效率和成本节约
		项目至少有一项包含基线和目标的效率指标
	项目与相关项目之间是否能够有效地合作与协调（14%）	项目在一定程度上能与相关的政府项目相协调
		项目在一定程度上能与相关的私人项目相协调
	项目是否使用了有效的财务管理方法（14%）	项目经审计不存在实质性的内部控制缺陷
		有适当的程序确保按预期目的合理支出，将错误支付降到最低
		财务管理系统符合法律要求
		财务信息准确及时
		一体化的财务绩效系统支持日常操作
	项目采取了有效措施以改进其管理上的不足（14%）	项目有识别各方面管理中存在不足的制度
		项目有纠正各方面管理中存在不足的制度
		项目改进措施能在规定的时间框架内得以实施
		财务报告得到了一个无保留的审计意见，并且没有实质性的内控缺陷
	项目是否有提供服务对象必要信息的监控措施	有一个服务对象或受益人使用指定用途资金的报告机制
		对服务对象或受益人进行常规性实地调查
		审计服务对象或受益人的绩效
		跟踪服务对象或受益人的实际支出情况
	项目是否以年度为基础收集服务对象或受益人的绩效信息，并以透明且易于理解的方式向公众公开	项目是否收集、整理服务对象或受益人绩效信息，并通过容易得到的方式公开，如网络或可广泛获取的项目报告

续表

模 块	问 题	说 明
项目结果和责任（50%）	项目是否在实现其长期绩效目标时体现出足够的进展（20%）	项目实现了所有的长期绩效目标，包括有挑战性的目标和时间进度实现所有的长期绩效目标有所进展（25%）
		如果符合，项目参与者认同并实现长期成果目标
		如果相关，项目应致力于实现任何预定的最终目标
	项目是否（包括项目合作者）实现了年度绩效目标（20%）	项目实现了所确定的所有年度目标
		如果符合，项目参与者认同并实现年度成果目标
	项目在实现年度项目绩效目标时是否体现了效率改进或成本节约（20%）	项目实施中，能够比往年度提高效率或节约成本
		项目实现了设定的效率目标
	该项目的绩效是否比具有类似目的和目标的其他项目（包括政府、私人等）更高（20%）	与具有类似目的和目标的其他政府项目相比，项目有更高的绩效
		与具有类似目的和目标的其他私人项目相比，项目有更高的绩效
	范围和质量符合要求的独立评价是否显示该项目有效并实现了目标（20%）	范围和质量符合要求的独立评价显示该项目有效
		项目评价范围广泛，评价质量高且独立客观

资料来源：作者根据《2008 年绩效评级工具指南》自制。

四、管制项目问题框架

见表 4－7。

表 4－7

模 块	问 题	说 明
项目目的和设计（20%）	项目目的明确（20%）	项目使命清晰、明确
		项目目标可以简洁地说明
	项目有关某一特定且现存的问题、利益或需要（20%）	项目有关某一相关且明确定义的利益、问题或现实需要
		在当前状况下，项目目标仍然相关
	对于任何其他政府或私人的努力而言，该项目是否设计得并不重复或多余（20%）	项目与其他政府项目不重复
		项目与私营部门和非营利部门的项目不重复
	项目的设计避免了影响项目效果或效率的重大缺陷（20%）	项目没有影响其实现既定目标和绩效目标的重大设计缺陷
		没有依据表明其他方式、方法能够更快而且更有效地实现既定目标

续表

模　块	问　题	说　明
项目目的和设计（20%）	项目的设计有效定位，因而资源将直接用于项目目标和目标受益人（20%）	项目的设计能够确保资源直接有效地用于实现项目目标
		项目的设计能够使资源的运用或者产出充分用于目标受益人
		项目能够证明目标受益人定位正确
		与项目无关的活动不被资助或者仅限于授权水平的资助
战略计划（10%）	项目是否有数量有限的长期绩效指标，这些指标结果导向并有效地反映了项目目标（12.5%）	项目必须有2到3个直接有效地支持项目目标实现的、特定的、容易理解的成果指标
		这些指标对于项目的特征而言是长期的，比如5—10年，与部门在GPRA战略规划中运用的战略目标在时间上保持一致
	项目是否有挑战性的目标和长期评价所需的时间框架（12.5%）	项目必须有特定数量的、可以被评估的量化目标
		项目应该有评估项目成果和绩效变化的明确的基线标准
		项目目标是长期的，例如5—10年
		项目必须有产出评价所需的基准
		所有的目标和时间框架必须是挑战性的，也就是说，在可达到的效率内，它们必须被设定在一个能够推动持续改进的水平
		项目必须在有关方面设定适当的最终目标
	项目是否有一些能说明项目长期目标进展的年度绩效指标（12.5%）	为项目设立了一些独立的、量化的、可衡量的年度绩效指标
		项目的年度绩效指标能够评价中长期目标的实现进度
		只有项目成果指标难以确定时，才能以产出指标代替成果指标
		项目的年度绩效指标中必须至少有一项是效率指标
	就其年度评价而言，项目是否有基线和挑战性目标（12.5%）	大部分年度绩效指标都建立了基线标准
		大多数项目年度指标均已建立了具体、量化的年度目标
		目标至少必须包括PART结束后的两年
		所有的目标都是挑战性的，它们必须设定在确保持续改进并实现效率的水平
	是否所有的项目参与人（包括受益者、次受益者、合同承包商、成本分担者以及其他政府参与者）都承诺并致力于项目的年度或/和长期目标（12.5%）	项目参与人支持所有的项目目标
		项目参与人衡量并报告他们与实现项目目标有关的绩效

续表

模　块	问　　题	说　　明
战略计划（10%）	为了支持项目改进，同时使评价对于问题、利益或需求而言有效并相关，范围和质量符合要求的独立评价是否在常规基础上进行，或根据需要进行（12.5%）	项目的评价是高质量的
		项目的评价范围足够广泛
		项目的评价是独立、客观的
		为支持项目改进，项目评价持续开展
	预算申请是否与年度和长期绩效目标的实现有明确的联系，并且资源需求在项目预算中是否以一种完整、透明的方式体现（12.5%）	根据年度目标和长期目标所需要的财务资源水平有效地进行预算
		项目必须整合预算和绩效，明确地诠释资金、政策、立法决策对预期绩效的影响，提供依据说明申请的绩效/资源组合将确保项目实现其绩效目标
		项目必须报告实现绩效目标所需的所有直接、间接成本
	项目/部门发布的所有规定对于项目目标的实现而言是否都是必要的，所有的规则是否都明确地说明了其对实现目标的贡献	仅制定并公布那些对于项目目标实现而言绝对必要的规定
		规定的结构使公众能够理解其对于实现项目目标的作用
	项目能否采取有效措施以纠正其战略计划上的缺陷（12.5%）	项目致力于校正战略计划上的缺陷，特别是项目是否致力于采取一定数量具体、有挑战性的长期目标，以及一定数量能证实长期目标进展的年度目标，它们是否已经有这些指标或相应的基准、目标和时间框架
项目管理（20%）	部门是否定期收集及时和可信的绩效信息，包括来自关键项目参与者的信息，并利用它们管理项目，改进绩效（15%）	部门定期收集与项目目标相关的高质量绩效信息，包括来自项目关键参与者的信息
		部门利用收集的绩效信息调整项目优先权、重新配置资源或采取其他适当的管理措施
		项目在评估项目关键活动的进展时，考虑项目参与者的绩效
		部门收集设定有意义的、有挑战性的绩效目标所必需的基准绩效信息
	项目管理者和项目参与者（包括受益人、次受益人、合同承包商、成本分担者和其他政府合作伙伴）是否对成本、进度和绩效成果负责（15%）	项目有对关键成果负责的管理者
		项目为那些管理者建立定义清晰或可量化的绩效标准和责任
		当项目的参与者有助于项目目标实现时，项目为他们设立了具体的绩效标准和责任

续表

模块	问题	说明
项目管理（20%）	（政府和参与者的）项目资金是否及时拨付、用于既定目的、并且被准确报告（14%）	项目资金与项目整体规划一致，且年底时有小部分未指定用途的资金结余
		项目和项目参与者建立了与项目计划的资源需求相一致的责任进度表
		有报告实际费用，并与预期支出进行比较的适当程序，且采取及时合理的措施对不符合预期的情况进行调整
		及时而准确地公布项目执行额
	项目是否有在项目执行过程中评价并实现效率和成本节约的方法（例如：竞争性资源使用、成本比较、提升信息化水平、合理的激励机制）（14%）	项目有正规的程序保证项目的效率和成本节约
		项目至少有一项包含基线和目标的效率指标
	项目与相关项目之间是否能够有效地合作与协调（14%）	项目在一定程度上能与相关的政府项目相协调
		项目在一定程度上能与相关的私人项目相协调
	项目是否使用了有效的财务管理方法（14%）	项目经审计不存在实质性的内部控制缺陷
		有适当的程序确保按预期目的合理支出，将错误支付降到最低
		财务管理系统符合法律要求
		财务信息准确及时
		一体化的财务绩效系统支持日常操作
	项目采取了有效措施以改进其管理上的不足（14%）	项目有识别各方面管理中存在不足的制度
		项目有纠正各方面管理中存在不足的制度
		项目改进措施能在规定的时间框架内得以实施
		财务报告得到了一个无保留的审计意见，并且没有实质性的内控缺陷
	项目在制定重大政策规定时是否听取了所有相关方的意见（消费者、企业、政府、受益人、一般公众）	项目在重大政策制定上征求了相关方的意见，并充分评估了他们的意见和建议
		项目力求吸纳相关方的意见和建议，或者对不采纳这些意见和建议给予解释
	项目是否进行了政策影响分析、政策适应性分析、以及成本收益分析，这些分析是否与OMB的指南一致	一个需要采取措施的说明（包括任何市场失灵）
		一个对备选规定和非规定方法的测试
		在可能的范围内，一个对新规定和数量上与资金上的替代方案新增成本和收益的分析
	在可行的情况下，政策设计是否通过最大化其净收益来实现项目目标	项目尽可能最大化整体的净收益
		项目应当能够证明为何选中的方案与其他备选方案相比，是净收益最高的

续表

模　块	问　　题	说　　明
项目结果和责任（50%）	项目是否在实现其长期绩效目标时体现出足够的进展（20%）	项目实现了所有的长期绩效目标，包括有挑战性的目标和时间进度实现所有的长期绩效目标有所进展
		如果符合，项目参与者认同并实现长期成果目标
		如果相关，项目应致力于实现任何预定的最终目标
	项目（包括项目合作者）是否实现了年度绩效目标（20%）	项目实现了所确定的所有年度目标
		如果符合，项目参与者认同并实现年度成果目标
	项目在实现年度项目绩效目标时是否体现了效率改进或成本节约（20%）	项目实施中，能够比往年度提高效率或节约成本
		项目实现了设定的效率目标
	该项目的绩效是否比具有类似目的和目标的其他项目（包括政府、私人等）更高（20%）	与具有类似目的和目标的其他政府项目相比，项目有更高的绩效
		与具有类似目的和目标的其他私人项目相比，项目有更高的绩效
	范围和质量符合要求的独立评价是否显示该项目有效并实现了目标（20%）	范围和质量符合要求的独立评价显示该项目有效
		项目评价范围广泛，评价质量高且独立客观
	项目目标（和收益）的实现以最小的社会成本为代价，以及该项目能够最大化净收益（16%）	项目周期性的（比如每隔五年）对所有重要规则或者是部分重要规则（比如重要的经济性管制规则）的实际效果进行分析
		项目分析结果显示项目完全实现了或者超过了项目最初预计的净收益

资料来源：作者根据《2008年绩效评级工具指南》自制。

五、资产购置与维护项目问题框架

见表4－8。

表4－8

模　块	问　　题	说　　明
项目目的和设计（20%）	项目目的明确（20%）	项目使命清晰、明确
		项目目标可以简洁地说明
	项目有关某一特定且现存的问题、利益或需要（20%）	项目有关某一相关且明确定义的利益、问题或现实需要
		在当前状况下，项目目标仍然相关
	对于任何其他政府或私人的努力而言，该项目是否设计得并不重复或多余（20%）	项目与其他政府项目不重复
		项目与私营部门和非营利部门的项目不重复

续表

模　块	问　　题	说　　明
项目目的和设计（20%）	项目的设计避免了影响项目效果或效率的重大缺陷（20%）	项目没有影响其实现既定目标和绩效目标的重大设计缺陷
		没有依据表明其他方式、方法能够更快而且更有效地实现既定目标
	项目的设计有效定位，因而资源将直接用于项目目标和目标受益人（20%）	项目的设计能够确保资源直接有效地用于实现项目目标
		项目的设计能够使资源的运用或者产出充分用于目标受益人
		项目能够证明目标受益人定位正确
		与项目无关的活动不被资助或者仅限于授权水平的资助
战略计划（10%）	项目是否有数量有限的长期绩效指标，这些指标结果导向并有效地反映了项目目标（12.5%）	项目必须有2到3个直接有效地支持项目目标实现的、特定的、容易理解的成果指标
		这些指标对于项目的特征而言是长期的，比如5—10年，与部门在GPRA战略规划中运用的战略目标在时间上保持一致
	项目是否有挑战性的目标和长期评价所需的时间框架（12.5%）	项目必须有特定数量的、可以被评估的量化目标
		项目应该有评估项目成果和绩效变化的明确的基线标准
		项目目标是长期的，例如5—10年
		项目必须有产出评价所需的基准
		所有的目标和时间框架必须是挑战性的，也就是说，在可达到的效率内，它们必须被设定在一个能够推动持续改进的水平
		项目必须在有关方面设定适当的最终目标
	项目是否有一些能说明项目长期目标进展的年度绩效指标（12.5%）	为项目设立了一些独立的、量化的、可衡量的年度绩效指标
		项目的年度绩效指标能够评价中长期目标的实现进度
		只有项目成果指标难以确定时，才能以产出指标代替成果指标
		项目的年度绩效指标中必须至少有一项是效率指标
	就其年度评价而言，项目是否有基线和挑战性目标（12.5%）	大部分年度绩效指标都建立了基线标准
		大多数项目年度指标均已建立了具体、量化的年度目标
		目标至少必须包括PART结束后的两年
		所有的目标都是挑战性的，它们必须设定在确保持续改进并实现效率的水平

续表

模 块	问 题	说 明
战略计划（10%）	是否所有的项目参与人（包括受益者、次受益者、合同承包商、成本分担者以及其他政府参与者）都承诺并致力于项目的年度或/和长期目标（12.5%）	项目参与人支持所有的项目目标
		项目参与人衡量并报告他们与实现项目目标有关的绩效
	为了支持项目改进，同时使评价对于问题、利益或需求而言有效并相关，范围和质量符合要求的独立评价是否在常规基础上进行，或根据需要进行（12.5%）	项目的评价是高质量的
		项目的评价范围足够广泛
		项目的评价是独立、客观的
		为支持项目改进，项目评价持续开展
	预算申请是否与年度和长期绩效目标的实现有明确的联系，并且资源需求在项目预算中是否以一种完整、透明的方式体现（12.5%）	根据年度目标和长期目标所需要的财务资源水平有效地进行预算
		项目必须整合预算和绩效，明确地诠释资金、政策、立法决策对预期绩效的影响，提供依据说明申请的绩效/资源组合将确保项目实现其绩效目标
		项目必须报告实现绩效目标所需的所有直接、间接成本
	项目能否采取有效措施以纠正其战略计划上的缺陷（12.5%）	项目致力于校正战略计划上的缺陷，特别是项目是否致力于采取一定数量具体、有挑战性的长期目标，以及一定数量能证实长期目标进展的年度目标，它们是否已经有这些指标或相应的基准、目标和时间框架
	部门/项目是否对备选方案进行了一次近期的、有意义的、可信的分析（包括成本、进度、风险、以及绩效目标的可替代性），并以之指导结果导向的计划	部门/项目对备选方案进行分析，并以之指导项目战略制定
		分析包括基线/现状评价，备选方案比较，以及成本，进度、绩效目标的可替代性
		项目能证明分析的可信性
		如果外部独立组织的分析结果与项目的分析结论不同，项目能够对差异做出合理解释
项目管理（20%）	部门是否定期收集及时和可信的绩效信息，包括来自关键项目参与者的信息，并利用它们管理项目，改进绩效（15%）	部门定期收集与项目目标相关的高质量绩效信息，包括来自项目关键参与者的信息
		部门利用收集的绩效信息调整项目优先权、重新配置资源或采取其他适当的管理措施
		项目在评估项目关键活动的进展时，考虑项目参与者的绩效
		部门收集设定有意义的、有挑战性的绩效目标所必需的基准绩效信息

续表

模 块	问 题	说 明
项目管理（20%）	项目管理者和项目参与者（包括受益人、次受益人、合同承包商、成本分担者和其他政府合作伙伴）是否对成本、进度和绩效成果负责（15%）	项目有对关键成果负责的管理者
		项目为那些管理者建立定义清晰或可量化的绩效标准和责任
		当项目的参与者有助于项目目标实现时，项目为他们设立了具体的绩效标准和责任
	（政府和参与者的）项目资金是否及时拨付、用于既定目的、并且被准确报告（14%）	项目资金与项目整体规划一致，且年底时有小部分未指定用途的资金结余
		项目和项目参与者建立了与项目计划的资源需求相一致的责任进度表
		有报告实际费用，并与预期支出进行比较的适当程序，且采取及时合理的措施对不符合预期的情况进行调整
		及时而准确地公布项目执行额
	项目是否有在项目执行过程中评价并实现效率和成本节约的方法（例如：竞争性资源使用、成本比较、提升信息化水平、合理的激励机制）（14%）	项目有正规的程序保证项目的效率和成本节约
		项目至少有一项包含基线和目标的效率指标
	项目与相关项目之间是否能够有效地合作与协调（14%）	项目在一定程度上能与相关的政府项目相协调
		项目在一定程度上能与相关的私人项目相协调
	项目是否使用了有效的财务管理方法（14%）	项目经审计不存在实质性的内部控制缺陷
		有适当的程序确保按预期目的合理支出，将错误支付降到最低
		财务管理系统符合法律要求
		财务信息准确及时
		一体化的财务绩效系统支持日常操作
	项目是否采取了有效措施以改进其管理上的不足（14%）	项目有识别各方面管理中存在不足的制度
		项目有纠正各方面管理中存在不足的制度
		项目改进措施能在规定的时间框架内得以实施
		财务报告得到了一个无保留的审计意见，并且没有实质性的内控缺陷
	项目是否通过定义明确的交付标准、客观合理的成本和时间进度、最低绩效要求以及对良好绩效的激励等措施进行管理	如果是资本资产，项目要使计划决策有效，说明预期的功能或特征以及以重大事件是否实现为基础来制定管理决策
		如果是服务提供，项目充分运用以绩效为基础以及固定价格类型的合同

续表

模 块	问 题	说 明
项目结果和责任（50%）	项目是否在实现其长期绩效目标时体现出足够的进展（20%）	项目实现了所有的长期绩效目标，包括有挑战性的目标和时间进度实现所有的长期绩效目标有所进展
		如果符合，项目参与者认同并实现长期成果目标
		如果相关，项目应致力于实现任何预定的最终目标
	项目（包括项目合作者）是否实现了年度绩效目标（20%）	项目实现了所确定的所有年度目标
		如果符合，项目参与者认同并实现年度成果目标
	项目在实现年度项目绩效目标时是否体现了效率改进或成本节约（20%）	项目实施中，能够比往年度提高效率或节约成本
		项目实现了设定的效率目标
	该项目的绩效是否比具有类似目的和目标的其他项目（包括政府、私人等）更高（20%）	与具有类似目的和目标的其他政府项目相比，项目有更高的绩效
		与具有类似目的和目标的其他私人项目相比，项目有更高的绩效
	范围和质量符合要求的独立评价是否显示该项目有效并实现了目标（20%）	范围和质量符合要求的独立评价显示该项目有效
		项目评价范围广泛，评价质量高且独立客观
		项目目标的实现是否在预算成本和预定的进度以内
		项目在预定的时间和进度内完成了目标

资料来源：作者根据《2008 年绩效评级工具指南》自制。

六、信贷项目问题框架

见表 4－9。

表 4－9

模 块	问 题	说 明
项目目的和设计（20%）	项目目的明确（20%）	项目使命清晰、明确
		项目目标可以简洁地说明
	项目有关某一特定且现存的问题、利益或需要（20%）	项目有关某一相关且明确定义的利益、问题或现实需要
		在当前状况下，项目目标仍然相关
	对于任何其他政府或私人的努力而言，该项目是否设计得并不重复或多余（20%）	有依据表明市场失灵存在，许多有贷款价值的人无法在私人市场上得到贷款
		项目与其他政府项目不重复
		项目与私营部门和非营利部门的项目不重复

续表

模块	问题	说明
项目目的和设计（20%）	项目的设计避免了影响项目效果或效率的重大缺陷（20%）	项目没有影响其实现既定目标和绩效目标的重大设计缺陷
		项目有完善的激励和监督机制，以促使借款者及时还款，并促使私营部门合作者充分发挥才智，降低政府风险，提高项目效能
		没有依据表明其他方式、方法能够更快而且更有效地实现既定目标
	项目的设计有效定位，因而资源将直接用于项目目标和目标受益人（20%）	项目的设计能够确保资源直接有效地用于实现项目目标
		项目的设计能够使资源的运用或者产出充分用于目标受益人
		项目能够证明目标受益人定位正确
		与项目无关的活动不被资助或者仅限于授权水平的资助
战略计划（10%）	项目是否有数量有限的长期绩效指标，这些指标结果导向并有效地反映了项目目标（12.5%）	项目必须有2到3个直接有效地支持项目目标实现的、特定的、容易理解的成果指标
		这些指标对于项目的特征而言是长期的，比如5—10年，与部门在GPRA战略规划中运用的战略目标在时间上保持一致
	项目是否有挑战性的目标和长期评价所需的时间框架（12.5%）	项目必须有特定数量的、可以被评估的量化目标
		项目应该有评估项目成果和绩效变化的明确的基线标准
		项目目标是长期的，例如5—10年
		项目必须有产出评价所需的基准
		所有的目标和时间框架必须是挑战性的，也就是说，在可达到的效率内，它们必须被设定在一个能够推动持续改进的水平
		项目必须在有关方面设定适当的最终目标
	项目是否有一些能说明项目长期目标进展的年度绩效指标（12.5%）	为项目设立了一些独立的、量化的、可衡量的年度绩效指标
		项目的年度绩效指标能够评价中长期目标的实现进度
		只有项目成果指标难以确定时，才能以产出指标代替成果指标
		项目的年度绩效指标中必须至少有一项是效率指标
	就其年度评价而言，项目是否有基线和挑战性目标（12.5%）	大部分年度绩效指标都建立了基线标准
		大多数项目年度指标均已建立了具体、量化的年度目标
		目标至少必须包括PART结束后的两年
		所有的目标都是挑战性的，它们必须设定在确保持续改进并实现效率的水平

续表

模块	问题	说明
战略计划（10%）	是否所有的项目参与人（包括受益者、次受益者、合同承包商、成本分担者以及其他政府参与者）都承诺并致力于项目的年度或/和长期目标（12.5%）	项目参与人支持所有的项目目标
		项目参与人衡量并报告他们与实现项目目标有关的绩效
	为了支持项目改进，同时使评价对于问题、利益或需求而言有效并相关，范围和质量符合要求的独立评价是否在常规基础上进行，或根据需要进行（12.5%）	项目的评价是高质量的
		项目的评价范围足够广泛
		项目的评价是独立、客观的
		为支持项目改进，项目评价持续开展
	预算申请是否与年度和长期绩效目标的实现有明确的联系，并且资源需求在项目预算中是否以一种完整、透明的方式体现（12.5%）	根据年度目标和长期目标所需要的财务资源水平有效地进行预算
		项目必须整合预算和绩效，明确地诠释资金、政策、立法决策对预期绩效的影响，提供依据说明申请的绩效/资源组合将确保项目实现其绩效目标
		项目必须报告实现绩效目标所需的所有直接、间接成本
	项目能否采取有效措施以纠正其战略计划上的缺陷（12.5%）	项目致力于校正战略计划上的缺陷，特别是项目是否致力于采取一定数量具体、有挑战性的长期目标，以及一定数量能证实长期目标进展的年度目标，它们是否已经有这些指标或相应的基准、目标和时间框架
项目管理（20%）	部门是否定期收集及时和可信的绩效信息，包括来自关键项目参与者的信息，并利用它们管理项目，改进绩效（15%）	部门定期收集与项目目标相关的高质量绩效信息，包括来自项目关键参与者的信息
		部门利用收集的绩效信息调整项目优先权、重新配置资源或采取其他适当的管理措施
		项目在评估项目关键活动的进展时，考虑项目参与者的绩效
		部门综合且即时的数据库应该包含债务水平（或至少是类别水平）信息、债务绩效的详细信息、借款者的和贷款者的特征信息。部门运用适当的信息技术、软件和模型来监控和分析这些绩效信息，以便有效地管理投资组合
		部门收集设定有意义的、有挑战性的绩效目标所必需的基准绩效信息

续表

模　块	问　　题	说　　明
项目管理（20%）	项目管理者和项目参与者（包括受益人、次受益人、合同承包商、成本分担者和其他政府合作伙伴）是否对成本、进度和绩效成果负责（15%）	项目有对关键成果负责的管理者
		项目为那些管理者建立定义清晰或可量化的绩效标准和责任
		当项目的参与者有助于项目目标实现时，项目为他们设立了具体的绩效标准和责任
	（政府和参与者的）项目资金是否及时拨付、用于既定目的、并且被准确报告（14%）	项目资金与项目整体规划一致，且年底时有小部分未指定用途的资金结余
		项目和项目参与者建立了与项目计划的资源需求相一致的责任进度表
		项目有针对管理者和私营部门合作者的最低绩效要求
		有报告实际费用，并与预期支出进行比较的适当程序，且采取及时合理的措施对不符合预期的情况进行调整
		及时而准确地公布项目执行额
	项目是否有在项目执行过程中评价并实现效率和成本节约的方法（例如：竞争性资源使用、成本比较、提升信息化水平、合理的激励机制）（14%）	项目有正规的程序保证项目的效率和成本节约
		项目至少有一项包含基线和目标的效率指标
	项目与相关项目之间是否能够有效地合作与协调（14%）	项目在一定程度上能与相关的政府项目相协调
		项目在一定程度上能与相关的私人项目相协调
	项目是否使用了有效的财务管理方法（14%）	项目经审计不存在实质性的内部控制缺陷
		有适当的程序确保按预期目的合理支出，将错误支付降到最低
		财务管理系统符合法律要求
		财务信息准确及时
		一体化的财务绩效系统支持日常操作
	项目是否持续进行管理，以确保信用质量保持良好，收入和支出及时，并完成上报需求（11%）	项目有效审查新借款人的风险，监控借款人，同时为放贷者提供担保，避免拖欠贷款情况的发生，并采取措施及时解决贷款拖欠问题
		项目关注贷款回收，对借款人还债情况进行分析，并尽可能减少拖欠，回收贷款
	项目的信用模式是否足以对政府的有关成本和风险进行可靠、一致、准确和透明的评估（11%）	部门采用严格的成本评价模型以控制政府风险，并为每类支出提供可靠的成本估计
		部门使用私人部门采用的最先进的评估方法对类似风险进行评估

续表

模　块	问　　题	说　　明
项目管理（20%）	项目采取了有效措施以改进其管理上的不足（14%）	项目有识别各方面管理中存在不足的制度
		项目有纠正各方面管理中存在不足的制度
		项目改进措施能在规定的时间框架内得以实施
		财务报告得到了一个无保留的审计意见，并且没有实质性的内控缺陷
项目结果和责任（50%）	项目是否在实现其长期绩效目标时体现出足够的进展（20%）	项目实现了所有的长期绩效目标，包括有挑战性的目标和时间进度实现所有的长期绩效目标有所进展
		如果符合，项目参与者认同并实现长期成果目标
		如果相关，项目应致力于实现任何预定的最终目标
	项目（包括项目合作者）是否实现了年度绩效目标（20%）	项目实现了所确定的所有年度目标
		如果符合，项目参与者认同并实现年度成果目标
	项目在实现年度项目绩效目标时是否体现了效率改进或成本节约（20%）	项目实施中，能够比往年度提高效率或节约成本
		项目实现了设定的效率目标
	该项目的绩效是否比具有类似目的和目标的其他项目（包括政府、私人等）更高（20%）	与具有类似目的和目标的其他政府项目相比，项目有更高的绩效
		与具有类似目的和目标的其他私人项目相比，项目有更高的绩效
	范围和质量符合要求的独立评价是否显示该项目有效并实现了目标（20%）	范围和质量符合要求的独立评价显示该项目有效
		项目评价范围广泛，评价质量高且独立客观

资料来源：作者根据《2008 年绩效评级工具指南》自制。

七、研发项目问题框架

见表 4－10。

表 4－10

模　块	问　　题	说　　明
项目目的和设计（20%）	项目目的明确（20%）	项目使命清晰、明确
		项目与满足某一特定的国家需要、部门使命、科学或技术领域的需要有关
	项目有关某一特定且现存的问题、利益或需要（20%）	项目有关某一相关且明确定义的利益、问题或现实需要
		在当前状况下，项目目标仍然相关

续表

模 块	问 题	说 明
项目目的和设计（20%）	对于任何其他政府或私人的努力而言，该项目是否设计得并不重复或多余（20%）	项目与其他政府项目不重复
		项目与私营部门和非营利部门的项目不重复
		项目与其他项目有一定的相似之处，但具有无法替代的独特价值
	项目的设计避免了影响项目效果或效率的重大缺陷（20%）	项目没有影响其实现既定目标和绩效目标的重大设计缺陷
		没有依据表明其他方式、方法能够更快而且更有效地实现既定目标
	项目的设计有效定位，因而资源将直接用于项目目标和目标受益人（20%）	项目的设计能够确保资源直接有效地用于实现项目目标
		项目的设计能够使资源的运用或者产出充分用于目标受益人
		项目能够证明目标受益人定位正确
		与项目无关的活动不被资助或者仅限于授权水平的资助
战略计划（10%）	项目是否有数量有限的长期绩效指标，这些指标结果导向并有效地反映了项目目标（12.5%）	项目必须有2到3个直接有效地支持项目目标实现的、特定的、容易理解的成果指标
		这些指标对于项目的特征而言是长期的，比如5—10年，与部门在GPRA战略规划中运用的战略目标在时间上保持一致
	项目是否有挑战性的目标和长期评价所需的时间框架（12.5%）	项目必须有特定数量的、可以被评估的量化目标
		项目应该有评估项目成果和绩效变化的明确的基线标准
		项目目标是长期的，例如5—10年
		项目必须有产出评价所需的基准
		所有的目标和时间框架必须是挑战性的，也就是说，在可达到的效率内，它们必须被设定在一个能够推动持续改进的水平
		项目必须在有关方面设定适当的最终目标
	项目是否有一些能说明项目长期目标进展的年度绩效指标（12.5%）	为项目设立了一些独立的、量化的、可衡量的年度绩效指标
		项目的年度绩效指标能够评价中长期目标的实现进度
		只有项目成果指标难以确定时，才能以产出指标代替成果指标
		项目的年度绩效指标中必须至少有一项是效率指标
	就其年度评价而言，项目是否有基线和挑战性目标（12.5%）	大部分年度绩效指标都建立了基线标准
		大多数项目年度指标均已建立了具体、量化的年度目标
		目标至少必须包括PART结束后的两年
		所有的目标都是挑战性的，它们必须设定在确保持续改进并实现效率的水平

续表

模　块	问　　题	说　　明
战略计划（10%）	是否所有的项目参与人（包括受益者、次受益者、合同承包商、成本分担者以及其他政府参与者）都承诺并致力于项目的年度或/和长期目标（12.5%）	项目参与人支持所有的项目目标
		项目参与人衡量并报告他们与实现项目目标有关的绩效
	为了支持项目改进，同时使评价对于问题、利益或需求而言有效并相关，范围和质量符合要求的独立评价是否在常规基础上进行，或根据需要进行（12.5%）	项目的评价是高质量的
		项目的评价范围足够广泛
		项目的评价是独立、客观的
		为支持项目改进，项目评价持续开展
	预算申请是否与年度和长期绩效目标的实现有明确的联系，并且资源需求在项目预算中是否以一种完整、透明的方式体现（12.5%）	根据年度目标和长期目标所需要的财务资源水平有效地进行预算
		项目必须整合预算和绩效，明确地诠释资金、政策、立法决策对预期绩效的影响，提供依据说明申请的绩效/资源组合将确保项目实现其绩效目标
		项目必须报告实现绩效目标所需的所有直接、间接成本
	项目能否采取有效措施以纠正其战略计划上的缺陷（12.5%）	项目致力于校正战略计划上的缺陷，特别是项目是否致力于采取一定数量具体、有挑战性的长期目标，以及一定数量能证实长期目标进展的年度目标，它们是否已经有这些指标或相应的基准、目标和时间框架
	如果可能，项目是否评价并比较各种努力在项目内的潜在收益，并与具有类似目标的项目的其他努力进行比较（10%）	项目定期与其他项目就其建议的潜在收益进行比较
		项目能够证实分析的可信性（可由项目之外的独立组织来审查评定）
		如果独立组织的分析与项目的分析不同，项目能够做出解释
	项目定期与其他项目就其建议的潜在收益进行比较（10%）	项目有一个确定优先权的规范程序
		项目有在预算决策上运用优先权的证明
		项目在项目目标、目的和活动上有一套被认同的当前优先权
项目管理（20%）	部门是否定期收集及时和可信的绩效信息，包括来自关键项目参与者的信息，并利用它们管理项目，改进绩效（15%）	部门定期收集与项目目标相关的高质量绩效信息，包括来自项目关键参与者的信息
		部门利用收集的绩效信息调整项目优先权、重新配置资源或采取其他适当的管理措施

续表

模　块	问　　题	说　　明
项目管理（20%）	部门是否定期收集及时和可信的绩效信息，包括来自关键项目参与者的信息，并利用它们管理项目，改进绩效（15%）	项目在评估项目关键活动的进展时，考虑项目参与者的绩效
		部门收集设定有意义的、有挑战性的绩效目标所必需的基准绩效信息
	项目管理者和项目参与者（包括受益人、次受益人、合同承包商、成本分担者和其他政府合作伙伴）是否对成本、进度和绩效成果负责（15%）	项目有对关键成果负责的管理者
		项目为那些管理者建立定义清晰或可量化的绩效标准和责任
		当项目的参与者有助于项目目标实现时，项目为他们设立了具体的绩效标准和责任
	项目运用管理程序确保项目质量	项目运用竞争性程序或类似机制配置资金
		项目使用非竞争机制配置资金时，完整记录并反映配置过程
		项目提倡在分配资源和确保质量上运用外部评价
		项目运用非竞争程序配置资金时，能够证明项目实施者的能力
	（政府和参与者的）项目资金是否及时拨付、用于既定目的、并且被准确报告（14%）	项目资金与项目整体规划一致，且年底时有小部分未指定用途的资金结余
		项目和项目参与者建立了与项目计划的资源需求相一致的责任进度表
		有报告实际费用，并与预期支出进行比较的适当程序，且采取及时合理的措施对不符合预期的情况进行调整
		及时而准确地公布项目执行额
	项目是否有在项目执行过程中评价并实现效率和成本节约的方法（例如：竞争性资源使用、成本比较、提升信息化水平、合理的激励机制）（14%）	项目有正规的程序保证项目的效率和成本节约
		项目至少有一项包含基线和目标的效率指标
	项目与相关项目之间是否能够有效地合作与协调（14%）	项目在一定程度上能与相关的政府项目相协调
		项目在一定程度上能与相关的私人项目相协调
	项目是否使用了有效的财务管理方法（14%）	项目经审计不存在实质性的内部控制缺陷
		有适当的程序确保按预期目的合理支出，将错误支付降到最低
		财务管理系统符合法律要求
		财务信息准确及时
		一体化的财务绩效系统支持日常操作

续表

模块	问题	说明
项目管理（20%）	项目采取了有效措施以改进其管理上的不足（14%）	项目有识别各方面管理中存在不足的制度
		项目有纠正各方面管理中存在不足的制度
		项目改进措施能在规定的时间框架内得以实施
		财务报告得到了一个无保留的审计意见，并且没有实质性的内控缺陷
项目结果和责任（50%）	项目是否在实现其长期绩效目标时体现出足够的进展（20%）	项目实现了所有的长期绩效目标，包括有挑战性的目标和时间进度实现所有的长期绩效目标有所进展
		如果符合，项目参与者认同并实现长期成果目标
		如果相关，项目应致力于实现任何预定的最终目标
	项目（包括项目合作者）是否实现了年度绩效目标（20%）	项目实现了所确定的所有年度目标
		如果符合，项目参与者认同并实现年度成果目标
	项目在实现年度项目绩效目标时是否体现了效率改进或成本节约（20%）	项目实施中，能够比往年度提高效率或节约成本
		项目实现了设定的效率目标
	该项目的绩效是否比具有类似目的和目标的其他项目（包括政府、私人等）更高（20%）	与具有类似目的和目标的其他政府项目相比，项目有更高的绩效
		与具有类似目的和目标的其他私人项目相比，项目有更高的绩效
	范围和质量符合要求的独立评价是否显示该项目有效并实现了目标（20%）	范围和质量符合要求的独立评价显示该项目有效
		项目评价范围广泛，评价质量高且独立客观

资料来源：作者根据《2008年绩效评级工具指南》自制。

第五节 项目评级工具的得分和评级

PART得分=项目目的和设计分项总分×20%+战略计划分项总分×10%+项目管理分项总分×20%+项目成果分项总分×50%。见表4-11。

PART调查表共分为四个级别，即有效、基本有效，一般和无效四个级别。见表4-12。

表 4-11

名称	部分总权重	问题总数	每个问题在该部分中的权重	分项分数	分项总分
项目目的和设计	20%	5	20%	A1—A5	$\sum A_i$（i=1，…，5）×20%
战略计划	10%	8	12.5%	B1—B8	$\sum B_i$（i=1，…，8）×12.5%
项目管理	20%	7	14%	C1—C7	$\sum C_i$（i=1，…，7）×14%
项目成果	50%	5	20%	D1—D5	$\sum D_i$（i=1，…，5）×20%

资料来源：作者自制。

表 4-12

分数范围	绩效级别
85—100	有效
70—84	基本有效
50—69	一般
0—49	无效

资料来源：OMB，Guide to the Program Assessment Rating Tool（PART），p61.

除了总体评分之外，如果该项目没有满足要求的长期和年度绩效指标（比如问题 2.1 和问题 2.3 的结果都为“否”），或者缺乏对项目进行测量的基线和绩效数据，PART 还提供了“绩效无法显示”这一级。同样，如果项目问题 4.1 和问题 4.2 的评价结果都为“否”，项目的评级也为“绩效无法显示”。

第六节 项目评级工具的应用

从 2002 年起，绩效评级工具在美国联邦政府预算编制中得到持续运用，根据预定计划，每年 20%，用 5 年时间将联邦政府所有项目评价一遍，评价结果在 expectmore.gov 网站上公布。2004—2008 年预算编制，这一周期已经完成，OMB 共对 1015 个项目实施了评价，具体评价结果如表 4-13 所示。

表 4－13

评级	项目百分比（数量）
有效	19%（193）
基本有效	32%（326）
一般	29%（297）
无效	3%（26）
绩效无法显示	17%（173）

资料来源：作者根据《2008 年绩效评价工具指南》自制。

项目评级工具本身经历了一个持续改进的过程，每年 OMB 都会根据被评方、国会、公众以及 OMB 内部员工的意见和建议对评价体系进行修改和完善，力求回应现实，精益求精。本部分将通过一个联邦项目实例来具体展示项目评级工具在实践中的运用，力求尽可能原汁原味地反映细节，因为改革的理念、模式、经验、不足，均通过细节一览无余地展示出来（OMB，2007）。

政府直接支出项目——监管投资管理行业

项目列表

部门	项目名称	FY08 资金水平（百万美元）	上次 PART 评估年份	项目等级
证券交易委员会	监管投资管理行业	46	2006	有效

项目概要

项目简介	监管投资管理行业 证券交易委员会开展这个投资管理项目的目标是使投资者在欺骗行为、管理不善、自我交易和金融服务业中的投资公司和投资顾问部门容易使人产生误解的行为、或不完整的信息披露中的金融风险减至最低。
项目等级	有效 • 这个项目拥有长期和年度的指标来促进它的合法性、监管的灵活性，以及保障投资者的知情权。三年来该项目的效率逐年提高；而且它还缩短了审核申请上市登记表的时间。 • 资源主要运用于对投资者和行业参与者有着重大影响的事件。因为使用了以风险为基础的分析工具，共同基金被用来掩盖不正常的收益，这些不正常的收益暗示着信息披露或监管事件更大的可能性。 • 证券交易委员会和投资管理项目正在发展一种更加全面的方法来呈现信息，这种信息能将预算数据与绩效信息联系起来。在 2006 年 7 月，该机构开展了第一阶段的活动，这次活动以成本/绩效和预算体系为基础，它将使机构能够在主要项目活动中直接和间接地分配成本。
改进计划	我们将采取以下措施来提升项目绩效： • 发展和测试有关使投资者、审核并支持豁免申请以及说明性的具有建议性质的金融风险减至最低的新指标。 • 发展、使用和展示以绩效为基础的预算，比较理想的情况是在 2009 财政年度的预算中即可交付使用。 • 继续对所推荐的规则是否能推动效率、竞争和资本形成进行常规测试。

项目详细评估信息

<table>
<tr><td>项目代码</td><td>10004113</td></tr>
<tr><td>项目名称</td><td>监管投资行业</td></tr>
<tr><td>部门名称</td><td>证券交易委员会</td></tr>
<tr><td>具体实施机构</td><td>联邦公共交通总署</td></tr>
<tr><td>项目类型</td><td>管制项目</td></tr>
<tr><td>项目评估年份</td><td>2006</td></tr>
<tr><td>项目等级</td><td>有效</td></tr>
<tr><td>项目各部分分值</td><td><table><tr><td>部分</td><td>分值</td></tr><tr><td>项目目的和设计</td><td>100%</td></tr><tr><td>战略计划</td><td>100%</td></tr><tr><td>项目管理</td><td>80%</td></tr><tr><td>项目结果/责任</td><td>93%</td></tr></table></td></tr>
<tr><td>项目资金水平
（百万美元）</td><td><table><tr><td>FY2008</td><td>$ 46</td></tr><tr><td>FY2009</td><td>$ 46</td></tr></table></td></tr>
</table>

正在进行的项目改进计划

起始年份	改进计划	目前状况	备注
2006	审核并批准豁免申请过程所允许的与创新和新产品有关的指标的可行性。	已经采取了行动，但还没有完成	该项目正在考虑增加有关豁免申请过程的指标，以及为机构 2008 年到 2012 年战略计划中的新指标设定目标。
2006	进一步提炼机构的预算和项目绩效分析体系，这是一个以活动为基础的成本和以绩效为基础的预算系统，该系统能发展和呈现集成的预算、绩效和成本信息。	已经采取了行动，但还没有完成	预算和项目绩效分析系统通过提供更容易审计和透明的预算信息来加强证券交易委员会的预算过程。预算和项目绩效分析系统的一个组成部分是基于活动的成本核算（ABC）工具。使用了 ABC，证券交易委员会向着更加精确地核算与项目有关的活动和产出成本方向努力。ABC 将加强证券交易委员会成本管理的责任，向高层经理提供详细的成本信息，以及确定在何处可以获得更高效率的能力。
2006	继续对所推荐的规则是否能推动效率、竞争和资本形成进行常规测试。	已经采取了行动，但还没有完成	作为一个整体，该机构正在评估它的规则制定过程。制定规则的部门还和经济分析办公室一起来探索如何使办公室更早地融入规则制定，以及对所推荐和采取的规则实施评估的方法。
2007	保证有关共同基金费用的监管能改进对投资者披露信息的方式和透明度。	已经采取了行动，但还没有完成	委员会已经提议重新考虑 12b－1 规则（有关共同基金和相关费用的交易和分配），委员会还在考虑支持 12b－1 计划规则时必须考虑的因素。委员会在 2007 年 6 月就 12b－1 规则的使用问题开展了公开的圆桌会议。该项目期待委员会在财政年度结束时考虑修改或废止 12b－1 规则的提议。

已经完成的项目改进计划

起始年份	改进计划	目前状况	备注

项目绩效指标

时期	类型	
长期/年度	成果指标	指标：美国家庭拥有共同基金份额的百分比（投资者的信心） 说明：拥有共同基金份额家庭的百分比反映了在一系列的事情中监管体制允许行业创新和培养投资者信心的程度。初始的阶段和目标是：初始阶段为1990年到1999年。目标是在初始阶段达到拥有共同基金份额家庭的平均百分比。2001年5月52%的家庭拥有基金，这个经济周期的最高点部分反映了20世纪90年代后期在股市上不正常的收益。 数据来源：投资公司协会对美国家庭的年度调查。

年份	目标	实际
1990	16.4%	25.1%
1991	18.4%	25.1%
1992	20.0%	27.0%
1993	21.6%	27.0%
1994	23.5%	30.7%
1995	25.4%	30.7%
1996	27.1%	37.2%
1997	28.9%	37.4%
1998	30.9%	44.0%
1999	33.2%	47.4%
2000	35.6%	49.0%
2001	38.2%	52.0%
2002	40.5%	49.6%
2003	42.6%	47.9%
2004	44.3%	48.1%
2005	46.0%	47.5%
2006	47.1%	48.0%
2007	48.2%	48.2%
2008	48.6%	43.6%
2009	48.6%	
2010	48.5%	
2011	48.1%	
2012	48.0%	
2013	48.0%	
2014	48.0%	

续表

时期	类型	
长期/年度	成果指标	指标：报废资产总额占共同基金的份额（市场的竞争性） 说明：这个指标表现出投资者在共同基金方面的信心以及允许基金成功地在市场中与其他金融机构竞争的富有弹性的监管方案。目标 = 1990 年到 1999 年的平均值。来源：投资公司协会。

年份	目标	实际
1990		5.3%
1991		7.0%
1992		8.4%
1993		10.4%
1994		11.2%
1995		13.1%
1996		15.0%
1997		17.1%
1998		18.9%
1999	12.8%	21.5%
2000	14.4%	21.3%
2001	15.8%	20.9%
2002	17.0%	20.9%
2003	18.1%	19.8%
2004	19.3%	21.3%
2005	20.3%	22.4%
2006	21.2%	23.5%
2007	21.9%	24.9%
2008	22.4%	26%
2009	22.7%	
2010	22.9%	
2011	23.2%	
2012	23.6%	
2013	23.8%	
2014	24.0%	

续表

<table>
<tr><th>时期</th><th>类型</th><th></th></tr>
<tr><td>长期/年度</td><td>成果指标</td><td>指标：美国投资公司所持有的资产组合，投资公司是美国股市资本化（资本形成）中的一部分
说明：这个指标反映了投资公司作为资本形成工具的有效性。初始阶段：已经过去的十年。目标：整合过去十年的平均值。来源：1945—2005 年美国联邦储备基金流，2006 年 3 月 9 日，图表 L. 213。
<table>
<tr><th>年份</th><th>目标</th><th>实际</th></tr>
<tr><td>1995</td><td>7.6%</td><td>12.6%</td></tr>
<tr><td>1996</td><td>8.3%</td><td>14.8%</td></tr>
<tr><td>1997</td><td>9.2%</td><td>15.6%</td></tr>
<tr><td>1998</td><td>10.0%</td><td>16.5%</td></tr>
<tr><td>1999</td><td>11.0%</td><td>17.7%</td></tr>
<tr><td>2000</td><td>12.1%</td><td>18.9%</td></tr>
<tr><td>2001</td><td>13.3%</td><td>19.3%</td></tr>
<tr><td>2002</td><td>14.5%</td><td>19.3%</td></tr>
<tr><td>2003</td><td>15.7%</td><td>19.5%</td></tr>
<tr><td>2004</td><td>16.7%</td><td>20.8%</td></tr>
<tr><td>2005</td><td>19.1%</td><td>23.0%</td></tr>
<tr><td>2006</td><td>20.1%</td><td>25.1%</td></tr>
<tr><td>2007</td><td>21.1%</td><td>26.9%</td></tr>
<tr><td>2008</td><td>21.9%</td><td>28.9%</td></tr>
<tr><td>2009</td><td>22.6%</td><td></td></tr>
<tr><td>2010</td><td>23.3%</td><td></td></tr>
<tr><td>2011</td><td>23.8%</td><td></td></tr>
<tr><td>2012</td><td>24.4%</td><td></td></tr>
<tr><td>2013</td><td>24.8%</td><td></td></tr>
<tr><td>2014</td><td>25.0%</td><td></td></tr>
</table></td></tr>
<tr><td>年度</td><td>效率指标</td><td>指标：投资公司在 30 天内审核首次申请上市登记表的百分比。
说明：首次申请上市登记表包括一份基金的创办计划书，该计划书提供关于基金投资目标、政策、风险、费用和其他重要的信息。这项投资管理项目的目标是在填写表格日期后 30 天内进行审核。来源：证券交易委员会 2005 年绩效和责任报告。
<table>
<tr><th>年份</th><th>目标</th><th>实际</th></tr>
<tr><td>2003</td><td></td><td>81%</td></tr>
<tr><td>2004</td><td></td><td>88%</td></tr>
<tr><td>2005</td><td>85%</td><td>90%</td></tr>
<tr><td>2006</td><td>85%</td><td>88%</td></tr>
<tr><td>2007</td><td>85%</td><td>87%</td></tr>
<tr><td>2008</td><td>85%</td><td>95%</td></tr>
<tr><td>2009</td><td>85%</td><td></td></tr>
<tr><td>2010</td><td>85%</td><td></td></tr>
</table></td></tr>
</table>

续表

<table>
<tr><th>时期</th><th>类型</th><th></th></tr>
<tr><td>年度</td><td>产出指标</td><td>指标：得到投资公司审核的信息披露文件的百分比。
说明：塞班斯—奥克斯利法案要求该项目至少每三年要对所有投资公司组合的信息披露文件进行一次评估。
<table><tr><th>年份</th><th>目标</th><th>实际</th></tr><tr><td>2003</td><td>33%</td><td>10%</td></tr><tr><td>2004</td><td>33%</td><td>54%</td></tr><tr><td>2005</td><td>33%</td><td>37%</td></tr><tr><td>2006</td><td>33%</td><td>36%</td></tr><tr><td>2007</td><td>33%</td><td>38%</td></tr><tr><td>2008</td><td>33%</td><td>36%</td></tr><tr><td>2009</td><td>33%</td><td></td></tr><tr><td>2010</td><td>33%</td><td></td></tr></table></td></tr>
<tr><td>年度</td><td>效率指标</td><td>指标：包括不干涉信件、说明性的要求，以及拥有目标时间框架的首次审核在内的豁免申请（对说明性的以及不干涉的要求要在三周内进行审核，豁免申请要在 120 天内进行审核）的百分比。（这是一项新的措施，于 2008 年 2 月第一次加入目标行列）
说明：证券交易委员会的员工必须对个体和企业满足联邦安全法律特殊规定的指导的要求进行回应。这些要求可以从安全法律或规定中得到合理的说明，或确保在特定情形下不进行干涉。员工还应审核符合安全法律的豁免申请。一旦员工对这些要求指导进行回应，都会成为公众共享的文件，回应了相关的指令之后，一旦发布，也会成为公众共享的文件。这个指标设置了投资管理部门对这些要求进行首次审核的标准。这个部门的目标在于在三周内对至少 75% 的说明性的和不干涉的要求提供首次审核，以及在 120 天内对于至少 80% 的豁免申请做首次审核。
<table><tr><th>年份</th><th>目标</th><th>实际</th></tr><tr><td>2007</td><td>75%/80%</td><td>91%/无效</td></tr><tr><td>2008</td><td>75%/80%</td><td>98%/81%</td></tr><tr><td>2009</td><td>75%/80%</td><td></td></tr></table></td></tr>
</table>

问题/回答（详细评估信息）

第一部分——项目目的和设计			
序号	问　题	答案	分值
1.1	项目是否目的明确？ 说明：投资管理项目的目标是使投资者在欺骗行为、管理不善、自我交易和金融服务业中的投资公司和投资顾问部门容易使人产生误解的行为、或不完整的信息披露中的金融风险减至最低，而不是对受到监管的实体增加不必要的成本和负担。 依据：投资管理项目根据两部成文法来监管投资公司和投资顾问，1940 年的投资公司法案和 1940 年的投资咨询法案。其他有关联邦证券交易委员会管理投资公司和投资顾问的操作问题的法律包括 1933 年的证券交易委员会法律案、1934 年的证券交易委员会交易法案。1996 年的《全美证券市场促进法》，以及 2002 年的塞班斯—奥克斯利法案。此外，请参见 http://www.sec.gov/about 上证券交易委员会的战略计划。	是	20%

续表

序号	问　题	答案	分值
1.2	项目是否有关某一特定且现存的问题、利益或需要？ 说明：该项目从那些组织、管理市场投资公司或提供投资顾问服务的舞弊行为中保护投资公司投资者和投资顾问顾客的利益（参见问题1.1的说明，从中可以得到其他信息）。该项目还能促进美国资本市场的廉洁和效率。金融市场信心的瓦解将继续成为影响全美经济的重要因素。 依据：2006年10月，投资者委托投资公司管理超过10.6万亿美元的资产，比2005年10月增长了17%。投资公司拥有相当于全美股票价值25%的股票。48%的美国家庭——5400万家庭所管理的共同基金和资产大约10万亿美元。投资基金的家庭的百分比已经从1980年的6%增长到如今的48%。基金行业总计占报废资产的24%以及401（k）资产的一半。投资顾问行业已经在过去的几年经历了显著的增长。2006年伊始，超过9000名投资顾问在证券交易委员会登记，这一数字在2000年只有6650名。他们管理下的资产大约为27万亿美元，比起1995年初的10万亿美元可谓是非常大的提升。	是	20%
1.3	对于其他任何联邦或私人的努力而言，项目是否设计得并不重复或多余？ 说明：证券交易委员会负责管理和执行联邦证券交易委员会的法律，包括有关投资公司和投资顾问的操作问题的法律。尽管自我监管组织和州政府监管者协助委员会能监督金融市场，证券交易委员会最终还是要确保联邦证券交易委员会成文法得到有序实施。 依据：证券交易委员会对于监管投资公司的行为有主要的决定权。联邦项目中还没有执行过类似的项目。1996年的《全美证券市场促进法》将证券交易委员会、州政府已经登记的监管者和监督投资顾问的责任分开。在《全美证券市场促进法》的推动下，州政府对于管理少于2500万美元顾客资产的投资顾问负有主要的监督责任，而证券交易委员会对于建议共同基金或管理2500万美元或更多的客户资产的投资顾问负有主要责任。	是	20%
1.4	此项目的设计是否避免了项目效果或效率的重大缺陷？ 说明：没有依据表明投资管理项目在其他方法下会有更高的效益或效率。该项目旨在保持项目的灵活性，所以项目执行过程中出现的问题都能够恰当地得到解决。 依据：该项目的设计方法使它可以采取一系列措施对付过程中出现的问题，例如回应法规和现存的规则所规定的豁免补助；推行新的规则将豁免补助纳入法律；以及发展新的规则应用于由投资公司或投资顾问采取的新的活动、操作或投资技术。	是	20%

续表

序号	问 题	答案	分值
1.5	项目的设计是否有效定位，因而资源将直接用于项目目标和目标受益人？ 说明：该项目拥有一个良好的组织架构，一个对于信息披露进行审核的风险导向方法，以及分配制定规则的系统、说明性的建议和旨在有效分配资源的豁免申请的重点。 依据：资源倾向于优先分配给对于投资者和行业参与者有重大意义的事件。例如，对信息披露的审核通常基于（高度重要的）共同基金组合而展开，而非基于（相对重要的）塞班斯—奥克斯利法案的评估，以及基于有代表性的现有信息披露年度更新的抽查文件。运用风险导向分析技术，共同基金被不寻常的回报所掩盖，这种回报可能暗示着更高程度的信息披露或与法律事件的高度相关。这种掩盖的结果往往是带有不正常特征的基金可能被推荐给有关企业合并的信息披露审核或被用于检查。该项目规定每两周都要召开一次会议来讨论投资公司行业新的发展方向，并制定恰当的信息披露政策。规则制定和法律活动包括在保持公正、有序和有效的市场和促进资本形成的过程中保障投资者利益。例如，在采纳要求共同基金中加入利益相关者关于基金开支和信息披露文件的报告的规定时，该项目建议委员会在投资者对信息的需求与提供个体信息上的开支之间保持平衡，这个开支是利益相关者在报告阶段需要承担的。在对委员会做出这项建议时，该项目承认个体在季度账目陈述中的信息披露开支有利于提供适合每一位投资者的信息披露成本。尽管如此，该项目总结道，更好的方法是基于（1）某一阶段基金实际的开支和回报，以及（2）基金实际的开支和特定标准的回报率，这两个基础之上，在利益相关者报告时向他们提供与1000美元投资相关的成本。当项目提出它的建议时，它的理由是：在资金的利益相关者报告时揭露开支将有助于投资者们评估他们相对于自己能接受的服务所付出的成本，以及避免在季度陈述中需要承担的个体信息披露的大量成本和逻辑复杂性等问题。	是	20%
	第一部分——项目目的和设计	得分	100%

第二部分——战略计划

序号	问 题	答案	分值
2.1	项目是否有数量有限的长期绩效指标，这些指标是否为结果导向并有效反映了项目目标？ 说明：证券交易委员会的任务在于保护投资者的利益，维持公正、有序和有效的市场，以及促进资本的形成。关于投资管理项目，证券交易委员会的战略目标在于促进行动的合法性、保证灵活的监管，以及保障投资者的知情权。实现这些目标的长期成果包括投资者的信心、投资公司的能力和市场中有竞争性的投资顾问，以及对国内资本形成有利的投资公司/投资顾问的贡献。该项目已经发展了三个关于这些长期成果的指标（参见之前“指标”一栏中的陈述）。其他关于降低投资者金融风险的指标正在研发之中。 依据：这三个指标分别是：“美国家庭拥有共同基金份额的百分比”；“报废资产总额占共同基金份额”；以及“美国投资公司的资产组合，这些投资公司是全美证券市场资本化的一部分”。证券交易委员会2006—2011年的战略计划草案以及2008年证券交易委员会的年度绩效预算。	是	12%

续表

序号	问　　题	答案	分值
2.2	项目是否有挑战性的目标和长期评价所需的时间框架？ 说明：该项目每一项长期指标都包括基于可以计量的数据的基线和目标。长期目标基于历史数据的趋势（十年的移动平均线）和实际的以及预计的经济条件确立。该项目能监测显著的偏差，以及考量这些变化是否标志着需要采取行动来更好地取得一个或更多的战略目标。长期指标反映监管体制允许创新、培养投资者信心，以及为资本形成提供健康环境的程度。其他会影响到长期指标变化的因素包括牛市和熊市，技术的变化，投资者对于行业道德标准的看法，以及与其他金融产品/服务的竞争。这其中的一些因素很大程度上处于该项目的影响力之外。该项目的目标并不在于促进基金股份的销售。该机构的战略目标在于促进行为的合法性，灵活的监管，以及保障投资者的知情权。只要将这些目标熟稔于心，该项目就能监测长期指标的结果，并考量这些结果是否标志着需要采取进一步的行动来更好地取得一个或更多的战略目标。（参见“指标”一栏）。 依据：对于“美国家庭拥有共同基金份额的百分比”这个指标的目标是2014年的48%。这代表2006年以来基本稳定的状态以及1990年以来91%的增长。“报废资产总额占共同基金份额”的目标是2014年的24%。这代表了2005年以来基本稳定的状态以及1990年以来353%的增长。“美国投资公司作为全美证券市场资本化一部分的资产组合”目标是2014年的25%。这代表了2005年以来基本稳定的状态以及1995年以来98%的增长。这些指标在2005/2006年的水平被认为达到了市场渗透的最高水平；因此，长期维持现有水平的目标是适当的。证券交易委员会2006—2011年的战略计划草案以及2008年证券交易委员会的年度绩效预算。	是	12%
2.3	项目是否有一些能说明项目长期目标进展的年度绩效指标？ 说明：正如问题2.1中所述，证券交易委员会的任务在于保护投资者的利益，维持公正、有序和有效的市场，以及促进资本的形成。关于投资管理项目，证券交易委员会的战略目标在于促进行为的合法性，灵活的监管，以及保障投资者的知情权，还有项目资源的合理使用。关于取得这些目标的年度绩效指标反映了投资者的信心，受到规制的实体的竞争性，信息披露过程的有效性，以及受到规制的实体对于美国资本形成的贡献。这些年度指标中的三个指标成为长期指标。该项目还有一个关于申请上市登记表审核时间的指标。另外三个关于降低投资者金融风险，审核并接受豁免申请，以及说明性建议的指标正在研发中。 依据：这五个年度指标分别是：“美国家庭拥有共同基金份额的百分比”；“报废资产总额占共同基金份额”；“美国投资公司作为全美证券市场资本化的一部分的资产组合”；“投资公司首次申请上市在三十天内接受审核的百分比”以及“投资公司信息披露文件受到审核的百分比”。证券交易委员会2006—2011年的战略计划草稿以及2008年证券交易委员会的年度绩效预算。	是	12%

续表

序号	问题	答案	分值
2.4	项目是否有就其年度评价而言的基线和挑战性目标？ 说明：该项目每一个年度指标都包括基于可计量数据的基线和目标。十年的历史数据被用做基线，将来的目标基于十年的移动平均线和实际以及预计的经济条件设立。年度指标反映出监管体制允许创新、培养投资者信心以及为资本形成提供健康环境的程度。其他会影响到年度指标变化的因素包括牛市和熊市，技术的变化，投资者对于行业道德标准的看法，投资者对行业市场努力的反应，以及与其他金融产品/服务的竞争。该项目的目标并不在于促进基金股份的销售。机构的战略目标在于促进行为的合法性，灵活的监管，保障投资者的知情权，以及项目资源的有效使用。关注这些目标，项目就能够管理年度指标的结果，考量这些年度结果能否实现长期趋势的预期变化或趋势中的某个可能的变化，还能考量结果是否标志着需要进一步采取行动来更好地实现一个或多个战略目标。 依据：对于"美国家庭拥有共同基金份额的百分比"的目标是2008年的48.6%。这代表了2006年以来的基本稳定的状态以及1990年以来91%的增长。"报废资产总额占共同基金份额"的目标是2008年的22.4%。这代表了2005年以来基本稳定的状态以及1990年以来353%的增长。"美国投资公司作为全美证券市场资本化的一部分的资产组合"的目标是2008年的21.9%。这代表了2005年以来基本稳定的状态以及1995年以来98%的增长。这些指标2005/2006年的水平被认为是市场渗透的最大化水平；因此长期维持现有水平的目标是适当的。"投资公司首次申请上市在三十天内得到审核的百分比"的目标是2008年的85%。这代表了2003—2005年以来基本稳定的状态。"投资公司信息披露文件受到审核的百分比"的目标是2008年的33%。这代表了证券交易委员会2006—2011年战略计划草案以及2008年证券交易委员会的年度绩效预算。	是	12%
2.5	是否所有的项目参与人（包括受益者、次受益者、合同承包商、成本分担者以及其他政府参与者）都承诺并致力于项目的年度和/或长期目标？ 说明：该项目没有问题中所定义的参与者。 依据：	空缺	0%
2.6	为了支持项目改进，同时使评价对于问题、利益或需求而言有效并相关，范围和质量符合要求的独立评价是否在常规基础上进行，或根据需要进行？ 说明：国会中独立的政府问责办公室会对投资管理项目的不同方面进行常规性评估。政府问责办公室自2001年以来已经发布了与这个项目显著相关的4份报告。此外，委员会独立的总监察长办公室还会在常规的基础上审计投资管理项目。总监察长办公室自2002年以来已经发布了与这个项目显著相关的3份报告。 依据：政府问责办公室-01-655R，2001年5月，共同基金费用：证券交易委员会关于共同基金费用的报告；政府问责办公室-02-302，2002年3月，证券交易委员会运作：增加了的工作量造成的压力；政府问责办公室-03-763，2003年6月，共同基金：对投资者披露信息时需要更大的透明度；以及政府问责办公室-05-313，2005年4月，共同基金交易舞弊：从证券交易委员会未能在早期查出违规行为中得出的教训。总监察长办公室第387号报告，2005年3月29日，计划中的投资管理文档审核；总监察长办公室第372号报告，2003年10月20日，对国有企业的监管；以及总监察长办公室第347号报告，2002年7月12日，规则制定过程。	是	12%

续表

序号	问　题	答案	分值
2.7	预算申请是否与年度和长期绩效目标的实现有明确联系，并且资源需求在项目预算中是否以一种完整、透明的方式体现？ 说明：证券交易委员会和投资管理项目正在继续探索建立一个更为综合性的方法，提供将预算数据与绩效信息相联系的信息。2006年7月，机构开展了以活动为导向的成本核算/基于绩效的预算系统的第一阶段，这一阶段使机构能够在主要项目活动中分配直接和间接成本，以及将那些成本和绩效预算的提交结合起来。系统中以活动为导向的单元将在2007年早期被体现出来，而且投资管理项目会在2007年中提炼出这一单元的数据。作为这些努力的结果，在2009年的预算周期内，这一以活动为导向的成本核算系统被期望运用于该项目，与总监察长办公室的努力相结合，使预算申请与项目绩效之间的联系更加直接。 依据：证券交易委员会预算和项目绩效分析系统。	是	12%
2.8	项目是否采取有效措施以纠正其战略计划上的不足？ 说明：自2003年以来，证券交易委员会已经实施了新的管理报告活动，包括绩效计分表，全面的风险评估实践，以及常规的组织评估，这个评估的目标在于使人力资源需求和机构的重点整合在一起。该投资管理项目每个月都能对提交给主席的计分表报告中的绩效指标进行监测和报告。该项目的领导者是该机构人力资本评估董事会中一位活跃的成员，该董事会能通过机构向主席推荐员工。此外，该项目已经采取了类似的行动来进一步发展它的计划和管理活动。2004年，该项目确认了它的指标、成果、重点和倡议，这些要素之后将被合并入机构的战略计划，这一计划会因为委员会的参与而完成。2006年7月，该机构采用了一个预算绩效和项目分析系统，旨在更好地整合预算、计划和评估功能。今年，该项目正在接受评估，并重新形成它的战略重点，包括已经更新的机构战略计划。 依据：主席的计分表报告；证券交易委员会战略计划；以及证券交易委员会预算和项目绩效分析系统。	是	12%
2. RG1	项目/部门发布的所有规定对于项目目标的实现是否都是必要的，所有的规则是否都明确地说明了其对实现目标的贡献？ 说明：近年来，规则的制定关注两项重点成果的实现："投资者受到监管的保护，这种监管加强了合作和资金管理以及对全球范围内高质量财政报告标准的坚持"以及"投资者拥有准确的、充足的，以及及时的渠道来获取有用的、容易被理解的、能在公司、行业和基金间进行分析的信息披露材料"。根据第一项成果，规则的提出和采纳关注市场机会和选择性的信息披	是	12%

续表

序号	问　题	答案	分值
2. RG1	露舞弊行为；为投资顾问建立符合道德要求的法规；以及要求基金和顾问执行合法的政策和程序并指派一位主要的负责官员。根据第二项成果，它的提出和采纳向投资者提供了更多关于基金组合投资、基金的费用和开支、销售费用临界点、领导者董事会为什么支持提议的基金合同和费用的信息。颁布的规则包括一个与法定需求或证券交易委员会保护投资者、维持公平、有序和有效市场以及促进资本形成有关的特定目的。 依据：证券交易委员会2004—2009年的战略计划，第37、38和44页。颁布文件33－8713，2006年9月27日（采纳规则的修订能决定基金的安排）。"讨论"部分和"提升效率、竞争和资本形成的考量"部分；颁布文件IC－26647，2004年11月1日（对1980年的《小企业激励法案》的修改有助于使合适的组合公司的定义现代化，并允许随后而来的投资），"背景"部分。随后的规则得到推荐、采纳或正在研发，以满足法律的要求。2002年的塞班斯—奥克斯利法案，管理投资公司利益相关者报告的证明以及由2002年塞班斯—奥克斯利法案第406和407部分所要求的信息披露。颁布文件第IC－25914号，2003年1月27日。加强委员会关于审计独立性的要求（适用于投资公司规则）。颁布文件第IC－15915号，2003年1月28日。1999年的金融服务现代化法案，关于对消费者金融信息的保护（监管S－P）。颁布文件第IC－24543号，2000年6月22日。1996年的国家证券交易委员会市场改进法案，这是对1940年投资咨询法案的规则执行进行修改。颁布文件第IA－1633号，1997年5月15日。投资公司广告规则修改。颁布文件第IC－26195号，2003年9月29日。美国爱国者法案，关于联合最终规则：共同基金的顾客确认项目。颁布文件第IC－26031号，2003年4月29日。《全球暨全美商业电子签章法》，由投资公司和投资顾问保留电子记录。颁布文件第IC－24991号，2001年5月22日。2003年的《公平准确信用交易法案》，处理顾客报告信息。颁布文件第IC－26685号，2004年12月2日。2006年的金融服务法规补充法案要求委员会（与其他联邦金融管理者一起）接受一个典型的通知，它在用于他们的私人通知时，将成为一个安全港。	是	12%
	第二部分——战略计划	得分	96%
第三部分——项目管理			
序号	问　题	答案	分值
3.1	部门是否定期收集及时和可信的绩效信息，包括来自关键项目参与者的信息，并利用它们管理项目，改进绩效？ 说明：该项目从内部管理信息系统中收集了有关产出和活动水平的信息，每	是	10%

续表

序号	问　　题	答案	分值
3.1	个月还在主席计分表报告中进行通报。该报告由主席和投资管理项目系统中的高级管理人员进行评估。关于项目成果的指标，该项目每半年和每年都会从公众那里收集信息，包括由投资公司协会发布的联邦储备委员会资金流数据和调查数据。这些产出、活动和成果信息被用来管理目标设定下的绩效成果，评估项目的效率和有效性，以及明确可以更好地满足项目目标的可能的改变。 依据：该项目利用管理信息系统来追踪信息披露的情况，说明性的建议、豁免申请文档以及其他与项目有关的活动。这些系统追踪文档的接受、审核和处理。该追踪系统生成关于项目绩效和工作量水平的管理报告。数据可以在事件、经历和员工绩效中进行分析。在员工水平上对常规结果进行的评估能被用来管理目标设定下的绩效成果。对数据的分析会导致项目活动的变化。例如，回应2002年塞班斯—奥克斯利法案时，该项目使用了从信息披露追踪系统中调出的登记者和文档数据来估计评估投资公司金融陈述所需要的额外员工资源。基于这项估计，该项目雇佣了额外的员工，并对现有员工进行了重新配置，满足了塞班斯—奥克斯利法案在三年内至少对投资公司文档进行一次审核的要求。	是	10%
3.2	联邦管理者和项目参与者（包括受益人、次受益人、合同承包商、成本分担者和其他政府合作伙伴）是否对成本、进度和绩效成果负责？ 说明：2003年，证券交易委员会对绩效项目的员工实施了补偿。这一以受益为目标的项目组成部分与员工年度绩效评估联系在一起。该项目的高级官员和监督者都接受了评估，并且通过绩效标准和年度绩效评估对绩效和项目管理负责。此外，经理们还在以下指标下接受评估：在该领域和职位的知识、对工作的计划和组织、履行责任的程度以及沟通水平。但是，经理们对于项目绩效、成本或结果的责任仍然不是很明确。每年对绩效政策指南的支付根据已经发布的员工绩效评价周期提供给经理们和员工。支付奖励和特殊法案奖励在评估周期内会根据监督者们的表现来提供给他们。 依据：人力资源办公室，“绩效管理过程”2006年4月28日记入备忘录；员工和劳动关系内部网页；高级管理人员绩效计划/评估文件；以及监督绩效计划和评估表格（证券交易委员会2495）。	否	0%
3.3	（政府和参与者的）项目资金是否及时拨付、用于既定目的、并且被准确报告？ 说明：多数项目资金与补偿、利益以及因公出差有关，而且资金必须用于这些目的。项目资金的预算执行是及时的，而且每个月都会由高级项目和机构	否	0%

续表

序号	问　题	答案	分值
3.3	官员监测执行。2006年，该项目的预算计划是3034.3万美元。这一年结束的时候，实际使用的数额大约是3648.9万美元，差不多是全部资金的87.3%。证券交易委员会的人力资本评估委员会监督着补偿和利益。和预算估计的具体操作（基于年度项目计划）相比较，预算绩效每个月都呈现在主席计分表报告中。该报告由主席和所有分区的领导和办公室领导一同评估，包括那些位于我们区域和地区的办公室。此外，因公出差由证券交易委员会的政策管理。 依据：年度项目计划，年底开支报告，内部薪水总额数据部门，证券交易委员会因公出差政策备忘录，主席计分表，以及向国会提交的预算。	否	0%
3.4	项目是否有在项目执行过程中评价并实现效率和成本节约的方法（例如：竞争性资源使用、成本比较、提升信息化水平、合理的激励机制）？ 说明：该项目拥有目标明确的效率指标以及实际的绩效数据。该项目指标关注项目评估申请上市登记表的时间长度。 依据：参见“指标”一栏。此外，该项目不断地探索更好地使技术发挥效用的方法（包括电子文档和相互作用的数据）来使员工和投资者能从资金报告中查询和使用个人条目信息。在2006年6月12日，委员会召开了关于这个话题的圆桌会议。与会者包括消费者组织、共同基金行业以及委员会官员中的代表。	是	10%
3.5	项目与相关项目之间是否能够有效地合作与协调？ 说明：该项目和其他证券委员会在规则制定上进行过相互沟通。该项目提到执行部门或法规检查办公室，关乎信息披露评估时没有覆盖的信息，在回应豁免申请或说明性建议的要求的过程中，以及作为掩盖登记实体寻求不正常的意味着更高信息披露或监管事件可能性的回报或特征。项目员工会定期与其他机构（财政部、联邦储备委员会以及商品期货交易委员会）包括总统在金融市场方面的工作小组的员工进行会面。项目员工和总统的工作小组主要合作的主题是防备资金以及投资顾问法案下对防备资金经理的监督。除了讨论关乎共同利益的防备资金，项目员工和总统工作组机构的相关人员还分享相关的防备资金顾问数据。该项目拥有有效的与证券交易委员会行业小组的工作关系（例如，投资公司协会，投资顾问协会，国家证券交易委员会商人协会，证券交易委员会行业协会），州政府管理者（独立的州和北美证券交易委员会管理者协会）以及其他联邦管理者（例如，劳工部，财政部）。 依据：项目员工经常加入由行业组织和服务提供者（投资公司协会，财务会计准则委员会，美国司法界协会——执行法律机构，国家投资公司服务协会）赞助的会议，在这些会议中，项目员工与国家证券交易委员会管理者，北美证券交易管理者协会，小企业一同参与19D会议，等等。	是	10%

续表

序号	问　题	答案	分值
3.6	项目是否使用了有效的财务管理方法？ 说明：证券交易委员会的财务报表第一次审计是在2004年，2005年又审计了一次。尽管证券委员会这两年已经接受了财务报表不合格的意见，但是政府问责办公室确认了三个重大缺陷：归入权和惩罚的报告和记录；财务报表的编制和报告；以及信息安全。在机构2006年的审计中，政府问责办公室曾给予证券交易委员会的财务报表合格的意见，并且认为这些报表与美国普遍接受的原则相一致。此外，审计者报告说以前发现的重大缺陷已经得到解决。 依据：证券交易委员会2006年的绩效和责任报告，http：//www. sec. gov/about/secpar/secpar2006. pdf。	是	10%
3.7	项目是否采取了有效措施以改进管理上的不足？ 说明：活动水平和及时的信息披露，说明性的豁免的以及规则制定的行为经常通过每月的计分表报告进行通报。需要满足任何项目缺陷的变化首先基于计分表数据，其他工作量数据，经济和金融市场条件，管制的需要，趋势分析，以及来自政府责任署和总监察长办公室的推荐而开展。该项目经常开展常规管理和绩效评估。机构的人力资本评估委员会能满足用来考量机构问题的组织结构的需要，确保资源被最理想化地分配以实现机构目标。 依据：在2002年和2003年，该项目回应了工作量数据所显示的新的投资公司组合数量的下降，为此该项目再次直接分配资源来开展对于增加的投资公司组合的评估。一项整合的评估关注于资金是否在符合既定的目标和政策下投资。在这样一份评估中，员工检测了资金的年度报告，财务报表以及内容说明书，以此将既定的投资目标和政策与实际上的投资目标与政策相比较。事实上，资金与既定的投资政策不一致，没有与申请的风险采取一致态度，这一事实给员工提出了新的问题，或者在恰当的环境里，有可能进行现场评估。一份2002年政府问责办公室的报告指出当投资公司的文件在1991年和2000年间翻倍时，以及信息披露评估员工的数量只增加了9%时，员工能够增加选出来接受审核的文件的百分比，而非常规性地审核文件，还能通过关注员工新的议题或包含不同于之前呈报文件的信息来增加受到审核的文件的百分比。2005年，政府责任署一份关于共同基金交易舞弊的文件主要关注证券交易委员会检查证券交易委员会法律项目的合法性时所起的作用。关于投资管理项目，2005年的报道指出，该项目意识到了市场时机的风险性，并且已经尝试通过和投资公司行业传递信件、进行对话来缓和这一风险。这份2005年的报告还指出该项目通过提出一系列规则和规则修改来回应市场	是	10%

续表

序号	问　　题	答案	分值
3.7	时机和其他舞弊情况，这样有助于改善资金运作，更好地保护投资者利益。这些规则和规则的修改随后被委员会采纳，包括加强基金董事会，要求共同基金和投资顾问确保检查的合法性和管理者的独立性，这些管理者的职责包括准备关于政策适当性的报告，以及保证与联邦证券交易委员会法规相符合的程序。最后，这份2005年的报告指出该投资管理项目采取了措施来加强收集和分析从公众那里得到的意见，或者加强收集了从其他证券交易委员会办公室或监管机构处得到的潜在违反规则行为的信息。委员会独立的总监察长办公室也审计了这个投资管理项目。最近的评估包括对项目信息披露审核下开展的活动的评估，包括保险产品，规则制定，以及以前的公众效用监管办公室。关于信息披露审核的功能，总监察长办公室发现该项目计划通过设定普通目标和定义塞班斯—奥克斯利法案所要求的时限和合法性这一特殊目标来制订文件审核的计划。关于规则制定功能，总监察长办公室发现：（1）规则制定的过程由项目和证券交易委员会中的其他单位主导，这一现象普遍能有效且合法地完成监管和委员会政策所要求的任务；（2）对于公众的评论以及与外界团体的沟通和协调是有效的。该项目迅速地解决了由总监察长办公室确认的需要管理者关注的事情，比如发展改进的数据库来跟踪议题的进展，有关信息披露文件评估的趋势的必要性，以及更新未采取行动信件文件过程的必要性。	是	10%
3. BG1	项目在制定重大政策规定时是否听取了所有相关方的意见（消费者、企业、政府、受益人、一般公众）？ 说明：该项目拥有一套完整的规则制定程序，包括公众的建议以及提出能够影响政党的要求。既定的规则制定活动在半年度的议程发布上已经得到确认，其中列出了正在进行的制定规则的项目。委员会议的指示以及公开会议的结果在每天的证券交易委员会新闻中发布，这在委员会网站上是看得到的。除了正式的规则制定过程，该项目还利用概念公告、圆桌会议、焦点小组，以及一系列其他正式和非正式的途径来收集有关可能受到其他政策制定方法影响的信息。 依据：机构颁布的文件已经在联邦登记处出版了，而且会在证券交易委员会的网站上发布。颁布文件提出了规则和规则的修改，这在一定程度上是征集了公众意见的结果。所有公共时事评论者的观点都得到了总结、分析以及充分的考虑。它们都发布在了委员会的网站上。对于所推荐的规则制定的修订版在回应公众的要求时被很恰当地做出。许多所推荐的规则制定都在委员会的公开会议中得到考虑，这一公开会议由所有委员会的成员参加。所有委员会的公开会议可以通过电视直播或网络直播看到。这个一体化的议程还包括	是	10%

续表

序号	问　　题	答案	分值
3. RG1	证券交易委员会规则制定活动的信息。基于这个议题的本质，选取的观众（例如，消费者群体、投资公司或投资顾问行业代表、其他金融市场参与者、金融媒介和数据提供着、软件销售者、学者）被希望对可能的规则制定倡议提供反馈。当时机恰当时，该项目可能会公布一份概念文件，这份文件将描述委员会的议题并请求公众和行业参与，以确定规则制定是否合理。最近的概念文件涉及的话题包括如何改进当他们为他们的投资组合购买或销售证券时会带来交易成本的信息披露；以及如何通过使用后续数据使团体和投资公司的信息披露文件更加有用。公众对于所推荐的规则或概念文件的要求通过证券交易委员会的网站有机地收集在了一起。公众意见听证会以及圆桌会议经常涉及全面的或有争议的规则制定建议。例如，2006 年 6 月 12 日，委员会在附加的数据和概念文件之后组织了第一次关于利益和挑战的圆桌会议，将 XBRL 的使用和其他形式的互动数据联系在一起来代表金融和其他信息。互动数据允许因特网使用者查找和使用个人信息项目，这一信息可以从金融报告，比如净收入、行政补偿或共同基金支出中获得。早晨圆桌会议开会的时候以关于如何改进共同基金信息披露的质量、何种信息对共同基金投资者最有用以及委员会如何才能发挥互动数据和其他技术的杠杆作用，为投资者提供更好的信息为话题交换了意见。这次圆桌会议在广播里现场直播，而且在网上也能即时收看到。公众意见听证会和圆桌会议为广泛听取任何关于规则制定的意见提供了机会。个体投资者的反馈会通过和代表投资社区的小组一起工作来收集。而且公众可能申请向委员会提出采纳或废止规则的建议。该项目将不定期地寻找行业和投资者群体、金融媒介或其他组织的援助来协助确保有关公众要求的宣传。	是	10%
3. RG2	项目是否进行了管制影响分析、政策适应性分析以及成本收益分析，这些分析是否与 OMB 的指南一致？ 说明：证券交易委员会的规则制定是伴随正式过程产生的，旨在确保能同时满足规则提出和采纳阶段的要求。管制弹性法案、SBREFA 以及成本分析在所有的规则制定活动中都得到展开，尽管许多和 SBREFA 分析有关的工作仅仅在采纳阶段需要实施。这些文件由经济分析办公室和总监察长办公室在提出和采纳阶段审核。内部控制也会定期展开，以保证规则制定过程在向机构以外发布之前完成。经济分析办公室发布了正式的管制弹性法案、成本分析和 SBREFA 分析的评估备忘录。主席考克斯最近（正如 2006 年一样）通过询问总咨询办公室来做一项关于委员会如何符合第 2（c）部分投资公司法案的自上而下的评估，这一评估要求委员会考虑所推荐的规则是否会促进效率、竞争和资本的形成。	是	10%

续表

序号	问　　题	答案	分值
3. RG2	依据：证券交易委员会的总咨询办公室保存着关于规则制定要求的指南（证券交易委员会承诺手册）。此外，该项目已经发展了规则制定的手册，这将向员工提供指南以保证他们的行为合乎联邦要求（例如，监管政策制定手册办公室）。相关的规则制定者收集了包含能证明合乎管制弹性法案、纸张减少法案以及 SBREFA 要求的文件和备忘录。2004 年政府责任署 - 94 - 105（管制弹性法案）SBA 关于管制弹性法案的年度报告。	是	10%
3. RG4	在可行的情况下，政策设计是否通过最大化其净收益来实现项目目标？ 说明：该项目最主要的监管活动是使投资者在欺骗行为、管理不善、自我交易和金融服务业中的投资公司和投资顾问部门容易使人产生误解的行为、不完整的信息披露中的金融风险减至最低，而不是使受到监管的实体增加不必要的成本和负担。规则制定认可了所推荐的新的要求——或从对投资者保护的要求中概括了义务的免除——以及要求在实行收益和成本的过程中提供意见。选择方法得到了满足，而且成本收益分析已经准备好了符合规则制定的成本收益分析指南。为了收集和证实潜在的收益分析数据，公司可能会被要求询问估计（提供符合纸张减少法案要求的活动）。数量上和质量上的收益和潜在的监管成本一同得到评估。作为成本收益分析的结果，以及对有关降低成本建议的回应，该机构试着在可能的情况下扩大减少监管活动的收益。关于信息披露的资金组合，该机构重置了一个所有方法都适宜的规模组合，在这些组合中，所有资金每两年就对所有的利益相关者递交完整的组合计划，伴以分层级的方法。这一分层级的方法旨在使更多的信息能够在允许资金适合他们利益相关者报告时按他们特定需要的信息量报告。这一结果加强了组合信息在减少成本上的可用性（对于更多的信息，参见“依据”部分的陈述）。在继续保护投资者免受错误的或使人误解的宣传时，该机构已经简化和明确了有关共同基金广告的规定，旨在使基金能提供更多适时、有益以及平衡的信息。关于投资顾问，该机构使对于顾客资产的保管能够现代化，以确认现有的保管实践，降低顾问承诺的负担，以及加强对顾问资产的保护。该机构还试着确保投资公司的监管法案不能阻止可能与投资公司相似的企业，但是投资公司的投资者不需要投资公司法案的保护。例如，该机构采取了一项规则来澄清生物工艺学和其他研发公司，这些公司可能除了投资证券交易委员会以外几乎没有资产和操作收入，该机构并没有在投资公司法案下定义投资公司。该机构还采取措施提高收益，并且通过逐步改进公司和投资公司信息披露的电子填报系统来减轻负担，增加可以通过电子化方式填报的表格，建立一个可以接受并发布投资顾问登记和披露材料的电子系统，	是	10%

续表

序号	问　题	答案	分值
3. RG4	并且探索通过使用交互数据来提供财务和其他信息。 依据：总顾问办公室提供了关于发展监管的指南，而且经济分析办公室也提供了包含准备成本收益分析的手册。该项目常规性地思考可能的方法来释放施加在小议题上的负担。指示：共同基金被用来提供给利益相关者半年的报告，包括金融信息，投资绩效信息，以及关于投资绩效的管理意见。修改的规则和表格允许股份和联合基金在他们的利益相关者报告中列出50个资产组合。（货币市场资金，因为他们的组合经常轮换，不再有必要列出任何单独的组合。）如果一个利益相关者要求得到完整的组合列表，该基金必须提供。使用总结来代替完整的组合列表（很大的基金都有35到40页）可以显著地降低打印和发邮件的成本。为了提供额外的信息给那些希望更好地针对重叠的保障、投资偏离、假账以及其他议题控制他们的资金组合的投资者，这些修改继续要求资金在第二和第四财政季度通过EDGAR向委员会提供完整的组合列表，并且在第一和第三财政季度施加新的要求，提供完整组合列表的需求。	是	10%
	第三部分——项目管理	得分	80%
第四部分——项目结果/责任			
序号	问　题	答案	分值
4.1	项目是否在实现其长期绩效目标时体现出足够的进展？ 说明：该项目已经完成或超越了为三个长期成果所设定的目标。 依据：2008年证券交易委员会的年度绩效预算，以及记录前几年结果的内部文件。	是	20%
4.2	项目（包括项目合作者）是否实现了年度绩效目标？ 说明：该项目已经完成或超越了它的年度产出目标、效率目标，以及三个成果目标。 依据：2008年证券交易委员会的年度绩效预算，以及记录前几年结果的内部文件。	是	20%
4.3	项目在实现年度绩效目标时是否体现了效率改进或成本节约？ 说明：该项目已经证明连续三年在审核申请上市登记表时间的百分比上有所改进（参见“指标”一栏）。 依据：2008年证券交易委员会的年度绩效预算，以及记录前几年结果的内部文件。	是	20%

续表

序号	问　题	答案	分值
4.4	项目的绩效是否比具有类似目的和目标的其他项目（包括政府、私人等）更好？ 说明：很难将该项目与金融监管机构的项目绩效相比较，因为任务、操作模式不同，成果衡量指标不同，以及监管的实体不同。 依据：正如问题 1.3 中所陈述的那样，证券交易委员会主要负责管理和执行联邦证券交易委员会法。	空缺	0%
4.5	范围和质量符合要求的独立评价是否显示该项目有效并实现了目标？ 说明：政府责任署和总监察长办公室已经处理了投资管理项目的常规性审核，正如问题 2.6 中所陈述的那样。这些审核并没有显示出项目有很显著的问题。然而这些评估并未关注项目整体的有效性，一般来说，它们支持的是项目不同方面的有效性。 依据：2005 年政府责任署发布一份与共同基金舞弊有关的报告主要关注的是证券交易委员会对遵从证券法项目的审查。关于投资管理项目，2005 年的报告指出，该项目意识到市场时机，并且已经尝试通过说明性函件的发布，以及与投资公司行业的对话来降低风险。这份 2005 年的报告还指出该项目通过提出一系列规则和规则修订改进资金运作并保护投资者，回应市场时机和其他舞弊行为。最后，这份 2005 年的报告指出该投资管理项目采取措施来加强收集和分析建议，这些建议可以从公众或其他证券交易委员会办公室或监管机构提供的潜在违规者那里得到。该委员会独立的总监察长办公室也参与审查这个投资管理项目。最近的评估还包括对项目披露审查、保险产品、政策制定以及以前的公共事业规则办公室之内从事活动的评价。关于信息披露审核的功能，总监察长办公室发现该项目计划通过设定普通目标和定义塞班斯—奥克斯利法案所要求的时限和合法性这一特殊目标来制定文件审核的计划。关于规则制定功能，总监察长办公室发现（1）规则制定的过程由项目和证券交易委员会中的其他单位主导，通常能有效地合法地完成监管和委员会政策所要求的任务；（2）对于公众的建议以及与外界政党的沟通和协调是有效的。该项目迅速地解决了由总监察长办公室确认的需要管理者关注的事务，比如建立改进的数据库来跟踪议题和有关信息披露的趋势，以及更新处理不运行函件文件程序的必要性。政府责任署 -01 -655R，2001 年 5 月，共同基金费用：证券交易委员会关于共同基金费用的报告——政府问责办公室 -02 -302，2002 年 3 月，证券交易委员会操作：增加工作量带来的挑战；政府问责办公室 -03 -763，2003 年 6 月，共同基金：对投资者披露信息时需要更大的透明度；以及政府问责办公室 -05 -313，	很大程度上是	13%

续表

序号	问题	答案	分值
4.5	2005年4月，共同基金交易舞弊：证券交易委员会未能在早期查处违法行为的教训。总监察长办公室第387号报告，2005年3月29日，计划中的投资管理文件评估；总监察长办公室第372号报告，2003年10月20日，对国有企业的监管；以及总监察长办公室第347号报告，2002年7月12日，规则制定过程。	很大程度上是	13%
4. RG1	项目目标（和收益）的实现是否以最小的社会成本为代价，以及该项目能否最大化净收益？ 说明：对于投资公司和投资顾问，证券交易委员会的战略目标在于促进行为的合法性，灵活的监管，保障投资者的知情权。这些项目目标每年都会按时完成。该项目将项目的年度成本和最初由基金和顾问、最终由股东和客户承担的遵从成本视为社会成本。在这些成本之间求得平衡对于一个享有储户、投资人和其他金融市场参与者信心的诚实、讲信誉的企业有利。该项目已经使投资公司投资者和投资顾问客户的金融风险从欺骗行为、管理不善、自我交易和使人误解的或不完整的信息披露中降至最低，这些风险是在提供灵活、创新的监管环境时才会产生的。项目目标的完成由在投资公司和顾问、大量基金投资人管理下的资产的长期大量增长所证实，包括各类可用产品和服务，各类个人储蓄和退休储蓄的市场份额。 依据：2008年证券交易委员会的年度绩效预算，以及记录前几年结果的内部文件。	是	20%
	第四部分——项目结果/责任	得分	93%

参考文献

http：//www. whitehouse. gov/omb/expectmore/rating/perform. html。

http：//www. whitehouse. gov/omb/performance_ past#2008。

第五章

绩效预算与项目评级工具：中国经验

中国政府于20世纪90年代末启动预算管理制度改革，在加强财政收支管理，规范预算管理方面取得了长足的进展，在美国政府推出项目评级工具（PART）后不久，我国政府和学术界便着手对其进行学习借鉴，其中财政部财科所2004年组织翻译的《美国政府绩效评价体系》做了较为系统的介绍，但主要停留在基本内容的描述层面，尚未进入与中国实践结合，对其进行创造性转化的阶段。2008年以来，随着我国预算管理制度改革的进一步深化和绩效预算改革的启动，项目评级工具在不断简化、本土化的基础上，在不同层次的政府、不同领域的项目上得到应用，有力地推动了我国预算管理改革的进程。

第一节 项目评级工具的前期探索

绩效评级工具在中国的初次实践是在2008年上海张江高科技园区“相约张江”项目的绩效评价上，该项目以“多方参与，政府专项补贴”的模式运作，共涉及各类项目补贴与宣传会务经费约1296.74万元。其中各类项目直接补贴534.7万元，具体包括：“主题活动”7项，补贴140万元；“专业活动”23项，补贴234.7万元；“文化活动”14项，补贴142.5万元；“宣传活动”5项，补贴17.5万元。见表5－1。

表5－1　　项目预算——按板块分类　　单位：万元

板块类别	费用预算	直接补贴额
主题活动	200	140
专业活动	677.74	234.7
文化活动	379	142.5
宣传活动	40	17.5
总　　计	1296.74	534.7

一、评价的思路和体系

“相约张江”项目的评价以结果导向的绩效指标为核心，综合运用资料收集、问卷调查、访谈和数据分析等多种方法，对各项活动的目标、策划、实施、效果以及专项资金使用情况进行全程评价与追踪问效，评价的基本思路具体如图5－1所示。

“相约张江”专项资金绩效评价指标体系在构建中参照了项目评级工具（PART）。具体由四部分构成：一是项目目的和设计（20%），重点评价项目是否符合“相约张江”活动的主旨；二是项目计划（10%），重点评价项目是否有切实可行的实施计划；三是项目组织和管理

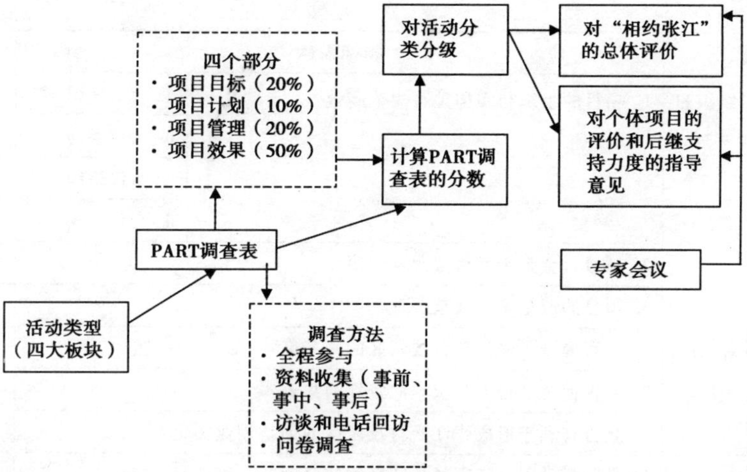

图 5－1

（20%），重点评价项目的组织实施是否规范有效；四是项目结果与效果（50%），重点评价项目是否实现了预期的产出和理想的效果。指标体系在构建上强调平衡性，综合考虑定位、计划、管理、结果等四个方面；在选择上体现实用性，在确保全面有效的同时力求简洁；在权重分配上突出结果导向，项目结果部分所占比重达50%；在具体设计上紧扣“相约张江”活动目标和各类活动特色，兼顾统一性和特殊性。见表5－2。

表 5－2　　项目绩效评价指标体系

指标类别	指标描述	分值比例
一、项目目的和设计（20%）	1. 该项目是否围绕发展张江和宣传张江展开？	6%
	2. 该项目是否解决了发展张江和宣传张江中的某个（些）具体问题？	6%
	3. 项目设计中有关资金的安排是否是为了达成目标服务？	6%
	4. 该项目是否与其他项目重复？	2%
	该项目是否在现有法律框架下展开？（一票否决）	
二、项目计划（10%）	1. 项目是否有符合“相约张江”活动主旨要求的中长期规划？	3%
	2. 项目是否有结果导向的可衡量指标？	3%
	3. 项目的计划与预算之间的关联度是否紧密？	4%

续表

<table>
<tr><th colspan="2">指标类别</th><th colspan="2">指标描述</th><th>分值比例</th></tr>
<tr><td colspan="2" rowspan="6">三、项目组织和管理（20%）</td><td rowspan="4">1. 项目的组织与实施是否规范高效？</td><td>a. 会议标识</td><td>2%</td></tr>
<tr><td>b. 会议参与</td><td>5%</td></tr>
<tr><td>c. 会议组织</td><td>5%</td></tr>
<tr><td>d. 会议材料</td><td>1%</td></tr>
<tr><td colspan="2">2. 项目资金是否严格按预算使用？</td><td>5%</td></tr>
<tr><td colspan="2">3. 项目的调整是否规范合理？</td><td>2%</td></tr>
<tr><td rowspan="14">四、项目结果与效果（50%）</td><td rowspan="3">A. 主题活动</td><td colspan="2">1. 是否提升了张江高科技园区的知名度？</td><td>20%</td></tr>
<tr><td colspan="2">2. 是否促进了智力与资本向张江的集聚？</td><td>20%</td></tr>
<tr><td colspan="2">3. 是否有利于形成张江高科技园区的创新创业文化？</td><td>10%</td></tr>
<tr><td rowspan="5">B. 专业活动</td><td colspan="2">1. 是否提升了张江高科技园区的知名度？</td><td>10%</td></tr>
<tr><td colspan="2">2. 是否促进了相关产业的发展？</td><td>15%</td></tr>
<tr><td colspan="2">3. 是否促进了行业内部的交流与合作？</td><td>10%</td></tr>
<tr><td colspan="2">4. 是否促进了智力与资本向张江的集聚？</td><td>10%</td></tr>
<tr><td colspan="2">5. 是否有利于形成张江高科技园区的创新创业文化？</td><td>5%</td></tr>
<tr><td rowspan="3">C. 文化活动</td><td colspan="2">1. 是否提升了张江高科技园区的知名度？</td><td>10%</td></tr>
<tr><td colspan="2">2. 是否有利于形成张江高科技园区的创新创业文化？</td><td>20%</td></tr>
<tr><td colspan="2">3. 是否提升了张江高科技园区的宜居程度与文化氛围？</td><td>20%</td></tr>
<tr><td rowspan="3">D. 宣传活动</td><td colspan="2">1. 是否提升了张江高科技园区的知名度？</td><td>20%</td></tr>
<tr><td colspan="2">2. 是否促进了相关产业的发展？</td><td>15%</td></tr>
<tr><td colspan="2">3. 是否促进了智力与资本向张江的集聚？</td><td>15%</td></tr>
<tr><td colspan="2">总计</td><td colspan="2"></td><td>100%</td></tr>
</table>

二、项目评价的组织实施

（一）基础工作与信息收集

围绕绩效评价指标体系，安排专人（1—2 名）全程参与、记录每项活动，并通过观察、访谈、问卷调查、媒体资料收集等途径全方位获取绩效评价工作所需基础信息，具体包括以下三方面：

1. 客观信息

- 参与会议人数（计划数与实际数）

- 参加者结构（计划与实际）

——企业、学界、研究机构、政府

——张江内部，张江以外浦东地区，浦东以外上海地区，上海以外国内地区，海外人士

- 活动发言人（主持人）详细情况（预定发言人和实际发言人）
- 活动组织情况，如有序性，会场服务，氛围，互动参与程度等
- 宣传和介绍材料
- 材料清单（收集各种材料）
- 材料印制和分发情况
- 是否在显著位置体现“相约张江”的标题和 LOGO
- 活动事前的宣传方式和途径
- 活动后的报道和新闻（报纸、专业杂志、网络等）
- 主办方的活动计划、预算和活动总结
- 经费审计结果

2. 主观指标（通过访谈、问卷调查、电话回访获得）

- 参与者对活动的满意程度
- 主办方对活动的满意程度

3. 综合指标

通过客观指标和主观指标综合判断活动的效果，包括：

- 活动对提高张江高科技园区知名度的影响
- 活动对上海以及我国相关产业发展的影响
- 活动对促进相关产业同行交流合作的影响
- 活动对促进资本和智力向张江集聚的影响
- 活动对提高张江地区创新创业文化氛围的影响
- 活动对提高张江文化氛围、凝聚力和宜居程度的影响
- 活动的可能改进方向

（二）组织实施绩效评价

绩效评价的组织实施分四阶段展开：

第一阶段，根据有关数据和信息，运用定量与定性相结合的方法对各项活动的实施及其效果进行初步评价。项目绩效评价得分 = 项目目标分项总分 ×0.2 + 规划设计分项总分 ×0.1 + 项目实施分项总分 ×0.2 + 项目效果分项

总分×0.5。

第二阶段，根据项目得分情况对项目进行评级，形成评价结果并给出改进建议。评级标准及基本建议如表5-3所示。

表5-3　　评价结果分级标准

分数范围	绩效级别	基本建议
85—100	优	支付剩余项目经费； 建议今后适当加大支持力度，推进品牌项目建设。
75—85	良	支付剩余项目经费； 提出项目改进建议。
60—75	中	酌情考虑支付剩余项目经费； 提出项目改进建议。
0—60	差	酌情考虑剩余项目经费； 提出整改建议。

第三阶段，以各项目评价为基础，综合评价2008年"相约张江——第四届张江科技文化节"活动实施效果，并对活动设计、预算安排、组织实施等方面提出建议。

第四阶段，组织召开专家会议，完善和修正绩效评价结论及建议，撰写评价报告报园区办相关部门。

三、项目评价的结果

从2008年5月15日到2008年9月13日，项目组全程参与"相约张江"各项活动，收集和准备绩效评价所需信息。事前了解活动的宣传渠道和方式，事中进行现场观察、记录活动组织和参与情况、收集活动中发放的各种资料、访谈活动参与者，事后收集新闻稿和承办方总结报告、对活动参与者进行电话回访等方式，全面掌握各项活动的实际情况和第一手资料。在此基础上，对照各项活动在申报阶段提交的活动方案和预算，参考审计单位出具的财务审计报告，按照设定的绩效指标为各项活动打分，得出评价结果。同时，以各项活动的拟补贴额占"相约张江"总补贴额的比例为权重，将各项活动绩效评价得分加权平均，得出评价结果。

2008年"相约张江——第四届张江科技文化节"绩效评价总体得分为

80.4 分，绩效等级为“良”。见表 5－4。

表 5－4　　“相约张江”整体活动各项指标得分

<table>
<tr><th>指标类别</th><th colspan="2">指标描述</th><th>单项得分</th><th>汇总得分</th></tr>
<tr><td rowspan="5">项目目的和设计</td><td colspan="2">1. 该项目是否围绕发展张江和宣传张江展开？</td><td>85.3</td><td rowspan="5">82</td></tr>
<tr><td colspan="2">2. 该项目是否解决了发展张江和宣传张江中的某个具体问题？</td><td>82.2</td></tr>
<tr><td colspan="2">3. 项目设计中有关资金的安排是否是为了达成目标服务？</td><td>75.7</td></tr>
<tr><td colspan="2">4. 该项目是否与其他项目重复？</td><td>90.3</td></tr>
<tr><td colspan="2">该项目是否在现有法律框架下展开？（一票否决）</td><td>是</td></tr>
<tr><td rowspan="3">项目计划</td><td colspan="2">1. 项目是否有符合“相约张江”活动主旨要求的中长期规划？</td><td>70.2</td><td rowspan="3">70.4</td></tr>
<tr><td colspan="2">2. 项目是否有结果导向的可衡量指标？</td><td>66.0</td></tr>
<tr><td colspan="2">3. 项目的计划与预算之间的关联度是否紧密？</td><td>74.0</td></tr>
<tr><td rowspan="6">项目组织和管理</td><td rowspan="4">1. 项目的组织与实施是否规范高效？</td><td>a. 会议标识</td><td>81.8</td><td rowspan="6">80.2</td></tr>
<tr><td>b. 会议参与</td><td>82.1</td></tr>
<tr><td>c. 会议组织</td><td>81.5</td></tr>
<tr><td>d. 会议材料</td><td>77.4</td></tr>
<tr><td colspan="2">2. 项目资金是否严格按预算使用？</td><td>76.4</td></tr>
<tr><td colspan="2">3. 项目的调整是否规范合理？</td><td>81.7</td></tr>
<tr><td rowspan="6">项目结果与效果</td><td colspan="2">1. 是否提升了张江高科技园区的知名度？</td><td>83.4</td><td rowspan="6">81.6</td></tr>
<tr><td colspan="2">2. 是否促进了相关产业的发展？</td><td>82.8</td></tr>
<tr><td colspan="2">3. 是否促进了行业内部的交流与合作？</td><td>80.7</td></tr>
<tr><td colspan="2">4. 是否促进了智力与资本向张江的集聚？</td><td>80.5</td></tr>
<tr><td colspan="2">5. 是否有利于形成张江高科技园区的创新创业文化？</td><td>77.6</td></tr>
<tr><td colspan="2">6. 是否提升了张江高科技园区的宜居程度与文化氛围？</td><td>81.0</td></tr>
<tr><td colspan="3">“相约张江”整体绩效水平</td><td colspan="2">80.4</td></tr>
</table>

从绩效得分来看，四大板块差别较大。其中：主题活动 85.2 分，绩效等级为“优”；专业活动 79.6 分，绩效等级为“良”；文化活动 76.4 分，绩效等级为“良”；宣传活动 80.5 分，绩效等级为“良”（详见表 5－5）。

表 5－5　　绩效评价结果对比——按板块分类

<table>
<tr><td colspan="2" rowspan="2">指标</td><td colspan="4">板块分类</td><td rowspan="2">“相约张江”总计</td></tr>
<tr><td>主题活动</td><td>专业活动</td><td>文化活动</td><td>宣传活动</td></tr>
<tr><td rowspan="4">一级指标</td><td>项目目的和设计</td><td>87.1</td><td>80.9</td><td>78.0</td><td>78.9</td><td>82.0</td></tr>
<tr><td>项目计划</td><td>74.7</td><td>70.9</td><td>65.8</td><td>62.1</td><td>70.4</td></tr>
<tr><td>项目组织和管理</td><td>83.5</td><td>79.5</td><td>77.2</td><td>83.2</td><td>80.2</td></tr>
<tr><td>项目结果与效果</td><td>87.4</td><td>80.15</td><td>77.8</td><td>84.2</td><td>81.6</td></tr>
<tr><td colspan="2">绩效评价得分</td><td>85.2</td><td>79.6</td><td>76.4</td><td>80.5</td><td>80.4</td></tr>
<tr><td colspan="2">评级</td><td>优</td><td>良</td><td>良</td><td>良</td><td>良</td></tr>
</table>

从项目分布来看（表 5－6），大部分活动处于绩效等级“良”以上。其中：绩效等级为“优”的项目占总项目数的 9.8%，绩效等级为“良”的项目占 68.3%，绩效等级为“中”项目占 21.9%，没有绩效等级为“差”的项目。虽然评价等级为“优”和“良”的项目占 78%，但处于评价等级为“良”的项目中 75—80 分值段占 46%，相当一部分项目还有很大的改进空间。

表 5－6　　绩效评价结果分类——按评级

级别名称	优	良	中	差	总计
项目数	4	28	9	0	41
比例	9.8%	68.3%	21.9%	0	100%

“相约张江”科技文化节自 2005 年至 2007 年已成功举办过三届。其中 2007 年的“相约张江”进行过事后绩效评估。尽管采用的指标体系和评价方式不同，但与 2008 年的“相约张江”在个别指标上仍有一定可比性，具体对比结果见表 5－7。

表 5－7　　2008 年“相约张江”与 2007 年“相约张江”在个别指标上的对比

<table>
<tr><td colspan="2">2008 年“相约张江”</td><td colspan="2">2007 年“相约张江”</td></tr>
<tr><td>指标描述</td><td>得分</td><td>指标描述</td><td>得分</td></tr>
<tr><td>该项目是否围绕发展张江和宣传张江展开？</td><td>85.3</td><td>项目目标的合理性</td><td>67.5</td></tr>
<tr><td>项目资金是否严格按预算使用？</td><td>76.4</td><td>支出的相符性</td><td>56.7</td></tr>
</table>

续表

2008 年“相约张江”		2007 年“相约张江”	
指标描述	得分	指标描述	得分
是否提升了张江园区的知名度？	83.4	提升园区的社会影响与知名度	66.7
是否有利于形成张江的创新创业文化？	77.6	增强园区内创业氛围	75
是否提升了张江的宜居程度与文化氛围？	81	满足人民群众基本文化需要	75
是否促进了行业内部的交流与合作？	80.7	为企业搭建展示平台	50
是否促进了相关产业的发展？	82.8		

四、2008 年“相约张江”项目评价的启示

上述模式是绩效评级工具在中国的初次实践。这是一次预算已经确定后的评价，特点是在项目正在实施过程中介入，动态跟踪了解项目信息并形成绩效指标，待项目结束后完成结果评价。评价过程中反映了一些共性问题。首先是预算非常粗糙，缺乏基本的预算理念，期间调整追加频繁，严格来讲，分项预算亦未实现，遑论预算绩效。其次是各项目实施部门的观念和行为模式远未转变，预算是一场没有责任的博弈，争到盘子，花光钱，不违规，这就是最核心的要求。第三，与第二方面问题密切相关的就是绩效指标的形成非常困难，绩效指标必须源于项目本身，源于实施部门，但现实是主管部门往往要求评价方从外部进行设计，由于评价方往往对项目情况不熟悉，加之被评方配合度不高，绩效指标和目标的质量无法保证。第四是评价结果的运用微乎其微，评价报告的完成往往成为评价工作的终点，没有对照评价结果在内部流程再造和公共资源配置等方面做进一步探讨。

不难看出，这在很大程度上是一次对绩效评级工具的误读：问题框架被理解为通用指标。但误读自有其价值所在，这一大胆实践为此后的探索开辟了道路，即一则保留项目目的和设计、项目计划、项目组织和管理、项目结果与成效的基本分析框架；二则为适应管理现状，绩效评级工具的 25 个核心问题被简化为十来个指标，通过不断简化使评价框架逐步贴近管理现实；三则通过表述上的本土化提升绩效评级工具的可理解性和操作性。这些原则和经验在此后的改革中将一再发挥作用，指导理论和实践的探索。

第二节 绩效评级工具的闵行模式

2008年，上海市闵行区启动结果导向的绩效预算改革，从政府治理变革的视角出发，借鉴国内外先进理论和经验的基础上，积极探索绩效预算改革的道路，复旦大学公共预算与绩效评价中心在对绩效评级工具实施创造性转化的基础上，提出并运用了一套较为完整的项目前期评价框架和实施路径，具有重要的创新意义和示范效应。

一、基本理念

（一）结果导向

公共支出的目标是结果而非投入，公共预算的编制与执行结果导向，以公众福利最大化和区域经济社会发展为根本准绳。这个理念关乎政府治理理念和模式的根本转变，现代政府变革的思想千言万语，归根结底就是这句话，容易理解，难于操作。闵行的预算改革因主要领导重视，在政治上有先天优势，但不论是行政部门、立法部门，还是广大公众，乃至执政者自身，对这一理念的理解到底如何，在多大程度上在行为上贯彻该理念，使该理念在政府职能和政府行为上操作化，可能已超越理念本身，需要冷静分析和反思，需要长期艰巨的努力。

（二）绩效引领

公共支出要实现配置和使用上的效率，整合计划与预算，预算与绩效，绩效与管理。绩效是政府合法性的具体体现，如果政府无法证实自身行为的绩效，无法证明通过税收筹措收入、安排支出比公众分别使用资金更有效，政府的合法性便会受到质疑，从这重意义上讲，绩效是责任的具体而微。至于计划与预算、预算与绩效、绩效与管理之间的整合，核心是理性决策，科学管理，提供了一个贯彻绩效的基本思路，唯如此，才可能系统科学地配置资源，高效节俭地使用资源，全面完整地实施问责。

（三）公开透明

预算编制、决策、执行透明公开，完善的预算审查、监督机制，有效的公众参与途径。这个理念的核心是要建立现代治理模式，首先是透明，使公共决策和执行公开化，在内部控制之外施加强大的外部约束，政府部门必须跳出自身来反思并转变行为，才可能适应形势的需要。其次是在行政部门内部建构科学的决策和实施机制，在立法部门与行政部门之间建立规范的问责机制，前者是后者的重要基础，可问责是问责的前提。第三是公众的参与，只有社会觉醒并充分表达了自身的偏好，预算项目的目标、计划、管理、问责才聚焦并有了真实的意义。

二、评价框架

评价框架充分借鉴了美国政府绩效预算改革的最新成果项目评级工具，在其基本框架下开发出一套简明实用的评级方法。该方法围绕预算项目的定位、计划、管理、结果四个方面，由 14 个问题构成，涵盖了项目周期的全过程，构建了一个申报部门与审核部门之间就项目绩效信息交流互动的平台（见表 5－8）。这个分析性的框架是一个互动的成果，设计者与实务部门之间经过多次充分的沟通，财政部门与业务部门自建也有过多次的磨合，期间有数个过渡性版本，最终的框架是理性的建构，是博弈的结果，更是中国的行政传统与现代政府治理理念的交融。对项目申请方而言，PART 提供了一个系统思考预算的框架，有利于科学论证、细化编制；对于财政部门而言，PART 提供了一个全面审核预算的工具，有利于综合平衡、优化配置；对于立法部门而言，PART 提供了结果导向、透明、可理解的预算信息，有利于统筹兼顾、科学决策。

表 5－8　　闵行区 PART 的基本问题

第一部分：项目定位（20%）	
1.1	项目的目标是否具体明确？（35）
1.2	项目的预算是否合理？（35）
1.3	项目的设计是否避免了重大缺陷？（15）
1.4	项目是否避免了与其他项目的重复？（15）
第二部分：项目计划（10%）	
2.1	项目是否有结果导向、针对性强的绩效指标？（40）
2.2	项目的绩效指标是否有挑战性？（30）

续表

第二部分：项目计划（10%）	
2.3	项目是否有明确的责任主体？(30)
第三部分：项目管理（20%）	
3.1	部门是否能够运用绩效信息管理项目？(20)
3.2	项目管理者是否有明确的责任？(20)
3.3	项目是否有有效的财务管理方法？(20)
3.4	项目是否有切实可行的改进计划？(40)
第四部分：项目结果（50%）	
4.1	项目是否能够实现年度绩效目标？(40)
4.2	项目是否有助于长期绩效目标的实现？(40)
4.3	项目在实现年度绩效目标时是否能够改进效率或节约成本？(20)

资料来源：作者自制。

围绕上述基本问题，项目前期评价围绕项目信息表、项目绩效指标表、项目评价表三个部分展开，以下通过2009上海市闵行区食品安全专项的自评具体说明。见表5-9、表5-10、表5-11。

表5-9　项目信息表

<table>
<tr><td>项目名称</td><td colspan="2">2009年度闵行区食品安全民生项目</td></tr>
<tr><td>实施部门</td><td colspan="2">上海市食品药品监督管理局闵行分局</td></tr>
<tr><td>具体操作部门</td><td colspan="2">闵行分局食品科、区食品药品监督所</td></tr>
<tr><td>项目类型</td><td colspan="2">公共安全——食品安全</td></tr>
<tr><td>项目级别</td><td colspan="2">有效</td></tr>
<tr><td rowspan="6">项目得分</td><td>部分</td><td>分值</td></tr>
<tr><td>项目定位（20%）</td><td>90</td></tr>
<tr><td>项目计划（10%）</td><td>85</td></tr>
<tr><td>项目管理（20%）</td><td>78</td></tr>
<tr><td>项目结果（50%）</td><td>86</td></tr>
<tr><td>加权得分</td><td>85.1</td></tr>
<tr><td>项目资金水平</td><td colspan="2">56万元</td></tr>
</table>

资料来源：作者自制。

表 5－10　　项目绩效指标表

<table>
<tr><th>期限</th><th>结果指标</th><th></th></tr>
<tr><td>长期</td><td>集体性食物中毒事故发生率</td><td>说明：每年，在每10万人口中发生集体性食物中毒（在共同就餐的人群中因同样的原因引起短时间内多人发病的食物中毒）的例数。
具体数字指标：<table><tr><td>年度</td><td>目标</td></tr><tr><td>2007</td><td>9 例以下/10 万人口</td></tr><tr><td>2008</td><td>8.6 例以下/10 万人口</td></tr><tr><td>2009</td><td>8 例以下/10 万人口</td></tr><tr><td>2010</td><td>8 例以下/10 万人口</td></tr></table></td></tr>
<tr><td rowspan="3">年度</td><td>1. 市民食品安全知识知晓率</td><td>说明：市民中对食品安全相关的信息、常识了解掌握达到一定程度的人群占市民总数的比例。
具体数字指标：<table><tr><td>年度</td><td>目标</td></tr><tr><td>2009</td><td>知晓率≥82%</td></tr></table></td></tr>
<tr><td>2. 重点企业实时监控率</td><td>说明：安装运行“食品安全实时监控平台”的大型超市、卖场及盒（桶）饭生产企业数占企业总数的比例。
具体数字指标：<table><tr><td>年度</td><td>目标</td></tr><tr><td>2009</td><td>监控率≥90%</td></tr></table></td></tr>
<tr><td>3. 重点食品抽验合格率</td><td>说明：对十大类重点食品抽检的合格数占抽检总数的比例。
具体数字指标：<table><tr><td>年度</td><td>目标</td></tr><tr><td>2009</td><td>合格率≥93%</td></tr></table></td></tr>
</table>

资料来源：作者自制。

表 5－11　　　　项目评价表

<table>
<tr><td colspan="3">第一部分：项目定位（20％）</td></tr>
<tr><td>序号</td><td>问　题</td><td>自评得分</td></tr>
<tr><td>1.1</td><td>项目的目标是否具体明确？(35)
说明：本项目的目标是将年报告集体性食物中毒事故发生率控制在 8 例以下/10 万人口，具体分解为三项目标，即：市民食品安全知识知晓率≥82％，对重点企业实时监控率≥90％，重点食品抽验合格率≥93％。
依据：1．“上海市食品药品安全‘十一五’规划”
2．“闵行区新一轮民生指标体系（2008）”</td><td>35</td></tr>
<tr><td>1.2</td><td>项目的预算是否合理？(35)
说明：本项目预算与目标密切相关，成本测算合理，并直接用于该项目的实施，具体如下：
<table>
<tr><th>明细项目</th><th>平均费用</th><th>目标人次数</th></tr>
<tr><td>相对人培训</td><td>13.3 元/人次</td><td>6000 人次</td></tr>
<tr><td>市民宣传教育</td><td>1.32 元/人次</td><td>100000 人次</td></tr>
<tr><td>重点企业实时监控</td><td>2650 元/户</td><td>50 户</td></tr>
<tr><td>重点食品抽验合格率</td><td>220 元/件</td><td>1000 件</td></tr>
</table>
依据：1．“上海市食品药品安全‘十一五’规划”
2．“闵行区新一轮民生指标体系（2008）”
3．《上海市食品生产经营人员食品安全培训和考核管理办法》</td><td>30</td></tr>
<tr><td>1.3</td><td>项目的设计是否避免了重大缺陷？(15)
说明：本项目有明确的政策依据，不违反现有法律、法规，目前暂无政策调整，在设计上没有影响目标实现的重大缺陷。
依据：1．“上海市食品药品安全‘十一五’规划”
2．“闵行区新一轮民生指标体系（2008）”
3．《上海市食品生产经营人员食品安全培训和考核管理办法》</td><td>10</td></tr>
<tr><td>1.4</td><td>项目是否避免了与其他项目的重复？(15)
说明：该项目与已实施的项目不重复，与本部门或其他部门的项目不重复。
依据：1．《国务院关于进一步加强食品安全工作的决定》
2．《上海市人民政府关于调整本市食品安全有关监管部门职能的决定》</td><td>15</td></tr>
<tr><td colspan="2">第一部分：项目定位总得分</td><td>90</td></tr>
</table>

续表

<table>
<tr><td colspan="3">第二部分：项目计划（10 %）</td></tr>
<tr><td>序号</td><td>问　题</td><td>自评得分</td></tr>
<tr><td>2.1</td><td>项目是否有结果导向、针对性强的绩效指标？(40)
说明：本项目依据区委区府的战略规划制定了结果导向、针对性强的年度和长期绩效指标，具体如下：
<table>
<tr><td>项目</td><td>2007 实绩</td><td>2008 目标</td><td>2009 目标</td><td>2010 目标</td></tr>
<tr><td>集体性食物中毒事故发生率</td><td>9 例以下/10 万人口</td><td>8.6 例以下/10 万人口</td><td>8 例以下/10 万人口</td><td>8 例以下/10 万人口</td></tr>
<tr><td>市民食品安全知识知晓率</td><td>80%</td><td>81%</td><td>82%</td><td>85%</td></tr>
<tr><td>重点企业实时监控率</td><td>/</td><td>/</td><td>90%</td><td>92%</td></tr>
<tr><td>重点食品抽检合格率</td><td>91.9%</td><td>92%</td><td>93%</td><td>95%</td></tr>
</table>
项目有关指标在本部门 2009 年“以结果为导向的绩效预算”项目申报书中有详细说明。
依据：1. “上海市食品药品安全‘十　五’规划”
2. “闵行区新一轮民生指标体系（2008）”
3. “上海市食品药品监督管理局闵行分局建设健康城区三年行动计划（2006—2008 年）”</td><td>35</td></tr>
<tr><td>2.2</td><td>项目的绩效指标是否有挑战性？(30)
说明：本项目将提前一年完成“十一五”规划目标“年报告集体性食物中毒事故发生率控制在 8 例以下/10 万人口”。为实现这一具有挑战性的目标，制定了分解量化的工作目标：2008 年控制在 8.6 例以下/10 万人口，2009 年控制在 8 例以下/10 万人口。
依据：1. “上海市食品药品安全‘十一五’规划”
2. “闵行区新一轮民生指标体系（2008）”</td><td>20</td></tr>
<tr><td>2.3</td><td>项目是否有明确的责任主体？(30)
说明：本项目责任主体为闵行区食品药品监督所，由该所负责衡量并向上级主管部门报告本项目绩效指标完成情况。同时，成立了“食品安全民生项目管理领导小组”，按各项目标的性质确定了目标责任科室及责任人。
依据：1.《上海市人民政府关于调整本市食品安全有关监管部门职能的决定》
2.《上海市食品药品监督管理局闵行分局二〇〇九年食品安全民生项目实施计划》</td><td>30</td></tr>
<tr><td colspan="2">第二部分：项目计划总得分</td><td>85</td></tr>
</table>

续表

第三部分：项目管理（20 %）		
序号	问 题	自评得分
3.1	部门是否能够运用绩效信息管理项目？（20） 说明：为确保项目实施，制定了“2009年食品安全民生项目实施计划”。通过食品安全实时监控平台对重点企业进行监控，及时掌控在售食品的安全状况；按照抽检方案对十大类重点食品进行抽检等多种方式来收集、掌握数据信息；在计划中对绩效信息的收集和反馈做出了规定。但是，由于区域面积大、人员不足，在信息掌握的全面性上有待提高。目前，暂未建立运用绩效信息改进项目执行的机制。 依据：1.《上海市食品药品监督管理局闵行分局二〇〇九年食品安全民生项目实施计划》 2.“食品安全实时监控平台”	12
3.2	项目管理者是否有明确的责任？（20） 说明：本项目实行项目管理者负责制，明确了项目目标的负责人和三个分项目的责任人，在“食品安全民生项目实施计划”中对项目管理者的责任进行了明确的界定，但尚未规定项目管理者在项目成本、进度、关键成果上的责任。 依据：《上海市食品药品监督管理局闵行分局二〇〇九年食品安全民生项目实施计划》	16
3.3	项目是否有有效的财务管理方法？（20） 说明：本项目有健全的财务内控制度，通过运行“公共财政资金安全平台”对部门内部所有资金的使用实行从申请到支付的全程监控。同时，将财务人员列入项目管理小组成员，并详细规定财务人员在项目成本核算、支出审核上的权限。 依据：1.《上海市闵行区食品药品监督所财务内控制度》 2.《上海市食品药品监督管理局闵行分局二〇〇九年食品安全民生项目实施计划》	20
3.4	项目是否有切实可行的改进计划？（40） 说明：本项目在网上公示过程中虽未收到来自市民的意见，但在修订过程中仍贯彻了区长办公会议的精神，听取了市民意见。2009年将“食品安全实时监控”作为提升效率、节约成本的具体措施列入工作计划中，要求具体负责人按季度制定分步实施计划，同时要求结合上阶段实施情况及信息反馈情况对下季度的计划进行修正，在11月增加调整和修正一次，以确保项目有充分的改进和完成时间。 依据：《上海市食品药品监督管理局闵行分局二〇〇九年食品安全民生项目实施计划》	30
	第三部分：项目管理总得分	78

续表

第四部分：项目结果（50 %）		
序号	问 题	自评得分
4.1	项目是否能够实现年度绩效目标？(40) 说明：本项目定位较为准确，计划较为合理，管理机制较为健全，能够完成市民食品安全知识知晓率≥82%、重点企业实时监控率≥90%、重点食品抽验合格率≥93%的年度绩效目标，将有助于区委区府年度目标的实现。 依据：1.“上海市食品药品安全‘十一五’规划” 2.“闵行区新一轮民生指标体系（2008）” 3.《上海市食品药品监督管理局闵行分局二〇〇九年食品安全民生项目实施计划》	35
4.2	项目是否有助于长期绩效目标的实现？(40) 说明：本项目在区委区府战略目标框架下制定，并有具体的分阶段、分步骤实施计划，2009 年年度目标的实现将有助于长期绩效目标的实现（2010 年：集体性食物中毒事故发生率 8 例以下/10 万人口、市民食品安全知识知晓率≥85%、重点企业实时监控率≥92%、重点食品抽验合格率≥95%）。 依据：1.“上海市食品药品安全‘十一五’规划” 2.“闵行区新一轮民生指标体系（2008）” 3.《上海市食品药品监督管理局闵行分局二〇〇九年食品安全民生项目实施计划》	35
4.3	项目在实现年度绩效目标时是否能够改进效率或节约成本？(20) 说明：2009 年将在全区超过 90% 的重点企业中安装“食品安全实时监控平台”，此项措施将带来三方面的改进：一是可缓解因地域广、执法人员不足造成的监督力度不够、效率较低的问题；二是可变纸质台账为电子台账，节约纸质台账的印刷成本；三是以网络数据监控替代现场监督，可减少现场监督次数，降低交通成本。 依据：1.《食品安全实时监控平台预评估报告》 2.《上海市食品药品监督管理局闵行分局二〇〇九年食品安全民生项目实施计划》	16
	第四部分：项目结果总得分	86

资料来源：作者自制。

PART 在发源地美国联邦政府的操作模式非常系统，包括项目详细评估信息、正在进行的项目改进计划、已经完成的项目改进计划、项目绩效指标、问题/答案（详细评估信息）等诸多方面，以项目绩效指标为例，应当以结果指标为主，每个项目至少要有一个效率指标，要包括长期指标和年度指标，指标还必须提供历史数据和对未来的测算。考虑到现有的管理基础，以上所有方面均需做出妥协，简化，再简化，通俗，再通俗，这一过程不可避免地会漏损掉重要信息，甚至会在不知不觉间改变原框架的设计初衷，但从某种意义上讲，这些都是必须付出的代价。笔者曾经与实务工作者就上述评价开展过长时间的讨论，最终意识到，所有的理论与先进模式都必须服务于中国实践，实践需要的是符合它需要、解决它问题的理念和模式，这是改革模式结果导向的应有之意，不切实际的设计者与糟糕的实践者同样不可取。

三、评价实施和结果

为确保项目绩效评价工作的顺利实施，闵行区一则出台了《闵行区关于全面开展“以结果为导向”预算管理改革的实施意见》、《闵行区区本级部门预算支出前期绩效评价操作办法（试行）》及《有关专家评审和公众代表审议的要求》等一系列规范性操作办法，明确了相关程序和规定。二则区主要领导针对结果导向的绩效预算改革作了全面动员，各委办局主要领导和分管财务的领导积极参与。三则财政部门采取分层分类、集中和主动上门辅导等多种方式的全覆盖式培训，促进用款部门树立绩效意识。四则分两批召开了专家组预备会，使评审专家组全面了解绩效预算改革的背景及预算单位申报项目的情况。五则在评审过程中，为确保评审结果客观、公正，在专家组的构成上遵循了内外兼顾的原则。一是邀请高校研究和熟悉绩效预算工作的学者参加；二是邀请上级管理部门熟悉业务的专家参加；三是请区人大、政协有关专业委员会相关人员参加，采取自愿报名与选派相结合的办法，兼顾了专家的专业性和主动性；四是邀请区发改委、国资委、监察局、审计局、区府考核办等综合部门精通业务的人员参加，确保评价工作既广泛听取各方意见，又符合闵行实际。2010 年预算编制过程中，闵行区将上述框架在500 万元以上项目中全面推开，要求各部门运用 PART 实施自评，并选择部分项目进行重点评价。参见表 5－12。

表 5－12　　2009 年闵行区民生项目预评价结果表

部门	项目名称	项目定位得分	项目计划得分	项目管理得分	项目结果得分	项目总得分	项目级别
食品药品监督管理局	食品安全	17.64	8.07	16.50	44.29	86.50	有效

续表

部门	项目名称	项目定位得分	项目计划得分	项目管理得分	项目结果得分	项目总得分	项目级别
安全生产监督管理局	安全生产知识培训	12.92	6.79	13.42	38.46	71.59	基本有效
质量技术监督局	产品质量安全	16.59	8.14	16.09	43.64	84.46	基本有效
	食品生产安全	17.05	8.18	16.32	43.95	85.50	有效
	特种设备安全	16.77	8.36	15.73	43.14	84.00	基本有效
公安局	公共安全	/	/	/	/	/	无法显示成效
劳动和社会保障局	创业带动就业	11.93	7.00	12.68	36.79	68.40	一般
	职业技能培训	15.64	7.39	15.61	46.29	84.93	基本有效
	农村社会养老保险区级统筹	17.25	8.64	17.04	44.29	87.22	有效
	双困人员零就业家庭安置率100%	16.57	8.39	15.36	43.14	83.46	基本有效
教育局	农村学校基础设施建设	15.70	7.40	14.75	41.10	78.95	基本有效
	人力资源均衡配置	16.20	7.90	15.30	42.65	82.05	基本有效
	为贫困学生提供资助	17.60	7.80	15.65	43.40	84.45	基本有效
	引进管理团队	16.30	7.70	15.45	42.80	82.25	基本有效
民政局	居家养老服务	16.92	8.17	15.83	44.08	85.00	有效
	标准化老年活动室	16.25	7.92	16.00	44.25	84.42	基本有效
	为老年人提供助餐服务	17.33	8.25	15.38	44.42	85.38	有效
	新建老年人日托机构	17.58	8.17	16.25	44.42	86.42	有效
	新增养老床位	18.08	8.79	16.96	46.04	89.87	有效
	养老机构收住本区户籍老人	15.92	7.75	15.67	44.33	83.67	基本有效

续表

部门	项目名称	项目定位得分	项目计划得分	项目管理得分	项目结果得分	项目总得分	项目级别
农业和绿化管理局	粮食生产补贴	18.04	8.39	7.11	44.79	88.33	有效
	苗木抽稀	16.96	8.29	16.75	43.82	85.82	有效
	农机作业补贴	17.54	8.25	16.54	44.79	87.12	有效
	土地流转补贴	17.39	8.14	16.39	44.32	86.24	有效
	种田农民直接补贴	17.61	8.43	16.18	44.29	86.51	有效
卫生局	公共卫生	16.72	8.56	16.68	44.81	86.77	有效
	合作医疗	16.88	8.79	17.23	45.14	88.04	有效

资料来源：作者自制。

四、存在问题

绩效预算改革是政府治理模式的重大变革，必然涉及观念的改变、机制的调整、体制的变迁、管理的转型，其间不可避免地会出现一些困难和问题。具体如下：

（一）计划与预算的整合有待加强

作为政府施政的资金计划，预算与计划之间的整合亟需加强。一则政府现行的中长期规划（五年规划与长远规划）、年度计划与预算之间的关联性不强，在一定程度上影响了预算配置的针对性和有效性；二则计划编制与预算编制之间存在错位现象，预算4月份即启动，而计划要到年底甚至下一年度之初才能确定，造成因果倒置现象；三则计划变动较大，年度计划频繁调整，造成预算刚性软约束，刚性较差。

（二）绩效预算与各部门传统管理模式之间存在矛盾

各部门现有管理模式和管理能力与绩效预算改革的要求存在差距。预算是政府各部门管理的重要组成，绩效预算最重要的管理基础就是各部门的绩效管理。从目前实践来看，各部门在管理的绩效化程度方面参差不齐，从观念到实际操作与改革的要求存在一定的差距，绩效预算难以“扎根”成为各部门重要的管理基础，治理改革推动绩效预算改革，绩效预算改革引领治理改革的局面尚未出现。

（三）迅速增加的工作量缺乏必要的人力资源保障

绩效预算改革使相关部门的工作量成倍增加，涉及管理理念与模式的重大转变，人力资源上的保障不足。首先，改革关乎一系列新理念、新技术，新模式，财政部门和各主管部门人力资源准备不足，虽然有专家团队介入，仍难从根本上解决问题。其次，改革涉及工作量的成倍增长，具体而言，一则每个预算项目要进行项目名称、项目内容、项目明细内容等三个层次的细化，二则要对绩效预算项目进行绩效目标描述并编写绩效预算报告，三则要对申报的预算项目进行网上公示评价等。现有人手明显不足，加班加点，承受很大压力。这种局面如果无法改观，势必对改革的可持续性造成负面影响。

（四）立法部门的预算能力有待提升

立法部门在闵行区的绩效预算改革中承担了重要角色，但随着改革的不断深入，预算监督和审议的能力有待加强。首先，绩效预算的推进强化了行政部门特别是财政部门对预算的控制和管理能力，不断增强的行政能力需要不断提高立法监督和审议能力，而目前人大在人力保障和技术支持上都难以满足要求；其次，预算透明、预算参与的不断推进需要设计科学、合理的公共决策与执行监督机制与之相配套，人大在这些方面的能力尚需加强。

五、改进和探索

经过三年实践，闵行区各部门对项目绩效理念和实现方式的理解不断加深，在项目说明、结果导向的指标设计、评价框架回答等方面有了较大的改进，2011 年闵行区校园保安人员服务购买项目便是其中比较有代表性的例子之一。见表 5－13。

表 5－13

绩效项目名称	校园保安人员服务购买
年度预算	2011 年区校园保安人员经费 3222 万元（公办区直管中小学、幼儿园保安项目经费和民办校园保安经费补贴合计。具体安排见“项目明细”）
提供的公共产品或服务	校园保安服务（为我区所有直管公办中小学校、幼儿园提供门卫值班、校园巡逻及安全检查服务。另通过补贴我区所有民办中小学、幼儿园每校一名保安人员经费，增强安保力量。具体情况见“项目描述”）

续表

绩效项目名称	校园保安人员服务购买			
需开展的活动	校园保安招录、培训、派驻、服务、管理、考核（校园保安服务社依据相关政策和公安、教育、财政、人保等部门的相关要求组织对校园派驻保安、开展安保服务以及进行对保安员的管理考核等活动）			
项目绩效目标				
指标名称	2009 年	2010 年	2011 年	指标说明
指标 1 人身安全责任事故发生率		< 1%	< 1%	由于保安工作失职而造成校园重大的人身安全责任事故发生率控制在 1% 以内（已派驻保安而发生事故的单位与派驻保安的单位总数比例，同一单位发生 2 次或以上事故，则视做 2 个或以上单位发生事故）。此指标根据保安服务和管理工作实际操作情况和保安考核相关要求设定。
指标 2 校园财产失窃率		≤2%	≤2%	由于保安工作失职而造成校园财、物被盗发生率控制在 2% 以内（已派驻保安发生事故的单位与派驻保安的单位总数比例，同一单位发生 2 次或以上事故，则视做 2 个或以上单位发生事故）。此指标根据保安服务和管理工作实际操作情况和保安考核相关要求设定。
指标 3 保安招录政审及上岗前培训率		100%	100%	严格按照校园保安录用条件规定进行审核，并通过岗前培训后上岗。此指标依据公安部及上海市关于学校保安服务管理相关规定设定。
指标 4 保安岗位专业化胜任合格率		98%	99%	严格按照校园保安岗位职责规定进行定期考核，并通过考核后续用。此指标依据公安部及上海市关于学校保安服务管理专业化、规范化的要求及相关规定设定。
指标 5 保安员违纪违规率		<2.8%	<2.6%	保安队员在执勤中严重违纪违规的人数与保安员总人数比例。此指标依据保安服务管理相关规定设定和管理工作实际操作情况和保安考核相关要求设定。
指标 6 学校（幼儿园）满意率		≥94%	≥95%	学校（幼儿园）对校园保安服务及校园保安服务社管理满意（含比较满意）率调查。
项目描述及资金明细表	（详见附件，略）			

续表

项目自评情况			
（一）项目定位（30%）			
序号	问题	权重	得分
1.1	项目绩效目标是否具体明确？ 说明：本项目的目标是保障学校师生的人身安全和财产安全，目标明确。通过项目实施，力争使学校（幼儿园）的人身安全责任事故发生率控制在1%以内；校园财、物被盗发生率控制在2%以内；学校（幼儿园）满意（含比较满意）率≥95%。 依据：1. 公安部《保安服务操作规程与质量控制》 2. 上海市人民政府办公厅（沪府办〔2010〕54号） 3. 闵行区政府办公室（闵府抄〔2005〕396号）文件 4. 闵行区政府办公室（闵府抄〔2010〕290号）文件 5.《闵行区校园保安职责》、《门卫管理制度》 6.《关于实施“三级”岗位目标管理考核意见》（沪闵保一〔2005〕21号文件）	25%	25
1.2	项目的设计是否避免了重大缺陷？ 说明：校园保安服务社是我区自主开发的“千、百人公益性就业项目”，经上海市劳动和社会保障局批准。项目经费标准“参照市万人就业项目”的标准实行。本项目有明确的政策依据，不违反现有法律、法规，无重大缺陷。 依据：1. 闵行区政府办公室（闵府抄〔2006〕313号）文件 2. 非正规就业劳动组织证书（2005120493） 3. 闵行区政府办公室（闵府抄〔2005〕396号）文件 4. 闵行区政府办公室（闵府抄〔2010〕290号）文件	25%	23
1.3	项目是否避免了与其他项目的重复？ 说明：该项目与已实施的项目不重复，与本部门或其他部门的项目不重复。 依据：1. 闵行区政府办公室（闵府抄〔2006〕313号）文件 2. 闵行区政府办公室（闵府抄〔2005〕396号）文件（含：闵教字〔2005〕146号《关于对本区公办学校（幼儿园统一派驻保安队伍的请示》；《关于对本区公办学校（幼儿园）统一派驻保安队伍的实施方案》）	25%	25

续表

序号	问题	权重	得分
1.4	项目是否有明确的服务对象或受益人？ 说明：校园保安服务对象是校园师生和校舍财产安全。 依据：《关于对本区公办学校（幼儿园）统一派驻保安队伍的实施方案》	25%	25
	项目定位加权得分	98	
（二）项目计划（30%）			
序号	问题	权重	得分
2.1	项目是否有明确的实施计划？ 说明：项目的责任主体是闵行保安公司，其保安服务社在教育局的监督和公安局的指导下，依据《关于对本区公办学校（幼儿园）统一派驻保安队伍的实施方案》组织实施，根据校园发展规划统筹安排招录、培训及派驻保安，实行24小时校园保安值班制。 依据：《关于对本区公办学校（幼儿园）统一派驻保安队伍的实施方案》	35%	35
2.2	项目是否有科学合理的绩效指标体系？ 说明：项目要求人身安全责任事故控制在1%以内，校园财、物被盗发生率控制在2%以内；学校（幼儿园）满意（含比较满意）率≥95%，虽然要求较高，但这样会促使保安服务社严格管理，坚持对保安队伍的培训教育和监管，使之努力达到绩效目标，从而保障校园安全。 依据：1. 公安部《保安服务操作规程与质量控制》 2.《上海市中小学、幼儿园保安服务管理规定》 3.《闵行区校园保安职责》、《门卫管理制度》 4.《关于实施“三级”岗位目标管理考核意见》	35%	35
2.3	项目的预算安排是否合理？ 说明：项目预算全面，培训、考核、装备、社保等明细经费以及2011年预计增加的人员经费安排基本合理。但保安月工资性收入相对较低，人员招录仍较困难。 依据：万人就业项目待遇标准；上海市最低月工资标准。	30%	25
	项目计划加权得分	95	
（三）项目管理（20%）			

续表

序号	问题	权重	得分
3.1	项目的管理者和参与者是否有明确的责任？ 说明：本项目实行项目管理者负责制，具体建立服务社、保安大队、保安队（保安班）三级管理机制，围绕保障学校师生的人身安全和财产安全的目标，各级有明确的岗位责任制。校园保安服务社在保安公司的统一管理下，接受公安分局、教育局、劳动及人力资源保障局的监督、指导。财政局负责经费划拨和政策性经费调整。 依据：1.《保安服务操作规程与质量控制》 2.《闵行区校园保安职责》、《门卫管理制度》 3.《关于实施“三级”岗位目标管理考核意见》 （沪闵保一〔2005〕21号文件） 4. 闵行区政府办公室 （闵府抄〔2005〕396号）文件 （含：闵教字〔2005〕146号《关于对本区公办学校（幼儿园统一派驻保安队伍的请示》；《关于对本区公办学校（幼儿园）统一派驻保安队伍的实施方案》）	30%	30
3.2	项目是否有有效的财务管理方法？ 说明：根据非正规就业组织资金运行方式，本项目有健全的财务内控制度，校区服务社内部所有资金的使用实行从申请到支付都有完整、齐全的申请和报批手续，从业人员工资全部通过银行卡发放，社会保险由区社保中心账户划账，年终由区财政对全年资金进行检查清算，符合财务管埋规定。 依据：1. 闵行区政府办公室（闵府抄〔2005〕396号）文件 2. 闵行区政府办公室（闵府抄〔2006〕313号）文件 3. 闵行区政府办公室（闵府抄〔2010〕290号）文件	35%	35
3.3	部门是否运用项目的绩效信息来加强项目管理？ 说明：为确保项目实施，制定《闵行区校园保安职责》、《门卫管理制度》，通过加强校园门卫管理、巡逻检查对学校（幼儿园）的重点要害部位进行监控，及时掌控安全状况。通过“四防”安全检查的方式来收集、掌握安全隐患等信息，并积极向校方反馈，协助整改。根据保安员自测、互评以及征询校方意见等信息，作为目标考核中依据，并与续签合同和年终考核奖挂钩。但由于驻点学校保安人员编制不足，保安队长兼职管理，在信息掌握的仝面性和及时性上有待提高。 依据：1.《闵行区校园保安职责》、《门卫管理制度》 2.《校区保安岗位目标考核事项》 3.《关于实施“三级”岗位目标管理考核意见》 （沪闵保一〔2005〕21号文件）	35%	33
	项目管理加权得分	98	

续表

（四）项目预期结果（20%）			
序号	问题	权重	得分
4.1	项目是否能实现绩效目标？ 说明：本项目定位较为准确，计划较为合理，管理机制较为健全，通过严格管理，基本能够达到：不发生因保安服务安全防范工作有责事故，学校（幼儿园）人身安全事故发生控制在1%以内；校园财、物被盗发生率控制在2%以内；学校（幼儿园）满意、比较满意率≥95%的年度绩效目标，将有助于实现保障学校师生的人身安全和财产安全的目标。 依据：1. 公安部《保安服务操作规程与质量控制》 2. 闵行区政府办公室（闵府抄〔2005〕396号）文件 3.《闵行区校园保安职责》、《门卫管理制度》 4.《关于实施“三级”岗位目标管理考核意见》 （沪闵保一〔2005〕21号文件）	100%	100
	项目预期结果加权得分	100	
	项目总得分	97.5	
项目自评结论			
项目等级	有效☑　基本有效☐　一般☐　无效☐　无法显示成效☐		

资料来源：闵行区政府，http://mhcz.shmh.gov.cn/XXGK/WsbsMis/DefaultQ.aspx?infoid=a4ad5472-6c2c-4098-9ce9-24f92e84ac98&qptype=ZP。

第三节 绩效评级工具的中央模式

一、背景和现状

自2003年十六届三中全会提出“建立预算绩效评价体系”的要求以来，财政部在绩效预算改革方面做了大量前期探索。在理论研究方面，多次召开国内国际研讨会、座谈会，组织出国考察，组织力量进行相关理论研究，编写了《绩效预算和支出绩效评价研究》，在UNDP支持下完成了“中国实行基于绩效的结果导向型预算的战略框架”课题报告等；在制度建设方面，2005年制定了《中央部门预算支出绩效评价管理办法（试行）》，对绩效评价的组织管理、工作程序、结果运用等作了明确规定，确立了财政部统一领导、中央部门具体组织实施的绩效评价分工体系，为绩效评价试点工作的开展提供了制度保证。按照《办法》的相关规定，从2006年起开始，经部门申请，选择了部分项目开展绩效评价试点工作，当年选择了农业部等3部门的4个项目进行绩效评价试点，2007年选择了教育部等6部门的6项目进行绩效评价试点。2008年绩效评价试点范围进一步扩大，选择了教育部“高雅艺术进校园”等74个部门的108个项目进行绩效评价试点，2009年试点范围进一步扩大到94个部门的167个项目。绩效评价工作发挥的作用主要体现在四个方面：一是强化了部门绩效观念。参与试点的部门普遍反映，通过具体支出项目的绩效评价，各部门对绩效评价的理解进一步加深，绩效理念、绩效管理的认识不断提高。二是推进了部门预算管理。初步建立起了绩效管理制度，使得各部门及时发现了预算编制、执行以及管理中存在的问题，提高了预算单位加强管理的内在动力，提升了预算管理水平，充分发挥了资金的使用效益。三是提高了财政资金使用效益。通过试点，部门加强了对资金落实情况、实际支出情况、财务信息质量、财务管理状况等内容的评价，更加清楚地掌握资金的使用情况和流向，促使部门增强了“成本—效益”观念，及时发现项目管理中存在的问题，提高了支出预算管理水平和项目资金的使用效益。四是增强了预算透明度。按照推进绩效评价工作内部公开的要求，一些部门在试点中将评价结果在部门内部公开，接受监督，提高了部门预算管理的透明度。

由于改革刚起步，实践中的不足在所难免，主要体现在以下方面：一是评价职责和程序亟待规范。部门是部门预算编制和执行的主体，相当一部分部门自己组织评价工作，并对评价结果负责。但是，由于是部门自己评价自己，评价的组织缺乏约束，评价过程缺乏监督。从实践来看，各部门绩效评价的做法多样，有由项目单位自我评价的，有主管部门组织评价的，也有委托中介机构评价的，评价程序很不规范。同时，部门往往没有按照“先定绩效目标再执行项目再评价”的通用程序进行，绩效目标和指标的制定具有事后特征，绩效评价变成了“项目后评价”、使用结果的反映，进而导致绩效评价工作流于形式，效果不佳且时效性差。二是绩效评价指标体系不健全。确定合理的绩效考核评价体系是预算支出绩效评价工作能否顺利开展的关键。绩效评价的困难是由于单位多样化，各个单位的项目也具有特殊性，因而，难以确定一个统一的、适用所有单位的评价指标体系。绩效评价指标体系的设计是“三多三少”：定性指标多，定量指标少；投入指标多，产出指标少；财务指标多，绩效指标少。过多的定性评价和投入评价容易使绩效评价工作流于形式，难以真正考察项目的绩效目标，而成了对项目的财务评价或竣工验收。三是绩效评价文本不健全。目前的绩效评价文本，包括《中央部门预算支出绩效评价报告》和《中央部门预算支出绩效报告》。这两个报告都是项目执行结束后部门编制并报送财政部的，都是事后的报告。而事前的报告只有按照《中央本级项目支出预算管理办法》规定，在申报项目预算时，按规定格式编写项目申报书、项目可行性报告和项目评审报告。对绩效评价项目而言，项目事前的申报、评审报告和事后的绩效、评价报告之间，缺乏有机的联系。造成项目执行前绩效目标不明确，项目执行过程中，部门又可以随意调整项目目标，导致评价工作缺乏严格的目标依据。四是绩效评价结果缺乏有效的运用。我国目前的绩效评价结果还缺乏足够的可信性，同时也使其运用渠道受到了很大限制，部门内部尚可根据评价结果改善管理或支持决策，但部门外部很难使用。绩效评价信息共享机制、评价结果运用机制亟待建立。绩效评价结果的公开工作，进展也很不理想。此外，绩效评价还存在项目选择较为零乱，不能反映部门的核心职能活动等问题。以上问题与不足，只有通过深化改革、完善制度，才能使绩效评价工作真正发挥实效，实现预算管理的规范化、精细化、科学化。

二、改革模式

为进一步深化预算管理制度改革，财政部在广泛借鉴国际经验和系统总结国内各级政府绩效评价和绩效预算改革经验的基础上，从优化资源配置，促进各部门管理模式转变的角度出发，提出了中央预算绩效管理改革的基本思路：“明确评价职责、规范评价程序、科学设计绩效评价指标体系、完善绩效评价文本、积极推进评价结果公开。”该方案有三个方面的特点：一是从源头入手，强调预算的前期绩效评价；二是将绩效管理贯穿整个预算周期，强调前评价和后评价的有机整合；三是继承和创新相结合，在部门预算改革成果的基础上探索绩效预算改革创新模式。

（一）职责分工

财政部的职责：制定绩效评价办法，设计绩效评价指标体系，负责指导各部门的评价工作，审核批准部门确定的评价项目，接受部门报送的评价结果。根据评价结果，提出改进和加强中央部门支出管理的意见，并将绩效评价结果与预算编制相结合。财政部门可以派人以专家组成员的身份，参加部门组织的绩效评价；也可以组织对部门评价结果实施评价，即在部门报送评价结果以后，选择一些重点项目实施再评价。

各中央主管部门的职责：负责指导各项目单位开展绩效评价工作，审核项目单位提出的评价项目，组织专家组或委托中介机构对确定的评价项目进行事前评审和事后评价，并将评审和评价结果报送财政部。积极运用评价结果，提出改进项目预算管理的意见。组织在内部公示绩效评价结果。

各被评价单位的职责：提出与本单位职能密切相关的评价项目，科学确立项目绩效目标，进行评价项目的事前自评和事后自评，协助主管部门组织项目事前评审和事后评价。接受主管部门和财政部的意见，提出改进支出管理的具体措施。

（二）评价程序

第一步，确定评价项目。部门“一上”预算时，提出进行绩效评价的项目建议。评价项目应选择与部门履行职能密切相关的重大项目。评价项目经部门司审核后送预算司，预算司经审核、汇总，报部领导同意后，“一下”预算时将确定的绩效评价项目通知中央部门。

第二步，提出项目绩效目标。部门根据财政部批复的绩效评价项目及其“一下”预算控制数额，按照绩效目标文本要求，提出项目绩效评价目标。在报送“二上”预算时，一并报送财政部。

第三步，实施绩效评价。预算年度结束后，部门按照绩效评价文本的要求，将绩效评价情况报财政部。对评价中发现的问题，提出切实的整改措施，随评价结果一同报财政部备案。财政部可根据部门项目评价情况，有选择地组织再评价。

第四步，评价结果运用。部门根据评价结果，及时调整合优化本部门以后年度预算支出的方向和结构，合理配置资源，加强财务管理。财政部在进行部门预算测算时，结合部门项目支出绩效评价情况，合理安排项目支出预算。见图5－2。

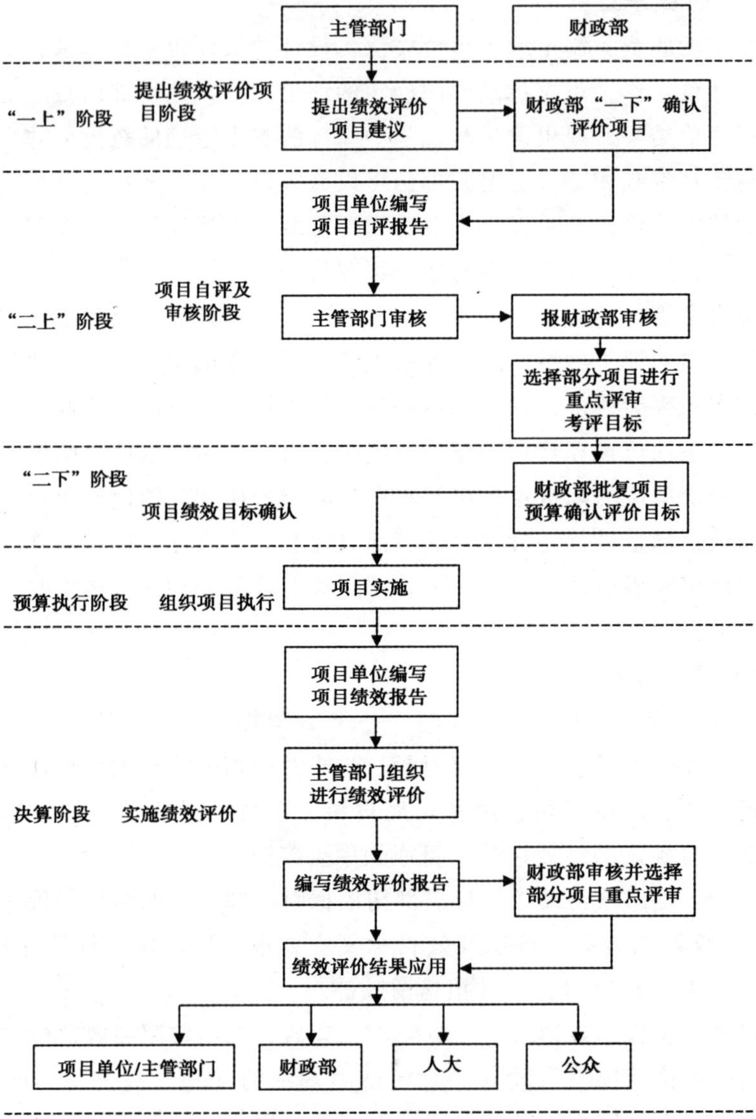

图5－2　中央部门预算项目支出绩效评价工作流程图

（三）绩效目标体系

项目绩效目标包括长期结果目标、年度结果目标和年度效率目标。其中：长期结果目标，是针对项目所期望达到的长期结果设定的长期指标；年度结果目标，是针对项目所期望达成的年度结果设定的年度指标；年度效率目标，是在实现项目结果方面体现成本节约或效率提升的指标。

（四）绩效评价框架

绩效评价框架是针对项目定位、计划、管理和结果，设计的一系列问题。这些问题既是项目单位在申请项目对项目各项要素的说明，也是主管部门在对项目目标进行评审和组织进行绩效评价的依据。项目绩效评价框架包括以下四个部分：

第一部分，项目定位。用于评价项目的目标是否具体明确，项目的设计是否合理等。

第二部分，项目计划。用于评价项目的中长期指标、年度指标是否明确，项目绩效指标是否有挑战性和明确的时间要求，项目预算需求是否合理等。

第三部分，项目管理。用于评价项目是否有绩效信息的收集和使用机制，明确的责任机制，健全的财务管理机制等。

第四部分，项目预期结果。用于评价项目能否实现预期的中长期目标、年度目标、成本节约和效率改进目标等。

绩效评价框架的核心部分具体如表 5－14 所示。

表 5－14

（一）项目定位（30%，30） 本部分评价项目的目标是否具体明确，项目的设计是否合理等。		
序号	问　　题	得分
1	项目是否目的明确？（25%，7.5） 说明： 依据：	
2	对于其他任何政府或私人的努力而言，项目是否设计得并不重复或多余？（25%，7.5） 说明： 依据：	
3	项目的设计是否避免了影响项目效果或效率的重大缺陷？（25%，7.5） 说明： 依据：	

续表

序号	问　　题	得分
4	项目的设计是否有效定位，因而资源将直接用于项目目标和目标受益人？(25%，7.5) 说明： 依据：	
	项目定位得分	
(二) 项目计划 (30%，30) 本部分评价项目的中长期指标、年度指标是否明确，项目绩效指标是否有挑战性和明确的时间要求，项目预算需求是否合理等。		
序号	问　　题	得分
1	项目是否有数量有限的绩效指标，这些指标是否为结果导向并有效反映了项目目标？(25%，7.5) 说明： 依据：	
2	项目是否为绩效指标设定了挑战性目标和所需的时间框架？(25%，7.5) 说明： 依据：	
3	是否所有的项目参与人（包括受益者、次受益者、合同承包商、成本分担者以及其他政府参与者）都承诺并致力于项目的年度或/和长期目标？(25%，7.5) 说明： 依据：	
4	预算申请是否与年度和长期绩效目标的实现有明确联系，并且资源需求在项目预算中是否以一种完整、透明的方式体现？(25%，7.5) 说明： 依据：	
	项目计划得分	
(三) 项目管理 (20%，20) 本部分评价项目是否有绩效信息的收集和使用机制，项目是否有明确的责任机制，项目是否有健全的财务管理机制等。		

续表

序号	问　　题	得分
1	部门是否定期收集及时和可信的绩效信息，包括来自关键项目参与者的信息，并利用它们管理项目，改进绩效？（25%，5） 说明： 依据：	
2	政府管理者和项目参与者（包括受益人、次受益人、合同承包商、成本分担者和其他政府合作伙伴）是否对成本、进度和绩效成果负责？（25%，5） 说明： 依据：	
3	项目是否使用了有效的财务管理方法？（25%，5） 说明： 依据：	
4	项目是否采取了有效措施以改进其管理上的不足？（25%，5） 说明： 依据：	
	项目管理得分	

（四）项目预期结果（20%，20）

本部分评价项目能否实现预期的中长期目标、年度目标、成本节约和效率改进目标等。

序号	问　　题	得分
1	项目（包括项目合作者）是否能实现年度绩效目标？（34%，7） 说明： 依据：	
2	项目是否在实现其长期绩效目标时体现出足够的进展？（34%，7） 说明： 依据：	
3	项目在实现年度项目绩效目标时是否能体现效率改进或成本节约？（32%，6） 说明： 依据：	
	项目预期结果得分	
	项目总得分	

（五）项目绩效评分说明

A. 项目定位（30%）：项目的目标是否具体明确，项目的设计是否合理等。

A. 1 项目是否目的明确？（25%，7. 5）

项目的目标是否清晰、明确？

项目的目标是否可以简洁地说明？

项目是否解决某一现存问题或满足某一特定需求？

A. 2 对于其他任何机构的努力而言，项目是否设计得并不重复或多余？（25%，7. 5）

项目是否与其他政府项目不重复？

项目是否与私营部门和非营利部门的项目不重复？

A. 3 项目的设计是否避免了影响项目效果或效率的重大缺陷？（25%，7. 5）

项目是否没有影响其实现既定目标和绩效目标的重大设计缺陷？

该项目是否是实现既定目标最有效的方法？

A. 4 项目的设计是否有效定位，因而资源将直接用于项目目标和目标受益者？（25%，7. 5）

项目的设计是否能够确保资源直接有效地用于实现项目目标？

项目的设计是否能够使资源的运用或者产出充分用于目标受益者？

项目是否能够证明目标受益人定位正确？

B. 项目计划（30%）：项目的中长期指标、年度指标是否明确，项目绩效指标是否有挑战性和明确的时间要求，项目预算需求是否合理等。

B. 1 项目是否有数量有限的绩效指标，这些指标是否为结果导向并有效反映了项目目标？（25%，7. 5）

项目是否有 2 到 3 个支持项目目标实现的、容易理解的长期结果指标？

是否为项目设立了一些独立的、量化的、可衡量的年度绩效指标？

项目的年度绩效指标是否能够评价中长期目标的实现进度？

项目的年度绩效指标中是否至少有一项是效率指标？

B. 2 项目是否为绩效指标设定了挑战性目标和所需的时间框架？（25%，7. 5）

项目是否有特定数量的、可以被评估的量化目标？

项目是否有评估项目成果和绩效变化的明确的基线标准？

项目是否有产出评价所需的基准？

所有的目标是否都是挑战性的，它们是否设定在确保持续改进并实现效率的水平？

项目是否在有关方面设定适当的最终目标？

B.3 是否所有的项目参与者（包括受益者、合同承包商以及其他政府参与者）都承诺并致力于项目的年度或/和长期目标？（25%，7.5）

项目参与者是否支持所有的项目目标？

项目参与者是否衡量并报告他们与实现项目目标有关的绩效？

B.4 预算申请是否与年度和长期绩效目标的实现有明确联系，并且资源需求在项目预算中是否以一种完整、透明的方式体现？（25%，7.5）

是否根据年度目标和长期目标所需要的财务资源水平有效地进行预算？

项目是否整合预算和绩效，明确地诠释资金、政策、立法决策对预期绩效的影响，提供依据说明申请的绩效/资源组合将确保项目实现其绩效目标？

项目是否报告实现绩效目标所需的所有直接、间接成本？

C. 项目管理（20%）：项目是否有绩效信息的收集和使用机制，项目是否有明确的责任机制，项目是否有健全的财务管理机制等。

C.1 部门是否定期收集及时和可信的绩效信息，包括来自关键项目参与者的信息，并利用它们管理项目，改进绩效？（25%，5）

部门是否定期收集与项目目标相关的高质量绩效信息，包括来自项目关键参与者的信息？

部门是否利用收集的绩效信息调整项目优先权、重新配置资源或采取其他适当的管理措施？

项目是否在评估项目关键活动的进展时，考虑项目参与者的绩效？

部门是否收集设定有意义的、有挑战性的绩效目标所必需的基准绩效信息？

C.2 政府管理者和项目参与者（包括受益人、合同承包商和其他政府合作伙伴）是否对成本、进度和绩效成果负责？（25%，5）

项目是否有对关键成果负责的管理者？

项目是否为那些管理者建立定义清晰或可量化的绩效标准和责任？

当项目的参与者有助于项目目标实现时，项目是否为他们设立了具体的绩效标准和责任？

C.3 项目是否使用了有效的财务管理方法？（25%，5）

项目是否经审计不存在实质性的内部控制缺陷？

是否有适当的程序确保按预期目的合理支出，将错误支付降到最低？

财务管理系统是否符合法律要求？

财务信息是否准确及时？

是否有一体化的财务绩效系统支持日常操作？

C.4 项目是否采取了有效措施以改进其管理上的不足？（25%，5）

项目是否有识别各方面管理中存在不足的制度？

项目是否有纠正各方面管理中存在不足的制度？

项目改进措施是否能在规定的时间框架内得以实施？

D. 项目预期结果（20%）：项目能否实现预期的中长期目标、年度目标、成本节约和效率改进目标等。

D.1 项目（包括项目合作者）是否能实现年度绩效目标？（34%，7）

项目是否能够实现所确定的所有年度目标？

项目参与者是否认同并能够实现年度结果目标？

D.2 项目是否在实现其长期绩效目标时体现出足够的进展？（34%，7）

项目是否能够实现所有的长期绩效目标，包括有挑战性的目标和时间进度实现所有的长期绩效目标有所进展？

项目参与者是否认同并能够实现长期结果目标？

项目是否致力于实现任何预定的最终目标？

D.3 项目在实现年度项目绩效目标时是否能体现效率改进或成本节约？（32%，6）

项目实施中，是否能够比以往年度提高效率或节约成本？

项目是否能够实现设定的效率目标？

项目总得分 = 项目定位得分 + 项目计划得分 + 项目管理得分 + 项目预期结果得分

项目等级转换关系如表 5－15 所示。

表 5－15

等　级	分值范围
有效	85—100
基本有效	70—84
一般	50—69
无效	0—49

如果主管部门与项目单位无法对部门的长期和年度绩效指标达成一致，或者项目缺乏用来说明现有绩效的资料，则项目目标评分定级结果为无法显示成效。

（六）评价结果公开

即部门将项目绩效评价目标、结果等在实施绩效评价过程中，以适当方式在部门内部进行公示；另一种是财政部选择公开。即由财政部商中央部门选择部分绩效评价项目，将评价情况报送全国人大常委会预算工作委员会审核。并以适当方式，向社会公开。

三、中央预算绩效管理改革的启示

财政部对绩效预算的关注由来已久，上述改革模式的形成和推出体现了中央层面预算绩效管理改革的几方面特征：

一是政治考量与管理需要结合。任何一次预算改革都不单单是管理上的尝试，由于会影响到公共资源的配置过程与结果，预算改革从某种意义上讲就是政治改革，因此，如果不能对改革在政治上的影响有清晰的认识，就无法在充分考量改革主要收益和成本的基础上做出合理的判断，中央政府对绩效预算的探索正是在对现实政治诉求和管理需要综合判断的基础上做出的选择。

二是行政传统与改革探索结合。充分尊重行政传统是改革顺利推行的重要前提，中央部门预算绩效改革模式是项目预算可行性论证报告与绩效评级工具结合的产物，旨在解决以往可行性论证系统性不强，难以量化或说明的弊端。这里引申出一个改革过程中重要的观念，即目前的改革虽然是管理范式上的重大转变，从投入转向结果，从控制转向计划和管理，但由其发展阶段所决定，首先是对既有管理模式的优化和完善，在加强控制的基础上探索新的方向，不是颠覆性的重塑。

三是部门评价与财政审查结合。受多种因素决定，我们有一个庞大的中央政府，复杂的领域，数万个项目。所以，财政部选择了部门为主开展自评，财政部门指导并审查的现实路径，既充分调动各部委在改革过程中的积极性和创造性，探索多种评价实施的路径和手段，又通过统一的评价框架切实贯彻改革理念和改革思路。各部委是改革的主体和实施者，财政部是指导者和推动者。

四是前瞻性与多样化结合。财政部对绩效预算改革高度重视，在大量前期调研和试点的基础上，在预算司专门成立绩效管理处推进和指导面上工作。从实际操作来看，一方面，通过与科研院所合作和对世界各国先进经验的借鉴形成基本思路，通过制定指导性意见明确改革方向；另一方面，鼓励中央各部委和地方各级政府开展形式多样的探索，形成各具特色的闵行模式、哈尔滨模式、海南模式、广东模式、河北模式等等，调动一切因素充分探索改革的可能性和现实性，形成经验后指导面上工作。

从目前发展阶段来看，绩效预算改革的中国模式尚未形成，从上到下还没有一套成形的理念、思路、模式、路径，一百个部委（政府）便有一百个预算绩效管理模式，这是一个预算改革领域百家争鸣的时代，是一个各级政府为规范财政管理，优化资源配置，提升政府效率艰难探索的时代，也是一个政府治理变革领域特别是预算领域孕育着无限可能的时代。

第四节 绩效评级工具的哈尔滨模式

绩效评级工具的中央模式为各地政府在预算绩效管理方面的探索提供了可资借鉴的原型，其中最忠实于这一原型，并结合自身实际做出适当调整的是哈尔滨市。

一、职责分工

各预算部门（单位）和财政部门是绩效评价的主体。市级部门预算项目支出绩效评价，采取“项目单位事前自评、主管部门组织实施事后评价、财政部门选择性组织重点评审”相结合的方式。项目单位、主管部门和财政部门在绩效评价工作中职责如下：

（一）预算部门（单位）职责

项目单位职责：提出本单位绩效评价项目，科学设立项目绩效目标和绩效指标，进行绩效评价项目的事前自评，形成项目绩效事前自评价报告报送主管部门。配合主管部门组织开展项目事后绩效评价工作。根据评价结果和主管部门、财政部门的有关意见，改进本单位的项目支出管理工作。

主管部门职责：负责具体指导项目单位开展绩效评价工作，对项目单位提出的项目绩效目标、指标和项目事前自评价报告，进行审核修改后，报送财政部门。项目执行结束后，组织专家组或委托中介机构对项目进行事后绩效评价，并将评价结果报送财政部门。组织在内部公示绩效评价结果，并根据绩效评价结果，提出优化资源配置，加强项目绩效管理等改进意见。

（二）财政部门职责

各业务处职责：负责指导所服务的预算部门（单位）的项目绩效评价工作，对主管部门提出的绩效评价项目和项目事前绩效自评报告进行审核，对项目绩效评价目标和指标提出完善建议，指导主管部门进行确定，提出改进和加强预算单位项目支出管理的意见。

预算处职责：制定绩效评价工作规范性文件，牵头组织设计绩效评价问题框架、评价文本和工作程序。对主管部门报送的项目评价报告进行备案、复核，负责确定重点评价项目，组织对重点评价项目事后绩效评价结果实施重点评审。

绩效评价是一个部门（单位）与财政部门之间持续互动的过程。业务部门具体参与人员包括部门预算管理人员、项目操作人员、项目负责人、项目分管领导等；财政部门具体参与人员包括各业务处室专管员、处室负责人等；在各业务部门组织自评和财政部门重点评价过程中，还将涉及相关领域和部门的专家学者。在评价实施过程中，上述参与人之间建立有效的交流沟通机制至关重要，只有充分调动各方力量协同努力，才可能广泛、深入地挖掘和运用绩效信息，充分论证项目的必要性、有效性与可行性，为项目的预算决策或追踪问效提供坚实的基础。

二、管理流程

在预算管理体系的总体框架下，项目支出绩效评价工作力求与部门预算编审过程紧密结合。根据《哈尔滨市财政局部门预算编制规则》（哈财预〔2008〕142号）规定的部门预算“二上二下”工作流程，项目支出绩效评价工作分五阶段展开，具体如下：

1. 部门预算“一上”时（5月末前），确定项目绩效目标和指标。根据部门项目支出预算“一上”时间安排，单位按照规定格式将符合财政部门开展绩效评价要求的项目绩效目标和指标随项目预算报主管部门审核后，报送财政部门。

2. 部门预算“一下”时（11月末前），财政部门提出审核意见。财政部门对项目绩效目标和指标审核后，将审核意见通知主管部门与单位，单位据此对项目绩效目标和指标进行修改完善。

3. 部门预算“二上”前（12月20日前），开展项目事前绩效自评。各单位根据财政部门开展绩效评价工作的有关要求，按照规定的文本格式和程序，对所有经财政部门确定的绩效评价项目实施事前绩效自评，并将事前自评报告一式二份经主管部门报送财政部门审核备案。

4. 部门预算“二下”时（次年1月至2月），确定财政重点评价项目。财政部门根据工作需要，从单位上报的事前自评价项目中选择部分需开展事后绩效评价的重点项目，并在部门预算“二下”时将有关名单通知主管部门与单位。

5. 部门预算“二下”后，开展事中监督和事后绩效评价。单位负责组织绩效评价项目的执行，财政部门依照职责予以监督；主管部门在项目完成后2个月内，按照规定的文本格式和程序，对项目绩效进行事后评价，并将事后绩效评价报告一式二份报送财政部门备案。财政部门按照确定的绩效评价重点项目，组织专家组对项目绩效事后评价结果进行重点评审。

三、基本框架

哈尔滨绩效预算改革的基本框架由三张核心表式组成，其中项目绩效目标申报书旨在在预算编制的“一上”环节明确项目的目标和指标，为预算的初步平衡提供基本的绩效信息；绩效指标评级表和项目支出事前绩效自评报告旨在在预算编制的“二上”环节提供详细的项目绩效信息，为预算盘子的确定和综合平衡提供详细的项目绩效信息。在具体的设计中，特别强调在部门预算管理的基本框架下既有预算管理机制作用的发挥。

（一）项目概要和目标

见表 5－16。

表 5－16　　项目绩效目标申报书

单位名称	
项目名称	
项目概要	
项目预算：　　　　　　万元	
项目绩效目标：	
指标 1： 说明： 指标 2： 说明： 指标 3： 说明：	
主管部门审核意见： 部门负责人（签字）：　　　　公章	

（二）绩效目标和指标

项目绩效目标是部门（单位）根据其履行职能、发展事业的需要，结合项目支出预算提出的项目完成后将要达到的目的或结果。项目绩效目标需通过定量或定性绩效指标的形式来体现，绩效指标应做到与项目绩效目标密切相关，突出重点，系统全面。

1. 绩效目标

绩效目标是项目计划在一段时期内达到的绩效水平，通常以某一数量、价值、比率表示。绩效目标应具有一定的挑战性（即高于历史水平或平均水平，有利于促进项目持续改进）和明确的时间界限，并且在既定条件下经过努力可以实现。绩效目标的设定应充分考虑法律规定、管理制度、资金水平、历史绩效等因素，并根据这些因素的变化进行适当调整。一般而言，绩效目标应当是可以量化的，当绩效目标难以量化时，它应该是可以说明的。

2. 绩效指标

绩效指标是用于测量项目绩效的标准或统计数据。业务部门要提出并与财政部门一同筛选并确定绩效指标。绩效指标应当充分反映项目的目的，并且能够为与项目有关的资源分配和管理决策提供信息支持。由于绩效指标的设定对于绩效评价而言至关重要，所以业务部门在提出绩效指标时应充分听取并考虑相关各方的意见。绩效指标可分为产出指标、结果指标、效率指标三类。

产出指标是指项目实施一段时期后提供的产品或服务。

结果指标是指实施某个项目或活动的结果。

效率指标是指通过获取、使用和管理资源以实现项目结果或产出的经济性和有效性。

例如，对于某促进就业培训项目而言，参与培训人数是一个产出指标，反映项目提供服务的情况；参与人员就业率是一个结果指标，反映实施项目的结果；参与者人均成本是一个效率指标，反映服务提供的经济性。

产出导致结果，由于结果是项目给公众带来的最终收益，所以结果指标对于测量绩效而言最有用。因此，应尽可能使用体现项目最终成效的结果指标。

产出指标与结果指标的对比如表 5 - 17 所示。

表 5－17

产出指标	结果指标
房屋回迁数量	低收入家庭回迁房增值额
通过贷款和培训资助的企业数	获得资助三年后仍能生存的企业比率
饮用水项目的受益人数	饮用洁净水的居民的增长比率
实施水土保护的农业用地数量	土壤质量改善比率 水灾减轻节约的资金额

一般而言，项目的绩效指标应紧紧围绕结果，在难以设定结果指标时可使用产出指标，并兼顾效率指标。绩效指标设置应从管理实际出发，以3—5个为宜，时间上要与部门工作计划保持一致。各指标权重原则上应平均设置，如确需根据相关因素做适当调整，应征得财政部门同意。参见表 5－18。

表 5－18 绩效指标评级表

绩效目标			评价标准				（预计）完成情况	绩效级别
			优	良	中	差		
绩效指标	指标 1：							
	指标 2：							
	指标 3：							
	指标 4：							

（三）项目支出事前绩效自评

1. 项目绩效问题框架

项目绩效问题框架是开展项目支出绩效评价的根据，即围绕项目绩效目标，针对“项目定位、计划、管理和结果”设计的一系列问题。这些问题是项目单位进行事前自评和主管部门组织实施事后评价的依据。项目绩效问题框架包括以下四个部分，每个部分由若干问题组成：

第一部分，项目定位。包括评价项目的绩效目标是否具体明确，项目的设计是否避免了重大缺陷，项目是否避免了与其他项目的重复，项目是否有明确的服务对象或受益人等。

第二部分，项目计划。包括评价项目是否有明确的实施计划，项目是否有科学合理的绩效指标体系，项目资金具体环节预算安排是否合理等。

第三部分，项目管理。包括评价项目的管理者和参与者是否有明确的责任，项目是否有有效的财务管理办法，部门是否运用项目的绩效信息来加强项目管理等。

第四部分，项目结果。包括评价项目是否实现了绩效目标。

上述问题的回答必须有明确的说明和可靠的依据，而非仅凭感觉或印象。如果依据是相关文件资料，应明确将资料证据在文件中标明；如果依据要引用网络资料，则应给出完整的网址，并确保网站可以登录。业务部门通过对这些问题简明扼要的说明，全面反映项目绩效信息；财政部门通过对这些问题客观公正的审查，系统评价项目效果。以上为部门通用的绩效问题框架设计，各部门在开展绩效评价工作时，可在征得财政部门同意的前提下，根据本部门行业特点和项目管理的具体要求，对绩效问题框架进行细化、补充和调整。

项目绩效问题框架的四个部分和每个问题均设定了相应的权重值，通过评分和评级的方式，对项目支出实施绩效评价。具体而言，项目总得分 = 项目定位得分 ×30% + 项目计划得分 ×30% + 项目管理得分 ×20% + 项目预期结果得分 ×20%。项目得分与评价等级之间的关系如表 5 – 19 所示。

表 5 – 19

等　级	分值范围
有效	85—100
基本有效	70—84
一般	50—69
无效	0—49

如果项目无法提供能够有效说明项目绩效的相关资料，或者主管部门与项目单位、财政部门与项目部门（单位）无法就绩效目标等达成一致，则

项目等级结果为无法显示成效。

2. 项目支出事前绩效自评报告

见表5-20。

表5-20

<table>
<tr><td colspan="4">一、项目概况</td></tr>
<tr><td>预算科目</td><td colspan="3">类　款　项</td></tr>
<tr><td>项目概要</td><td colspan="3"></td></tr>
<tr><td colspan="4">二、项目绩效目标</td></tr>
<tr><td colspan="4">绩效目标：
指标1：
说明：
指标2：
说明：
指标3：
说明：</td></tr>
<tr><td colspan="4">三、项目自评情况</td></tr>
<tr><td colspan="4">（一）项目定位（30%）</td></tr>
<tr><td>序号</td><td>问　题</td><td>权重</td><td>得分</td></tr>
<tr><td>1.1</td><td>项目绩效目标是否具体明确？
说明：
依据：</td><td>25%</td><td></td></tr>
<tr><td>1.2</td><td>项目的设计是否避免了重大缺陷？
说明：
依据：</td><td>25%</td><td></td></tr>
<tr><td>1.3</td><td>项目是否避免了与其他项目的重复？
说明：
依据：</td><td>25%</td><td></td></tr>
<tr><td>1.4</td><td>项目是否有明确的服务对象或受益人？
说明：
依据：</td><td>25%</td><td></td></tr>
<tr><td colspan="2">项目定位加权得分</td><td colspan="2"></td></tr>
</table>

续表

三、项目自评情况			
（二）项目计划（30%）			
序号	问　　题	权重	得分
2.1	项目是否有明确的实施计划？ 说明： 依据：	35%	
2.2	项目是否有科学合理的绩效指标体系？ 说明： 依据：	35%	
2.3	项目资金具体环节的预算安排是否合理？ 说明： 依据：	30%	
	项目计划加权得分		
（三）项目管理（20%）			
序号	问　　题	权重	得分
3.1	项目的管理者和参与者是否有明确的责任？ 说明： 依据：	30%	
3.2	项目是否有有效的财务管理方法？ 说明： 依据：	35%	
3.3	部门是否运用项目的绩效信息来加强项目管理？ 说明： 依据：	35%	
	项目管理加权得分		
（四）项目预期结果（20%）			
序号	问　　题	权重	得分
4.1	项目是否能实现绩效目标？ 说明： 依据：	100%	
	项目预期结果加权得分		
	项目总得分		

续表

四、项目自评结论	
项目等级	有效□　基本有效□　一般□　无效□　无法显示成效□
项目单位	单位名称： （公章） 单位负责人（签字）：
主管部门审核意见	部门负责人（签字）：　（公章） 日期：　年　月　日

3. 项目绩效自评说明

A. 项目定位（事前评价 30 分，事后评价 10 分）

本部分评价项目的目标是否具体明确，项目的设计是否合理等。在评价过程中考虑的因素包括项目、部门、法律和市场因素等。对项目定位的清晰理解是设定项目目标、指标，确保项目相关性以及有效管理项目的基础。

A.1 项目绩效目标是否具体明确？（25%）

目的：评价项目是否有一个集中明确的目的。确定这一目的对于合理设定绩效指标和目标至关重要。

是：项目满足以下要求并提供相应的证据：

项目有结果导向、简洁明确的目标（34%）；

项目的绩效目标符合市委、市政府的战略目标、工作重点或部门的工作目标（33%）；

项目有明确的政策依据（33%）。

否：

项目有若干相互冲突的目的。

证据：相关政策法规，项目可行性研究报告等。

A.2 项目的设计是否避免了重大缺陷？（25%）

目的：评价是否存在影响项目效率或效果的重大设计缺陷。

是：项目满足以下要求并提供相应的证据：

在设计上避免了重大缺陷（50%）；

没有更好的实现项目目标的方法（项目设计基本达到最优）（50%）。

否：

项目存在设计上的重大缺陷；

有更有效的实现项目目标的方法（项目设计没有达到最优）。

证据：

项目论证报告；可选择方案之间成本效益的比较；活动的相关成本收益证据。

A.3 该项目是否避免了与其他项目重复？（25%）

目的：评价项目是否承担了某一独特的职责，与其他项目之间是否有不必要的重复或竞争。

是：项目满足以下要求并提供相应的证据：

项目与已实施的项目不重复（34%）；

项目与本部门或其他部门的项目不重复（33%）；

项目与提高市场运行的项目不重复（33%）。

如果项目之间的竞争是有益的，竞争能使项目成本更低，或是与其他项目重复提供服务是合理的，那么类似的项目也可以得到是的评定。

否：如果有多个项目针对相同的问题和需要，那么不管该项目的规模和历史如何，评价都为否。对于部分重合的项目，如果项目的主要方面，比如目的、目标受益人等是重复的，那么评价为否比较合适。如果有两个项目是相互重复的，一个是大项目，一个是小项目，那么这两个项目的评价结果都为否。

证据：证据要能够确定项目是否重复，并阐明项目的总支出，以及与采取相似方法的同类项目的项目效果是否重复。

A.4 项目是否有明确的服务对象或受益人？（25%）

目的： 旨在评定项目的设计是否能保证项目投入直接有效地用于项目目标；项目的支出将有效用于项目受益人；项目避免了对计划之外的补助。

是： 项目满足以下要求并提供相应的证据：

项目服务对象或受益人定位正确（50%）；

项目支出有效用于项目服务对象或受益人（包括项目能够确保资源直接并有效地用于项目目的）（50%）。

否： 项目的设计可能导致项目支出用于非项目受益人；项目的设计可能导致较高的资源浪费。

证据： 证据是建立了项目资金直接用于项目目的或目标受益人的完善机制，例如，用于确定项目受益人的机制应留有余地，能够适应潜在目标受益人的变化或市场条件的变化。同时，项目的设计能尽可能使目标受益人受益更多。

B. 项目计划（事前评价 30 分，事后评价 20 分）

本部分评价项目是否制定了符合中长期发展规划、目标明确、切实可行的实施计划，是否有指导项目管理和预算的绩效指标，项目资金具体环节预算安排是否合理等。

B. 1 项目是否有明确的实施计划？（35%）

目的： 旨在评定项目是否有符合中长期发展规划、目标明确、切实可行的实施计划。

是： 项目满足以下要求并提供相应的证据：

项目的责任主体明确（33%）；

项目绩效目标的实现有明确的时间要求（包括项目实施计划符合地区或部门的中长期发展规划；项目实施计划目标清晰，有一定的先进性；以及项目有切实可行的操作步骤）（34%）；

项目设计有针对计划存在的缺陷进行改进的机制（33%）。

否：

项目实施计划不符合地区或部门的中长期发展规划；

项目实施计划目标不清；

项目实施计划不切实际，无明确的时间安排。

证据： 相关政策法规；地区或部门中长期发展规划；项目可行性报告或论证。

B. 2 项目是否有科学合理的绩效指标体系？(35%)

目的：旨在评价项目是否有指导项目管理和预算的绩效指标，这些指标是否能够充分反映项目目标，是否有利于明确项目责任，提升项目效果。

是：项目满足以下要求并提供相应的证据：

项目有结果导向、针对性强的绩效指标（34%）；

项目的绩效指标具体、量化（33%）；

项目的绩效指标有挑战性（33%）。

否：

项目的绩效指标未能充分反映项目目标；

业务部门与财政部门未能就指标的内容和标准达成一致；

项目的绩效指标无法量化或说明；

项目的绩效目标不具有挑战性，时间安排不合理。

证据：部门（或项目）中长期规划；项目指标的其他说明性文件；设立项目指标、目标的论证方案或报告。

B. 3 项目资金具体环节的预算安排是否合理？(30%)

目的：旨在评价项目的计划与预算之间是否实现了有机结合，从而预算安排最大限度地服务于计划目标的实现，预算安排对项目结果的影响清晰明确。

是：项目满足以下要求并提供相应的证据：

项目预算安排是否与项目绩效目标相适应（34%）；

项目预算安排是否全面、合理（33%）；

项目的测算是否有支出标准依据（33%）。

否：项目预算未能与项目计划有机结合。

证据：支持项目绩效目标实现的相关资料，包括预算申请、实施计划以及其他相关资料。其中有关项目预算的资料应包括项目成本测算的内容。

C. 项目管理（事前评价 20 分，事后评价 30 分）

本部分评价项目是否有绩效信息的收集和使用机制，项目是否有明确的责任机制，项目是否有健全的财务管理机制等。

C. 1 项目的管理者和参与者是否有明确的责任？(30%)

目的：旨在评定项目管理者和参与者是否对项目的实施过程及项目结果负责。

是：项目满足以下要求并提供相应的证据：

项目是否明确了各级管理者的责任（50%）；

项目是否明确了参与者的责任（50%）。

否：项目管理者和参与者对项目的实施过程及结果没有明确的责任机制。

证据：针对项目管理者的项目管理责任书，项目绩效评价与人员绩效评价相结合的管理机制，有关项目参与者责任的规定等。

C.2 项目是否有有效的财务管理办法？（35%）

目的：旨在评定项目是否使用有效的财务管理方法管理项目资金。

是：项目满足以下要求并提供相应的证据：

项目是否有健全的财务管理制度（包括项目有健全的内控机制，支出管理责任明确，且能够最大限度地避免支付差错；财务管理系统符合相关制度要求；对财务报告的审计没有重大的内控缺陷；没有其他与财务管理有关的违规行为）（50%）；

项目是否有规范、有效的财务信息形成与反馈机制（包括财务管理系统能有效支持项目的日常运转；财务信息报送准确及时）（50%）。

如果项目其他方面的重大缺陷与财务管理无关，将不会影响得到是的评价。但是，如果其他方面的重大缺陷与财务管理直接相关，那么评定结果应为否。

否：项目不存在有效的财务管理办法。

证据：部门财务管理制度；近期审计报告。

C.3 部门是否运用项目的绩效信息来加强项目的管理？（35%）

目的：旨在评价项目是否收集并运用绩效信息管理项目，配置资源，改进项目绩效。

是：项目满足以下要求并提供相应的证据：

部门是否有项目绩效信息的收集和反馈机制（50%）；

部门是否运用绩效信息改进项目的执行管理（50%）。

项目的绩效信息要做到及时、可信。

否：部门没有将项目绩效信息用于加强项目管理。

证据：部门定期收集绩效信息的规定；部门运用绩效信息改进项目管理的规定。

D. 项目结果（事前评价 20 分，事后评价 40 分）

本部分评价项目是否实现了预期的绩效目标。

D.1 项目能否实现绩效目标？（100%）

目的：旨在评价项目能否实现问题2.2所确定的绩效目标和指标。

是：项目满足以下要求并提供相应的证据：

项目实现了问题2.2所确定的绩效目标和指标。

如果仅部分实现绩效目标和指标，只能获得部分分数。

例如，对于某促进就业培训项目而言（绩效目标和指标设定与预计完成数详见附表），结果部分得分为：20（分）×（0.25×1（指标1）+0.25×0.75（指标2）+0.25×0.75（指标3）+0.25×0.5（指标4））=15分。

否：项目没有实现问题2.2所确定的绩效目标和指标。

证据：与项目有关的历史绩效数据；项目的可行性论证报告；部门的中长期规划等。

四、案例：成人就业和培训补贴项目

（一）项目基本信息和项目指标

见表5-21。

表5-21　　项目绩效目标申报书

单位名称	人力资源与社会保障局
项目名称	2011年成人就业和培训补贴
项目概要	本项目向各区县针对成年人的就业辅导、求职援助、职业培训和工作安置等服务提供补贴，旨在帮助成年人就业并增加收入。
项目预算：1000万元	
项目绩效目标： 帮助成年人就业并增加收入。	
指标1：参与人员就业率 说明：项目参与人完成项目后第一季度被雇佣的百分比。该指标按照下列公式计算：完成项目的参与人在第一季度被雇佣的人数除以完成项目的总人数。	

年份	目标	实际
2009	72%	73%
2010	73%	74%（截至4月份数据）
2011	73%	

续表

指标 2：就业保有率

说明：完成项目的参与人在第一季度被雇佣后，在第二季度和第三季度仍被雇佣的百分比。该指标按照下列公式计算：完成项目的参与人在第一季度被雇佣的基础上，第二季度和第三季度仍被雇佣的总人数除以完成项目后被雇佣的总人数。

年份	目标	实际
2009	83%	84%
2010	81%	83%（截至 4 月份数据）
2011	82%	

指标 3：平均收入

说明：6 个月的平均收入。该指标按照下列公式计算：完成项目并已工作三个季度的项目参与人第二季度的总收入加上第三季度的总收入除以完成项目后获得工作的参与人总数。

年份	目标	实际
2009	3300	3246
2010	3400	4081（截至 4 月份数据）
2011	3500	

指标 4：参与者人均成本

说明：年度拨款总额除以参与者人数。

年份	目标	实际
2009	2600	2500
2010	2940	2890（截至 4 月份数据）
2011	2960	

主管部门审核意见：

部门负责人（签字）：　　　　　　　　　　　　公章

（二）项目绩效指标和目标

见表5－22。

表5－22 绩效指标评级表

绩效目标	帮助成年人就业并增加收入。		评价标准				（预计）完成情况	绩效级别
			优	良	中	差		
绩效指标	指标1：参与人员就业率	指标说明：项目参与人完成项目后第一季度被雇佣的百分比。	≥73%	71%—73%	69%—71%	＜69%	73%	优
	指标2：就业保有率	指标说明：在第一季度被雇佣的完成项目的参与人在第二季度和第三季度仍被雇佣的百分比。	≥83%	81%—83%	79%—81%	＜79%	82%	良
	指标3：平均收入	指标说明：6个月的平均收入。	≥3600元	3300—3600元	3100—3300元	＜3100元	3500元	良
	指标4：参与者人均成本	指标说明：年度拨款总额除以参与者人数。	≤2700元	2700—2900元	2900—3000元	＞3000元	2960元	中

（三）项目绩效自评报告

见表5－23。

表5－23

一、项目概况	
预算科目	208类01款11项
项目概要	本项目向各区县针对成年人的就业辅导、求职援助、职业培训和工作安置等服务提供补贴，旨在帮助成年人就业并增加收入。
二、项目绩效目标	
计划目标： 帮助成年人就业并增加收入。 **指标1：参与人员就业率** 说明：项目参与人完成项目后第一季度被雇佣的百分比。该指标按照下列公式计算：完成项目的参与人在第一季度被雇佣的人数除以完成项目的总人数。	

续表

年份	目标	实际
2009	72%	73%
2010	73%	74%（截至4月份数据）
2011	73%	

指标2：就业保有率

说明：完成项目的参与人在第一季度被雇佣后，在第二季度和第三季度仍被雇佣的百分比。该指标按照下列公式计算：完成项目的参与人在第一季度被雇佣的基础上，第二季度和第三季度仍被雇佣的总人数除以完成项目后被雇佣的总人数。

年份	目标	实际
2009	83%	84%
2010	81%	83%（截至4月份数据）
2011	82%	

指标3：平均收入

说明：6个月的平均收入。该指标按照下列公式计算：完成项目并已工作三个季度的项目参与人第二季度的总收入加上第三季度的总收入除以完成项目后获得工作的参与人总数。

年份	目标	实际
2009	3300	3246
2010	3400	4081（截至4月份数据）
2011	3500	

指标4：参与者人均成本

说明：年度拨款总额除以参与者人数。

年份	目标	实际
2009	2600	2500
2010	2940	2890（截至4月份数据）
2011	2960	

续表

三、项目自评情况			
（一）项目定位（30%）			
序号	问　题	权重	得分
1.1	项目绩效目标是否具体明确？ 说明：该项目旨在提供就业服务，例如就业辅导和评估；求职、培训和安置活动；协助参加项目的成年人实现就业，保有工作，以及增加收入。该项目通过为各区县相关活动提供补贴来实现目标。 依据： 1. 人力资源与社会保障局 2006—2015 年规划； 2. 2008—2011 年促进就业行动纲要。	25%	25%
1.2	项目的设计是否避免了重大缺陷？ 说明：该项目在设计上存在一些重大缺陷，有必要为改进效率和效果采取措施。首先，多项促进就业资金之间存在交叉现象，在一定程度上阻碍了资金效用的充分发挥；其次，“行政成本”定义模糊，导致部分区县“行政成本”挤占服务提供所需资金。 依据： 1. 人力资源与社会保障局 2006—2015 年规划； 2. 2008 年××市促进就业实施意见。	25%	10%
1.3	项目是否避免了与其他项目的重复？ 说明：本项目与其他项目之间存在一定的重复，目前正在采取措施规避此类重复现象。虽然本项目会优先考虑那些接受公共援助的人员或其他低收入人群，但它为成人提供的服务与失业工人补助项目和就业服务项目类似。此外，该项目还与卫生局的贫困家庭临时援助项目在某些就业培训子项目上有重复。 依据： 1.《就业服务授权法》； 2.《劳动力投资法》中对于授权和改革建议。	25%	10%
1.4	项目是否有明确的服务对象或受益人？ 说明：本项目的受益人是 18 岁以上的成年人，旨在帮助他们发展技能，获取资源，寻找并保有工作，同时，该项目还可以帮助雇主寻找熟练工人。 依据： 1.《劳动力投资法》131—134 节。 2. 报告、调查工具和数据表详见 www. uschamber. com/cwp/strategies/WIA/survey. html。	25%	25%

续表

序号	问 题	权重	得分
1.4	3. 2007 年，本项目为 444321 名参与者提供了帮助，其中约 65% 的参与者是低收入成年人，其中大约 12% 是公共援助受益人。 4. 2007 年春季对雇主的调查显示：33% 的受访者表示很难找到并留住合格的工人；33% 的受访者认为求职者的基本技能较差；40% 的受访者认为训练有素的工作人员是公司保持竞争力的关键。	25%	25%
	项目定位加权得分	21	

（二）项目计划（30%）

序号	问 题	权重	得分
2.1	项目是否有明确的实施计划？ 说明：本项目为 18 岁以上的成年人提供核心、强化、培训三方面服务。所有的成年人都有资格获得核心服务，包括拓展、求职以及劳动力市场信息；强化服务包括全面评估、制定就业计划、个别辅导和职业规划，提供给符合特定资格标准的人；培训服务提供给那些通过强化服务仍无法找到工作的人。项目优先考虑接受公共援助的人群或其他低收入群体。根据项目有关规定，各区县必须制定项目目标并报告其实际执行情况，达到或超过一定绩效水平的区县将得到奖励。 依据： 1. ××市就业促进政策； 2. ××市就业促进奖励办法； 3. ××市各区县促进就业三年规划； 4. ××市各区县 2007 年项目目标完成情况表。	35%	25%
2.2	项目是否有科学合理的绩效指标体系？ 说明：本项目的四个绩效指标为：（1）参与人员就业率；（2）就业保有率；（3）平均收入；（4）参与者人均成本。这些指标自 2005 年以来一直沿用。 依据： 1.《劳动力投资法》有关指标的规定； 2. ××市 2005—2010 年促进就业规划中对有关指标的规定； 3. 人力资源与社会保障局对本项目绩效指标的分析报告。	35%	35%

续表

序号	问　题	权重	得分
2.3	项目资金具体环节的预算安排是否合理？ 说明：项目预算安排的合理性有待进一步提高。具体而言，目前项目投入与项目绩效的关联程度尚不足以精确评价项目投入对绩效结果的实际影响。但是，人力资源与社会保障局2008年、2009年以及2010年的预算已经通过明确项目绩效目标、区分轻重缓急、加强成本核算等措施逐步提升预算的合理性。 依据： 人力资源与社会保障局预算分析报告。	30%	10%
	项目计划加权得分	21	
（三）项目管理（20%）			
序号	问　题	权重	得分
3.1	项目的管理者和参与者是否有明确的责任？ 说明：尽管存在监测项目成果的机制，相关法律法规也赋予人力资源与社会保障局对项目执行结果实施奖罚的权力，但项目管理者从未因未能实现重要的绩效结果受罚，项目参与者也从未因未能履行义务而受罚。2009年以及2010年人力资源与社会保障局已经根据有关规定对实现绩效目标的区县给予奖励，但对于未能完成目标的区县，并未实施惩罚措施。 依据： 1. 关于奖励和制裁的有关规定； 2. 各区县绩效目标完成情况年报； 3. 对各区县的奖励公告。	30%	10%
3.2	项目是否有有效的财务管理方法？ 说明：由于大部分服务和培训补贴资金通过各区县发放给社区或服务提供商，人力资源与社会保障局对补贴资金实施直接监督的难度较大，目前尚未建立起令人满意的控制机制。人力资源与社会保障局计划开发一个在线补贴资金管理软件，旨在对相关支出实施动态跟踪，并确定哪些补贴正“面临风险”。 人力资源与社会保障局将制定各区县补贴资金拨款计划，在此框架内，各区县将分别制定补贴资金实施计划，确保资金及时、足额用于指定用途。各区县必须明确80%以上补贴资金的具体用途，否则人力资源与社会保障局将收回未指定用途部分并用于其他区县。 依据： 1. 成人就业和培训补贴发放规定； 2. 劳动力投资法案中有关财务报告的规定； 3. ××市促进就业和培训政策。	35%	15%

续表

序号	问 题	权重	得分
3.3	部门是否运用项目的绩效信息来加强项目管理？ 说明：各区县每季度、每年均向人力资源与社会保障局报告项目的实施和绩效情况，人力资源与社会保障局相关工作人员负责分析季度和年度数据，并结合分析结果定期实施现场审查，动态监测各区县项目的绩效和财务状况。 人力资源与社会保障局在监测过程中使用了一个名为“电子补贴管理系统”的在线工具，在一定程度上提高了工作效率。 人力资源与社会保障局运用“企业信息管理系统”获取相关项目的绩效数据，并根据它们向各区县发放奖励性补贴。对于无法达到项目预定绩效水平的区县，人力资源与社会保障局从2007年开始启动了一个绩效提高计划为它们提供技术援助。 依据： 1. 项目实施机构的绩效管理计划； 2. 人力资源与社会保障局2009年的绩效和责任年度报告； 3. 人力资源与社会保障局就业和培训项目报告。	35%	35%
	项目管理加权得分	18	

（四）项目预期结果（20%）

序号	问 题	权重	得分
4.1	项目是否能实现绩效目标？ 说明：本项目所用绩效指标体系从2009年开始使用，2011年各项绩效指标的目标水平在往年基础上根据经济社会发展变化趋势做了适当调整。根据历史数据来看，除了2009年平均收入未能实现预定增长外，大部分绩效指标都实现了预定目标。 依据： 1. 2009年各项指标完成情况如下：参与人员就业率73%，目标72%；就业保有率83%，目标81%；人均收入3246元，目标3300元；参与者人均成本2500元，目标2600元。 2. 2010年1—4月各项指标完成情况如下：参与人员就业率74%，目标73%；就业保有率84%，目标83%；人均收入4081元，目标3400元；参与者人均成本2890元，目标2940元。	100%	76%
	项目预期结果加权得分	15	
	项目总得分	75	

五、哈尔滨预算绩效管理改革的启示

哈尔滨预算绩效管理改革建立在其良好的部门预算管理基础之上，与中央政府由预算司牵头预算绩效管理改革一致，哈尔滨市的绩效预算管理改革由预算处统筹协调，其特点体现在以下几个方面。

一是在基本理念和框架与中央保持一致的前提下，结合本地实际实施创造性转化。哈尔滨模式是在中央模式基础上建立的，与其母体相比，更强调面向管理实际加强可操作性，一则凡是现行管理框架下难以实施的要求一律去除，如长期指标、效率指标方面的要求；二则制定操作指南，澄清基本概念，同时有效化解了实施过程中可能出现的大量问题。

二是着眼于整个预算周期进行系统设计，在现有财政管理模式的基础上，全面动员，合理分工，充分调动各委办局和财政部门的力量推进改革。哈尔滨预算绩效管理模式避免了对原有管理模式下权力框架的调整，保留了财政各部门预算管理处室在预算审核中的主体地位，评价框架成为其实施预算管理的重要手段，项目自评以部门为主体开展，自评结果成为各专业处室审核预算的重要信息来源，有效避免了预算处过度介入影响权力分配格局，挫伤各财政专业处室改革积极性的问题，为改革的顺利推进铺平道路。

三是从地方政府治理能力现实出发，稳步推进各项改革举措。哈尔滨的预算绩效管理改革强调稳步推进，一则在改革进入实质性阶段之前对参与改革的财政专业处室及各委办局相关人员实施全面培训，预先回应改革中可能出现的各种问题；二则虽然改革重在前期评价，但考虑到财政管理能力的现状和各委办局对改革的认同需要一个渐进的过程，起步阶段以委办局为主体开展项目自评，从自评结果中选取部分项目实施后期的重点评价，既实现了工作的连续性，又为今后深化改革做了较为充分的前期准备。

第五节 绩效评级工具的海南模式

海南省预算绩效管理改革的组织者是财政厅，具体由绩效评价处牵头落

实。我国大部分地方政府采用的都是这一组织模式，其优点在于有专门机构负责，有利于集中力量做精做深（财政部预算司于 2010 年成立绩效管理处的用意可能亦在于此），其不利之处在于统筹能力有限，绩效管理往往游离于常规的预算管理体系之外，绩效与预算不能有效整合。而由预算处负责则往往能总揽全局，较好地发挥统筹协调的功能，弊端在于预算处日常事务繁杂，往往无暇充分顾及。因此，海南省预算绩效管理探索的重点即在于如何将绩效有机融入预算特别是预算编制过程，并在预算绩效管理部门与部门预算管理部门之间合理分工，有效整合。在具体方案设计过程中，海南省绩效管理从本省的预算管理实际出发，借鉴了美国政府绩效评级工具和世界银行援外项目评价的相关经验，注重项目逻辑模型的应用，注重绩效管理要求与项目评价框架的结合，注重理念突破与实际操作的衔接。从 2011 年的情况来看，共有 1000 余个发展建设类项目被纳入预算目标管理，实施了预算编制阶段的绩效自评，形成了 4000 多个针对各个项目的绩效指标。

一、改革目标

海南省预算绩效管理改革旨在将绩效目标管理融入预算编审环节，使预算部门（单位）深入理解什么是项目所进行的活动、什么是项目的产出、什么是产出所带来的成效，在此基础上明确提出项目的绩效目标及衡量目标实现程度的指标，并开展项目立项自评。财政部门通过广泛、深入地挖掘和运用绩效信息，充分论证项目的必要性、有效性和可行性，为项目的预算决策和追踪问效提供坚实的基础。

二、管理流程

1. 预算编制“一上”环节，首先由绩效评价处对部门（单位）报送的项目申报材料进行形式要件审核和项目逻辑性审核。发现项目申报要件不全，项目逻辑模糊抽象，以及其他不符合要求的情况时，退回有关单位重新制定或加以完善，审核通过的项目方能进入下一步预算编审程序。

2. 各业务处室负责对项目绩效目标内容进行审核，发现绩效目标明显不符合实际的（过高或过低），要求部门（单位）进行调整。同时，对部门（单位）报送的项目立项自评情况进行审核，确定项目等级，根据项目等级调整预算安排，并反馈部门（单位）。

3. 预算处会同绩效评价处选取部分重点项目组织开展预算听证，听证时以“项目立项评级表”中设计的项目绩效问题框架为标准，听证意见作为各相关业务处室审定部门预算的依据。

4. 预算编制“二上”环节，部门（单位）如果调整了项目，必须同时调整项目绩效目标，并按以上分工和程序进行审核。

三、基本框架

（一）项目概况

见表 5－24。

表 5－24

项目类型	经常性项目□　　一次性项目□		
项目类别	省委省政府确定项目□　　国家确定省财政配套项目□ 部门（单位）项目□　　其他项目□		
项目属性	当年项目□　　跨年度项目□		
负责人		联系电话	
项目开始时间		项目完成时间	
项目背景			
项目投入	金额： 分项投入：		
项目活动			
项目产出			
项目成效			

（二）项目目标和指标

见表5－25。

表5－25 项目绩效目标表

指标类型	绩效指标	绩效目标	绩效标准			
			优	良	中	差
产出指标	指标1：					
	指标2：					
	……					
成效指标	指标1：					
	指标2：					
	……					
效率指标	指标1：					
	指标2：					
	……					

（三）项目立项评级

见表5-26。

表5-26 项目立项评级表

评级内容	关键评级问题	评级标准	说明及依据	得分
项目定位（35分）	1. 项目是否具有较强的相关性？（15分）	项目是否符合省委、省政府的发展规划、优先发展重点或部门的职能分工（5分）		
		项目是否聚焦某一具体的问题（5分）		
		项目的产出是否能满足需求（5分）		
	2. 项目是否避免了影响项目效果或效率的重大缺陷？（7分）	是否存在技术上的瓶颈（4分）		
		是否有更好地实现项目目标的方法（3分）		
	3. 项目是否避免了与其他项目的重复？（7分）	项目是否与已实施的项目重复（3分）		
		项目是否与本部门或其他部门待实施的项目重复（2分）		
		项目是否与私人部门或非营利组织的项目重复（2分）		
	4. 项目支出能否有效用于项目目标和项目受益人？（6分）	是否避免了在无关活动上的支出（3分）		
		项目受益人是否明确（3分）		
项目计划（40分）	5. 项目的前期准备是否充分？（10分）	项目是否有充分的前期调研和论证（5分）		
		项目实施所需的物质、技术、制度条件是否具备（5分）		

续表

评级内容	关键评级问题	评级标准	说明及依据	得分
项目计划（40分）	6. 项目是否有明确的实施计划？（13分）	项目的实施主体是否明确（4分）		
		项目的实施时间是否明确（4分）		
		各级管理者在项目成本控制、进度、结果上的责任是否明确（5分）		
	7. 项目的绩效指标体系是否完整？（12分）	是否有充分反映项目目标的绩效指标（4分）		
		绩效指标是否具体、量化（5分）		
		项目的绩效目标是否具有挑战性（3分）		
	8. 项目预算申请是否全面、规范？（5分）	项目预算是否有漏项（2分）		
		项目预算的测算是否有规范的支出标准依据（3分）		
项目管理（10分）	9. 部门项目管理水平是否得到一定程度的提高？（4分）	前三年部门财政支出执行情况是否持续改进（2分）		
		同类项目支出进度同比是否加快（2分）		
	10. 部门是否运用项目绩效信息加强项目管理？（6分）	是否按要求选择一个2009年度项目进行了绩效自评（2分）		
		是否对其他项目实施了绩效评价（2分）		
		是否运用评价结果改进了项目管理（2分）		
项目结果（15分）	11. 项目预期结果能否实现？（15分）	能否按时完成项目（7分）		
		能否实现承诺的绩效目标（8分）		
项目总得分				
项目等级				

资料来源：海南省财政厅，《财政支出项目绩效目标管理工作方案》，2010年。

（四）项目绩效自评说明

1. 项目概况说明

项目是指部门计划实施的具有明确目标的一系列相关联的活动，项目具有唯一性、临时性。当多个项目联系较为紧密，并且有共同的目标和相似的管理模式时，应将它们作为一个“大项目”进行整体申报和管理。“项目概况表”包括项目背景、项目投入、项目活动、项目产出、项目成效等五项内容，旨在系统反映项目从投入到结果之间的因果关系。具体如下：

项目背景：指项目的提出针对国家社会经济发展的哪些特定需求（例如：与相关战略、政策或其他重大项目的关系等）；项目的提出针对所在行业的哪些关键问题（例如：解决空白问题、瓶颈问题，还是在现有条件下改进提高）；确定项目的具体内容以及选择项目实施地点的理由，或有哪些考虑（例如：该地区最贫困，或具备实施条件，或估计影响较大等）；

项目投入：指用于项目实施的各种资源，包括人力、资金、实物、时间和专业技能等；

项目活动：我们所做的。指为实现项目目标而调动和使用各种资源的各项行动和工作，活动一般使用动词来表述（例如：开展、建设、提供等）；

项目产出：我们所生产的。指通过实施各项活动而产生的产品和服务，是有形的，可计算的。比如为 50 个人提供了医疗服务，培训了 100 名小学教师，修建了 100 公里公路。

项目成效：我们为何做。指通过使用项目的产出而带来的短期或中期的直接效果，比如新修公路使通行时间缩短，提高了运输效率。成效必须转化为一组关键指标，这些指标能够提供关于成效是否得以实现的信息。

2. 项目目标和指标说明

A. 绩效指标

绩效指标是衡量绩效目标实现程度的考核工具。绩效指标的确定应当遵循以下原则：

一是具体，即指标定义简洁明确，不产生歧义；二是可衡量，即指标有确定的评价基准，可以对其进行衡量和分析；三是可实现，即指标在现行条件下可以收集到相关证据；四是相关，即指标与项目某方面的核心问题有关，能够为管理提供有用信息；五是时限，即指标有确定的时间界限。

由于绩效指标的设定对于绩效目标管理而言至关重要，所以部门在提出绩效指标时应充分听取并考虑相关各方的意见。绩效指标可分为产出指标、成效指标、效率指标三类。

产出指标反映项目实施提供的产品或服务。

成效指标反映项目产出或活动带来的结果。

效率指标是指通过获取、使用和管理资源以实现项目结果或产出的经济性。

例如，对于某促进就业培训项目而言，参与培训人数是一个产出指标，反映项目提供服务的情况；参与人员就业率是一个成效指标，反映实施项目的结果；参与者人均成本是一个效率指标，反映服务提供的经济性。

B. 绩效目标

绩效目标是用指标表示的项目的计划绩效水平，包括用量化的标准、数值或比率表示的使用财政资金达到的产出和效果。绩效目标的确立应遵循以下原则：

一是指向明确。即绩效目标要符合区域经济社会发展的总体规划、部门职能和事业发展规划，并与相应的财政支出范围、方向、效果紧密结合。

二是具体细化。即绩效目标应当从数量、质量、成本和时效等方面进行细化，尽可能量化，如无法量化，可以采用定性的分级分档形式表述。

三是合理可行。即绩效目标的制定要经过科学预测和调查研究，既要符合实际，又要有一定的挑战性（即高于历史水平或平均水平，在既定条件下经过努力可以实现）。

C. 绩效标准

绩效标准是衡量项目绩效的标尺和准绳，一般用一个数值范围表示。绩效标准的设定应从各部门（单位）管理实际出发，紧紧围绕项目的绩效目标，在实事求是的基础上具有一定的挑战性。同时，应根据项目性质区别不同情况各有侧重，处理好连续性与前瞻性之间的关系。对于往年已实施过的项目，应结合事业发展规划重点参考历史数据、类似项目的先进水平等因素；对于新设立的项目，应在参考相关法律法规、行业标准的前提下，科学论证，合理设置。每一绩效目标的标准分为优、良、中、差四个等级。

3. 项目立项评级说明

项目立项评级主要内容是从项目定位、项目计划、项目管理、项目结果四个方面设计了 11 个关键评级问题及其子问题（评级标准）。预算单位通过对这些问题简明扼要的回答和说明，可以较为全面地反映项目绩效信息。财政部门通过对这些问题回答和说明进行客观公正的审查，可以更为系统地了解项目的整体情况，特别是绩效情况。这些问题及其回答方面的要求具体如下：

A. 项目定位（35分）

本部分评价项目的可行性、必要性，项目的设计是否合理等。在评价过程中考虑的因素包括项目、部门、规划、技术和市场因素等。对项目定位的清晰理解是设定绩效指标和目标，确保项目相关性以及有效管理项目的基础。

A.1 项目是否具有较强的相关性？（15分）

目的：评价项目的政策相关性及与当前面临的问题和需求的相关性。

评级标准：

项目符合省委、省政府的发展规划、优先发展重点或部门的职能分工（5分）；

项目聚焦某一具体的问题（5分）；

项目预期产出能够满足实际需要（5分）。

证据：相关政策法规，政府发展规划、部门职能、项目可行性研究报告等。

A.2 项目是否避免了影响项目效果或效率的重大缺陷？（7分）

目的：评价是否存在影响项目效率或效果的重大设计缺陷。

评级标准：

不存在影响项目实施与项目效果的重大缺陷（4分）；

没有更好地实现项目目标的方法（3分）。

证据：项目论证报告；可选择方案之间成本效益的比较；活动的相关成本收益证据。

A.3 项目是否避免了与其他项目的重复？（7分）

目的：评价项目是否承担了某一独特的职责，与其他项目之间是否有不必要的重复或竞争。

评级标准：

项目与已实施的项目不重复（3分）；

项目与本部门或其他部门待实施的项目不重复（2分）；

项目与私人部门或非营利组织的项目不重复（2 分）。

如果有多个项目针对相同的问题和需要，那么不管该项目的规模和历史如何，评价都为否。对于部分重合的项目，如果项目的主要方面，比如目的、目标受益人等是重复的，那么评价为否比较合适。如果有两个项目是相互重复的，一个是大项目，一个是小项目，那么这两个项目的评价结果都为否。

证据： 证据要能够确定项目是否重复，并阐明项目的总支出，以及与采取相似方法的同类项目的效果是否重复。

A. 4 项目支出能否有效用于项目目标和项目受益人？（6 分）

目的： 旨在评定项目的设计是否能保证项目投入直接有效地用于项目目标；项目的支出将有效用于项目受益人；项目避免了对计划之外的补助。

评级标准：

项目能够避免在无关活动上的支出（3 分）；

项目受益人定位明确（3 分）。

证据： 建立了项目资金直接用于项目目标或目标受益人的完善机制，例如，用于确定项目受益人的机制应留有余地，能够适应潜在目标受益人的变化或市场条件的变化。同时，项目的设计能尽可能使目标受益人受益更多。

B. 项目计划（40 分）

本部分评价项目是否制定了符合中长期发展规划、目标明确、切实可行的实施计划，是否有指导项目管理和预算的绩效指标，项目资金具体环节预算安排是否合理等。

B. 1 项目的前期准备是否充分？（10 分）

目的： 旨在评价项目是否已经进行了较为充分的前期准备，从而在一定程度上确保了计划的科学性和可执行性。

评级标准：

项目经过充分的前期调研和论证（5 分）；

项目具备实施所需的物质、技术、制度条件（5 分）。

证据： 项目前期的可行性报告，能够证明具备项目所需的物质、技术、制度条件的相关材料。

B. 2 项目是否有明确的实施计划？（13 分）

目的： 旨在评定项目是否有切实可行，时间任务分工明确的实施计划。

评级标准：

项目的实施主体明确（4 分）；

项目的实施时间明确（4 分）；

项目明确了各级管理者在项目成本控制、进度、结果上的责任（是否有考核措施，措施合理、合法、合规）（5 分）。

证据：地区或部门中长期发展规划，项目可行性报告或论证，项目申报文件，项目管理责任书等。

B.3 项目的绩效指标体系是否完整？（12 分）

目的：旨在评价项目是否有指导项目管理和预算的绩效指标，这些指标是否能够充分反映项目目标，是否有利于明确项目责任，提升项目效果。

评级标准：

项目有能够充分反映项目目标的绩效指标（4 分）；

项目的绩效指标具体、量化（5 分）；

项目的绩效目标有挑战性（目标设定充分考虑了行业标准、历史执行情况、同行业先进水平等因素）（3 分）。

证据：部门（或项目）中长期规划；项目指标的其他说明性文件；设立项目指标、目标的论证方案或报告。

B.4 项目预算申请是否全面、规范？（5 分）

目的：旨在评价项目的设计与预算之间是否实现了有机结合，测算是否合理。

评级标准：

项目预算没有漏项（2 分）；

项目预算的测算有规范的支出标准依据（3 分）。

证据：支持项目绩效目标实现的相关资料，包括项目申报书、实施计划以及其他相关资料。

C. 项目管理（10 分）

本部分评价部门的支出执行情况是否有所改善，部门是否运用项目绩效信息加强项目管理。

C.1 项目管理水平是否得到一定程度的提高？（4 分）

目的：旨在评定部门以往年度支出总体情况和支出进度情况。

评级标准：

前三年部门财政支出执行情况持续改进（2 分）；

同类项目的支出进度同比加快（2 分）。

证据：年度财务报告、支出进度统计情况等。

C.2 部门是否运用项目绩效信息加强项目管理？（6 分）

目的：旨在评价部门是否按要求进行了项目绩效自评试点，是否收集并运用绩效信息管理项目，配置资源，改进项目绩效。

评级标准：

按要求选择了一个 2009 年度项目进行了绩效自评（2 分）；

对其他项目实施了绩效评价（2 分）；

运用评价结果改进了项目管理（2 分）。

证据：部门内部绩效评价办法、方案，项目自评报告，部门运用绩效信息改进项目管理的规定。

D. 项目结果（15 分）

本部分评价项目是否考虑了不确定因素或风险。

D.1 项目预期结果能否实现？（15 分）

目的：旨在评价项目能否按时完成预期的绩效目标。

评级标准：

预计能够按时完成项目（7 分）；

预计能够实现承诺的绩效目标（8 分）。

证据：与项目有关的历史绩效数据；项目的可行性论证报告等。

上述问题的回答必须有明确的说明和可靠的证据，而非仅凭感觉或印象。如果证据是相关文件资料，应明确将资料标明；如果证据要引用网络资料，则应给出完整的网址，并确保网站可以登录。

在具体评价时，如果对某一子问题的回答是肯定的，则得相应分值，反之，不得分，然后把所有问题的得分值直接加总得到总分，再根据总分的高低，给项目进行评级分等。评级等次根据项目总得分确定为有效（90 分以上）、基本有效（80—89 分）、一般（60—79 分）、无效（60 分以下）四档。

如果无法提供能够有效说明项目绩效的相关资料，或者主管部门与项目单位、财政部门与项目部门（单位）无法就绩效目标等达成一致，则项目等级结果为无法显示成效。

第六节 深化预算绩效管理改革的路径探索

预算绩效管理改革在一定程度上优化了预算项目的目标设定，增加了预算过程中绩效信息的运用，重申了预算与计划之间的关系，改进了部门管理绩效，提高了预算透明度。但这只是第一步，改革的深化需要进一步优化和完善评价工具，需要提升财政部门和各职能部门的预算能力，需要变革行政文化和公务员行为模式，还需要政治领导人转变思维模式与施政方针。唯有如此，才可能使改革本身为财政的总量控制，优化资源配置，提升管理效率创造条件。结合我们各级政府的改革实践，以下五个方面对于改革的深化至关重要。

一、积极推进绩效预算与部门管理之间的整合

绩效预算的成败建基于部门职能的转变和管理能力的全面提升，预算与管理之间的整合至关重要。对此，一要大力推进绩效预算理念和方法的宣传和培训，使绩效预算从由上至下的要求逐步转变为由下至上的行动，使绩效预算真正内化为部门管理的有机组成。二要稳步推进计划与预算的整合，夯实中长期规划和年度计划的预算基础，凸显部门预算的计划导向，根本扭转计划、预算“两张皮”现象，使预算在贯彻落实政府施政方略方面发挥最大的效用。三要在政府治理变革的大平台上，逐步形成人力资源建设、公共资产管理、绩效预算的协同推进机制，综合协调人、财、物的配置和管理，发挥综合效应。

二、建立有效的绩效信息运用机制

绩效预算建立了覆盖预算周期的绩效信息形成与反馈机制，为政府施政和问责政府创造了有利条件。对此，一要完善覆盖预算周期的绩效信息形成机制，预算的编制和决策要有扎实的前期论证和系统客观的预评价，与项目

库建设有机结合；预算的执行过程要建立绩效信息的动态生成和反馈机制，协调好财政信息与绩效信息之间的关系，最大限度满足绩效管理的要求；预算的结果评价必须结果导向而非产出导向，相关信息要体现可量化性、可说明性。二要深入推进预算透明度建设，提升预算信息公开的针对性、有效性、可读性，使财政部门和各业务部门的管理成为可能，立法部门对行政部门的监督成为可能，公众对政府的问责成为可能。三要逐步提升绩效信息的运用能力，在结果导向的绩效预算的系统框架下，各业务部门要系统思考自身工作与公众需求、经济社会可持续发展之间的关系，努力实现部门工作的量化和可说明，不断提升专业信息对预算编制的支撑作用；财政部门要在逐步完善绩效预算系统的同时，不断深化对各业务部门工作的认识，使预算的综合平衡真正建立在科学、合理的基础之上；立法部门要在预算监督和审议过程中提升对绩效信息的运用能力，在加强内部组织建设的同时，充分利用社会资源，为人大代表履职提供有力的支持。

三、形成开放的绩效预算参与平台

绩效预算是一个覆盖政府施政全程的管理系统，它的建构和发展需要相关各方的共同努力，因此，形成一个开放的参与平台至关重要。具体而言，在指标体系建设方面，要力求实现多维综合，一要充分发挥各业务部门的主体作用，结合工作实际，设计可量化、可说明的指标体系，并结合工作的动态变化不断优化完善；二要充分发挥相关专家学者的专业指导作用，力求指标体系建设的科学性与系统性；三要广泛听取立法部门与公众的意见和建议，真正做到结果导向，面向公众需求和经济社会发展的实际需要。在流程设计方面，要系统策划，逐步完善。首先，要再造计划流程，计划时间要提前，计划制定要考虑预算可能，做到计划优先，结合计划编制预算；其次，要形成绩效预算体系的反馈和优化机制，相关部门要及时反映绩效预算体系中存在的问题和不足，并提出优化调整的建议和方案，同时，广泛听取并吸收公众意见，使绩效预算体系始终能够支持并促进部门管理，最大限度地满足公众需求。

四、建立科学合理的激励机制

绩效预算作用的充分发挥有赖于相关各方理念和行为模式的转变，必须建立科学合理的激励机制。对各业务部门而言，主要领导的重视、部门领导的支持是重要前提，在此基础上，可以通过结果导向、适度放宽投入控制，在预算决策中强调绩效信息的运用，扩大部门项目结余使用权，将项目绩效与公务员绩效考评相结合，将项目绩效与公务员奖金与津贴发放相结合等方式促进绩效信息在资源配置和资金使用中的运用。对立法部门而言，绩效预算应成为其落实预算监督与审议权的重要工具和载体，要通过不断完善以PART为核心的绩效预算信息体系，夯实预算监督与审议基础，要通过不断完善人大代表对预算编制的参与、预算听证制度、预算修正案制度等，拓展和深化预算监督与审议权的运用。对广大公众而言，要通过绩效预算相关知识的宣传和普及，绩效信息的定期发布，绩效结果与资源配置、公务员评价的有机结合等，全面提高其参与能力和参与的积极性。

五、加强绩效预算改革的人力资源保障

结果导向的绩效预算改革对各部门的信息处理能力和管理能力提出了更高的要求，改革的成功推进需要强有力的人力资源保障。对财政部门而言，要加大专业人才的培养和引进力度，实现专业知识与预算管理的有机融合，同时，要注重专家库建设，促进财政内、外部人力资源的优势互补，为预算编制和管理奠定扎实的基础。对专业部门而言，要加强预算管理机构和人才的建设，设立专门的预算管理机构（可以与原财务管理机构整合），将懂专业、懂管理、懂预算的人才充实到预算岗位上来，全面提升预算编制与执行能力。对立法部门而言，要围绕预算的编制指导、审查、执行监督、评价等环节整合预算工委与各专业委员会力量，同时，通过从各部门抽调专业人员和人才引进等多种形式，从根本上加强预算监督与审议能力。对非盈利组织而言，要拓宽渠道，充分调动其参与预算的积极性和创造性，推动公众的预算参与向组织化、专业化方向发展。